Hans-Georg Licht

Meine Begegnung mit Ötzi

Die Deutsche Bibliothek – CIP-Einheitsaufnahme

Licht, Hans-Georg:
Meine Begegnung mit Ötzi : sensationelle Erkenntnisse aus der Realität der Vergangenheit, die zur Auffindung der Ötzi-Sommerbehausung führten ; moderne populärwissenschaftliche Dokumentation / Hans-Georg Licht. - 1. Aufl. - Oldenburg : Schardt, 1998
ISBN 3-933584-07-8

1. Auflage 1998
Copyright © by
Schardt Verlag Oldenburg
Rauhehorst 77, 26127 Oldenburg
Tel.: 0441-6640262
Fax: 0441-6640263
Umschlagfoto: Hans-Georg Licht
Herstellung: Schardt Verlag

ISBN 3-933584-07-8

Hans-Georg Licht

Meine Begegnung mit Ötzi

Sensationelle Erkenntnisse
aus der Realität der Vergangenheit, die zur Auffindung der Ötzi-Sommerbehausung führten

Moderne populärwissenschaftliche Dokumentation

Mit 93 Abbildungen

Schardt Verlag Oldenburg

Zur Beweissicherung des Wahrheitsgehalts dieses Buches wurden ab 1996 alle Einzelberichte und Skizzen des Autors sowie die Bilddokumentation bei einem Notar hinterlegt und beurkundet.

Inhalt

1. Zum Titel 7
2. Zum Autor.. 8

Prolog.. 9

I. Kapitel
Teil 1 Vorbemerkung.. 13
Teil 2 Traumerlebnisse aus meiner Kindheit. Archetypische Wahrnehmungen meines Vaters 17
Teil 3 Meine Traumerlebnisse vom Sommer 1990 und September 1990 als Realität aus der Steinzeit. Erklärung meiner Introvertiertheit bzgl. meiner Träume 23
Teil 4 Fund und Bergung der Eismumie am Hauslabjoch............................ 41
Teil 5 Meine Erkenntnis im März 1996 durch Betrachten des Spiegel TV-Films aus dem Jahre 1994 mit dem Titel „Der Ötzi" und durch die Lektüre der Bücher „Ich war Ötzi" und „Der Mann im Eis" 51

II. Kapitel
Teil 1 Meine Begegnung mit der Psychologie auf der Bahnfahrt von Basel nach Genf im Jahre 1993. Zufall?...................................... 57
Teil 2 Kurze Stellungnahme zu Theorien von Sigmund Freud und Carl Gustav Jung. Ferner ein kurzer Hinweis auf die Theorie der Reinkarnation 63

III. Kapitel
Teil 1 Meine Orientierungsfahrt ins Ötztal. Wanderung von Vent bis zum Alpenhauptkamm, auf der Suche nach der von mir im Traum erlebten Höhle... 73
Teil 2 Auffindung des Gebietes aus meinem Traum vom September 1990 mit allen Einzelheiten, so auch der Ötzi-Behausung 83
Teil 3 Erkenntnisse 95

IV. Kapitel
Stellungnahme zum Gesamtthema sowie zu Berichten, Hypothesen und Behauptungen, so auch zu der bisherigen *offiziellen* Ötzi-Biographie.
  Neue Hypothesen 101

V. Kapitel
Zusammenstellung: Skizzen, Dokumente, Berichte
und Bilddokumentation 225

Zu guter Letzt.. 267
Anmerkungen.. 268
Nachtrag... 270

Literaturverzeichnis 274
Erklärung der im Text vorkommenden Fachbegriffe 276
Bildnachweis 278
Register 279

Dank 301

Zum Titel

Mit dem Titel „Meine Begegnung mit Ötzi" möchte der Autor der Authentizität seiner Erlebnisse in den Träumen vom Sommer und September 1990 gerecht werden, die ihn letztlich dazu veranlaßten, den Ort der Handlung in der Realität der Gegenwart zu suchen.

Nachdem ihm die Auffindung des gesuchten Ortes mit allen Einzelheiten geglückt ist, ergibt sich eine völlig neue Betrachtungsweise der Ötzi-Biographie im allgemeinen und speziell der letzten Lebenstage des Ötzi.

Zum Autor

Hans-Georg Licht, geboren 1934 in Witten/Ruhr, war bis zu seiner Pensionierung im mittleren Beamtendienst der Deutschen Bundesbahn als Fahrdienstleiter und Aufsichtsbeamter in großen Bahnhöfen tätig. Schon in seiner Kindheit hatte er hin und wieder Traumerlebnisse, die, wie sich hinterher herausstellte, mit der Realität der Vergangenheit identisch waren.

Seit seiner Schulzeit gilt das besondere Interesse des Autodidakten der Altertums- und Vorgeschichte, so auch den Ergebnissen der Archäologie.

Prolog

Bitte stellen Sie sich vor, Sie erwachen.

Es ist tiefe Nacht, gegen 3.00 Uhr.

Sie erwachen aus einem Traum.

Sie denken: „Was war das? Was war das bloß für ein eigenartiger Traum?"

Sie haben die Bilder noch vor sich, jedenfalls die markantesten, und versuchen, sich eine Reim darauf zu machen.

Sie sehen Personen vor sich, deren Kleidung und Gegenstände nicht in die Gegenwart gehören, aber vor sehr langer Zeit wohl passend waren.

Die Bilder der Landschaft jedoch sind ganz klar und deutlich. Sie sehen eine Hochgebirgslandschaft mit frischem Pulverschnee vor sich, die sehr wohl mit der Wirklichkeit identisch ist. Sie sehen den unverkennbaren tiefblauen Himmel, die sehr hell strahlende Sonne großer Gebirgshöhen, deren Licht einen mit den Augen blinzeln läßt.

Auch die Geräusche hallen, wie man es aus dem Gebirge gewohnt ist.

Ihnen wird schnell klar: Die Landschaft ist mit der Gegenwart voll vereinbar, die Handlung ist logisch, nur die Gegenstände und das Aussehen der Personen sind wie aus längst vergangener Zeit. Zu welcher Zeit mögen sie gehören?

Sie denken, tausend Jahre reichen sicher nicht, aber möglich, daß vor zweitausend Jahren im Gebirge noch einzelne Personen sich so kleideten und derartige Gegenstände benutzten.

Plötzlich wird Ihnen klar: Sie haben im Traum aktiv am Geschehen teilgenommen, wie selbstverständlich. Die Handlung war logisch, mit Ursache und Wirkung.

Sie liegen noch wach und sagen sich, das könnte zwar ein Film aus längst vergangener Zeit und wirklich einmal passiert sein, wenn Sie nicht selbst darin eine aktive Rolle gespielt hätten. Sie waren nicht einfach Zuschauer. Deshalb *kann* das doch irgendwie nicht zusammenpassen. Sie leben ja *jetzt*!

Da kommt Ihnen ein Verdacht. Sie fragen sich:

„War ich etwa damals schon einmal auf der Welt?"

Dann würde es sich womöglich um einen Tatsachenbericht handeln, den Sie im Traum als Rückbesinnung wahrnahmen.

Mit diesen Gedanken schlafen Sie wieder ein.

Als Sie morgens erwachen, ist die Erinnerung an diesen außergewöhnlichen Traum wieder da.

Sie sehen ihn in fragmentierten Teilen, wissen aber nichts mit der Handlung anzufangen und in welche Zeit sie einzuordnen wäre. Sie beginnen Ihrer Frau davon zu erzählen und ernten nur ein mitleidiges Lächeln.

Sie versuchen es im Kollegenkreis, mit dem selben Ergebnis.

Sie werden nachdenklich und vorsichtig. Schließlich wollen Sie sich nicht blamieren. Sie haben Ihren guten Ruf zu verlieren. Sie beschließen, sich keinesfalls weiter der Lächerlichkeit preiszugeben, und kommen zu dem Schluß, den Mund zu halten, die Sache auf sich beruhen zu lassen, werden aber durch bestimmte Umstände immer wieder daran erinnert.

Sie sind in dieser Sache auf sich alleine gestellt, können mit keinem Menschen darüber reden. Oder doch?

Etwa mit einem Psychotherapeuten?

Na ja, da fällt Ihnen die Freud'sche Sexualtheorie ein, nach der jegliche Geistigkeit verdächtigt und verdrängte Sexualität dahinter vermutet wird.

Sie stellen sich vor, was passieren würde, wenn Sie einen so denkenden Psychotherapeuten antreffen und ihm erzählen würden, wie Sie im Traum Geschlechtsverkehr mit einer Frau aus der Vergangenheit hatten, noch dazu in einer Höhle.

Na bitte, spätestens jetzt kennen Sie das Ergebnis. Verdrängte Sexualität, unbewußte Wunschvorstellungen und so weiter.

Ja, ja, Sie bestreiten das, weil Sie genau wissen, daß es nicht so ist, würden aber von oben herab wieder besserwissend belächelt.

Sie verwerfen den Gedanken, was sollen Sie auch beim Analytiker? Eine Psychoanalyse, das ist Ihnen klar, wäre überflüssig, wenn es sich tatsächlich um vergangene Realität handeln sollte. Dabei bleibt es erst einmal. Sie sind mit wichtigen Angelegenheiten des täglichen Lebens beschäftigt.

Der Gedanke an diese Traumerlebnisse taucht aber immer wieder auf. Bis Sie in dieser Sache aktiv werden, weil Sie feststellen, die von Ihnen erlebten Träume sind Realität und stehen in direktem Zusammenhang mit dem früheren Leben eines Steinzeitmannes, der vor ein paar Jahren als Eismumie gefunden wurde!

Dabei machen Sie eine sensationelle Entdeckung, die der Sache eine ganz neue Perspektive verleiht.

Sie sehen sich veranlaßt, die Öffentlichkeit und die Wissenschaftler zu verständigen.

Sehen Sie, so ungefähr erging es mir auch.

I. Kapitel

Teil 1

Vorbemerkung

Vorbemerkung

Im Jahre 1990 hatte ich zwei Traumerlebnisse, die, wie ich jetzt weiß, in der Realität der Steinzeit handeln und die in direktem Zusammenhang mit dem Leben Ötzis stehen, der Eismumie vom Hauslabjoch und seiner Umgebung.

Als ich aus den Träumen erwachte, war mir diese Tatsache nicht sofort klar. Ich war völlig perplex.

Nach Erwachen aus meinem ersten Traum Mitte 1990 war ich zunächst sehr befremdet, so einen Unsinn, wie ich damals glaubte, geträumt zu haben.

Nach Erwachen aus meinem zweiten Traum im September 1990 merkte ich jedoch bald: Meine Träume waren mitnichten Unsinn! Sie waren Realität; nur daß die Bilder nicht in die Gegenwart gehörten oder, wie viele Träume, aus der kindlichen Vergangenheit rührten, sondern aus längst vergangenen Zeiten stammten, als ich noch nicht einmal geboren, und zwar noch lange, lange nicht geboren war: Es waren reale Bilder aus der Steinzeit.

Ich konnte jedoch auch dieses zweite Traumerlebnis, sowohl zeitlich als auch örtlich, lange nicht richtig einordnen.

Schon gar nicht sah ich eine Verbindung mit dem Mann aus dem Eis vom Hauslabjoch. Das konnte ich auch nicht: Er wurde erst ein Jahr später, am 19. September 1991, von den Eheleuten Simon aus Nürnberg „zufällig" gefunden.

Auch als ich von diesem Fund las und die Bilder der nackten Mumie sah, kam ich nicht darauf, von diesem „Mann" geträumt zu haben. Das war alles viel zu abwegig.

Ich hatte in den Medien keine Bilder von der Umgebung des Hauslabjochs wahrgenommen.

Im Traum sah ich einen gut gekleideten lebenden Steinzeitmann vor mir, nicht aber die nackte Mumie aus den Medien.

Deshalb kam mir nicht der Gedanke, meine Traumerlebnisse könnten etwas mit diesem Mumienfund zu tun haben.

Ich bin auch vor 1996 nie im Ötztal gewesen, geschweige denn am Alpenhauptkamm dieser Gegend.

Allerdings kam mir jetzt der Gedanke, meine Trauminhalte vom September 1990 könnten ebenfalls in der Steinzeit handeln. Der Ort der Handlung, die Hochgebirgslandschaft, konnte aber ebenso in den Alpen als auch im Himalaja oder den Pyrenäen anzusiedeln sein.

Wenn ich mit nahestehenden Menschen darüber zu sprechen versuchte, wurde ich meistens mitleidig belächelt, wie bereits nach meinen Träumen im Jahre 1990.

Weil ich mich um meinen Ruf sorgte, wurde ich in dieser Sache völlig introvertiert, obwohl ich immer wieder an meine Traumerlebnisse erinnert wurde, selbst während ich mit wichtigen Dingen des täglichen Lebens beschäftigt war.

Dieser Zustand verstärkte sich nach einer ganz kurzen Stippvisite ins Ötztal bis Obergurgl so sehr, daß ich mir Informationsmaterial über den Ötzifund kaufte. Innerhalb kürzester Zeit stellte ich fest, daß die Kleidung von Ötzi und seine Gegenstände sowie die Umgebung am Alpenhauptkamm mit dem Erlebten im Traum identisch waren!

Ich hatte also mit an Sicherheit grenzender Wahrscheinlichkeit Ötzi lebend vor mir gesehen und sogar selbst aktiv an der Handlung teilgenommen.

Endgültige Bestätigung fand ich, als ich den Ort der Handlung aus meinem Traum in der Realität der Gegenwart tatsächlich auffand - wobei ich eine sensationelle Entdeckung machte.

Teil 2

Traumerlebnisse aus meiner Kindheit
Archetypische Wahrnehmungen meines Vaters

Nicht nur in späteren Jahren, sondern schon in meiner Kindheit hatte ich in meinen Träumen außergewöhnliche Erlebnisse, die mit realen Geschehnissen der Vergangenheit zu tun hatten.

Als meine Eltern davon erfuhren, wunderten sie sich sehr, da es sich um Tatsachen handelte, die ich nach der allgemeinen, herkömmlichen Logik nicht kennen konnte, da ich zum Zeitpunkt des Geschehens nicht einmal geboren war.

In meiner Kindheit machten meine Eltern mit mir öfter Urlaub in Bonn am Rhein. Diese Urlaube waren immer mit Dampferfahrten auf dem Rhein verbunden. Oft fuhren wir nach Königswinter, wo es stets mit der Bergbahn hinauf zum Drachenfels ging. Ich kannte das alles mittlerweile schon genau, wie zum Beispiel die Dampflok von der Drachenfelsbergbahn, deren Dampfkessel ganz schräg nach vorn geneigt stand, damit er auf der steilen Bergstrecke schließlich waagerecht zu stehen kam.

Was mich immer neugieriger machte, war der schräg über dem Rhein sich zeigende Rolandsbogen.

Mich zog er magisch an.

Da wollte ich hin!

Ich sagte das meinen Eltern öfters. Aber immer bekam ich als Antwort: „Da findest du nur den alten Bogen und eine Gaststätte, da ist weiter nichts los." Dabei blieb es. Wir fuhren nicht dorthin, wohl mal mit dem Schiff vorbei, doch das war's.

In späteren Jahren sagte mir meine Mutter, sie sei zuletzt hochschwanger mit mir dort gewesen.

Ich wurde größer, und wir fuhren nicht mehr nach Bonn. Der Wunsch, den Rolandsbogen zu besuchen, geriet allmählich in Vergessenheit.

Über vierzig Jahre später, im Alter von 50 Jahren, fuhr ich im Auto mit meiner eigenen Familie den Rhein aus Richtung Koblenz linksrheinisch entlang.

Da erinnerte ich mich an den Rolandsbogen. Ich erzählte meiner Familie von meinem Kindheitswunsch. Wir fuhren prompt hin.

Weit vor dem Ziel mußten wir den Wagen parken und gingen zu Fuß. Als wir die letzten zwei-, dreihundert Meter durch die Mulde im Wald den Weg unterhalb der Burgreste betraten, kannte ich diese Gegend. Ich kannte auch den schmalen Weg, der neben dem Rolandsbogen zum Restaurant mit der Aussichtsplattform führte.

Mehrmals habe ich in meinen Kindheitsträumen dieses Gebiet erlebt, so daß mir jetzt das Gefühl sagte: Du bist schon mehrmals hier gewesen!

Als wir wieder weggingen, brannte die Beleuchtung. Es fiel mir sofort auf, daß sie anders war. Jetzt leuchteten Neonröhren. Ich sehe in meiner Kindheitserinnerung ganz deutlich denselben Weg vor mir, jedoch mit runden, innen weiß emaillierten Lampen, die mit brennenden Glühbirnen bestückt waren.

Von ortskundigen Senioren wurde mir bestätigt: Genauso hatte es damals hier ausgesehen!

Ich bewahrte also tatsächlich etwas als Erinnerung an meine Kindheit in mir, was ich wiederholt und gerne geträumt hatte, wobei ich aber nicht wissen konnte, daß es die Gegend aus meinen Kindheitsträumen tatsächlich gab.

Ebenfalls hatte ich keine Ahnung, daß mein Drang, als Kind zum Rolandsbogen zu fahren, damit etwas zu tun haben könnte.

Jetzt erst, mit 50 Jahren, sah ich die Bilder aus meinen Kindheitsträumen als Wirklichkeit vor mir.

Wie konnte das sein? Ich war noch nie vorher dort gewesen. Lediglich meine Mutter war während eines Familienausfluges mit mir hochschwanger an diesen Ort gekommen.

So kann ich das alles als Ungeborener mit den Augen meiner Mutter wahrgenommen haben.

Da ich dies im Traum gerne erlebte, wurde es womöglich durch die unbewußte Rückbesinnung auf das gleiche Wohlempfinden im Leibe meiner Mutter hervorgerufen, wodurch sich auch das mehrmalige Erleben dieses immer gleichen Traumes erklären läßt.[1]

Ein anderes, noch viel spektakuläreres Erlebnis aus meiner Kindheit entsprach ebenfalls der Realität der Vergangenheit.

Die Eltern meiner Mutter führten eine Gaststätte.

---

[1] Dieser Zusammenhang ist wissenschaftlich belegt: Vgl. Bache, Christopher M.: *Das Buch von der Wiedergeburt,* München 1995². - S. 306 f. - Vgl. auch S. 269 dieses Buches

Am Ende des Ersten Weltkrieges, während der französischen Besatzung, wurde diese Gaststätte von dem französischen Militär als Verwaltungsstützpunkt benutzt. Meine Großeltern, die ich nicht lebend kennengelernt hatte, betrieben die Gaststätte währenddessen weiter.

Einige Franzosen wohnten, sehr zum Leidwesen meiner Großeltern und deren Kinder, auch in diesem Haus. Das Gesellschaftszimmer zwischen der Gaststätte und dem Saal hatten die Franzosen völlig für ihre Zwecke beschlagnahmt.

So weit, so gut. Ich war erst sechs Jahre alt, als meine Mutter mit ihren Geschwistern und Jugendfreundinnen ihren Geburtstag feierte. Wie auf solchen Feiern üblich, wurde viel erzählt. Dabei kam einmal das Gespräch auf die französische Besatzungszeit.

Da mischte ich mich ins Gespräch ein und nannte örtliche Einzelheiten zu dem Thema aus der Besatzungszeit nach dem ersten Weltkrieg, die ich zum Erstaunen aller Anwesenden nicht wissen konnte, da ich erst sechzehn Jahre später geboren wurde. Mir selbst war das nicht bewußt. Die Gaststätte war zwar auch in meiner Kindheit noch unverändert, abgeteilt durch eine faltbare hölzerne Trennwand, die mit einer kleinen einliegenden Tür versehen war. Was ich zusätzlich zu berichten wußte, liest sich so:

Die Trennwand war geschlossen. An der ebenfalls geschlossenen kleinen Tür in der Trennwand hing ein großes Pappschild mit der französischen Aufschrift „Bureau". Wurde die Tür geöffnet, stand rechts ein Tisch in Längsrichtung. Dahinter saß ein Franzose in Uniform, der die vor dem Tisch stehenden Soldaten befragte und Eintragungen machte, um ihnen dann Geld auszuhändigen.

Ich kann es mir nur so erklären, daß meine Mutter in ihrem Elternhaus große Angst vor den Besatzern hatte. Deshalb halte ich es für möglich, daß sich dieses negative Erlebnis bei ihr tief einprägte und noch nach vielen Jahren, als sie mit mir schwanger war, auf mich übertrug.

Ob ich diese Erinnerung einmal geträumt habe, kann ich nicht sagen.

Auch mein Vater, ein sehr korrekter Beamter, hatte außergewöhnliche Erlebnisse, die er im völlig wachen Zustand wahrnahm. Er hatte dabei eine sinnbildliche Erscheinung vor Augen, die ihn wissen ließ, in diesem Augenblick stößt einem Menschen in seiner Nähe etwas zu. Für ihn selbst bestand dabei keine Gefahr.

Ich erinnere mich genau, wie er kurz nach 6.oo Uhr in völliger Dunkelheit nach Hause zurückkehrte und meiner Mutter folgendes berichtete:

Als er die Haustür öffnete, kam ihm aus der Dunkelheit des Treppenhauses ein Totenskelett entgegen. Obwohl ihm die Haare zu Berge standen, leuchtete er es mit seiner Taschenlampe an. Das Skelett verschwand in der Dunkelheit.

Da er schon mehrmals so ein Erlebnis gehabt hatte, kannte er die Folgen, und er sagte zu meiner Mutter: „In diesem Moment ist in diesem Haus ein Mensch gestorben."

Etwa 10 Minuten später fuhr der Arzt vor und begab sich in die Parterrewohnung.

Nachdem ich morgens einen Trauerflor an der Haustür gesehen hatte, erfuhr meine Mutter, daß der Hausbesitzer kurz nach 6.oo Uhr am 'Herzschlag' (wie man in den vierziger Jahren noch sagte) gestorben sei.

Es war die Symbolik des Todes, die mein Vater im überindividuellen Unbewußten wahrgenommen hatte.

Ich selbst hatte etliche Erlebnissen dieser Art, nur daß sie sich nicht im Wachzustand ereigneten, sondern in Träumen. Mit Absicht habe ich nur zwei meiner Kindheitsträume und die archetypischen, sinnbildlichen Wahrnehmungen meines Vaters so ausführlich dargestellt, um zu zeigen, daß eine Freud'sche Psychoanalyse in diesem Zusammenhang fehl am Platze ist. Diese Dinge lassen sich besser mit der Psychologie Carl Gustav Jungs und letztlich mit den neuesten Erkenntnissen aus der modernen wissenschaftlichen Betrachtung der Reinkarnation erklären (siehe II. Kap., Teil 2). Denn auch meine Traumbilder vom Mann aus dem Eis sind nichts anderes als im Traum erlebte bzw. *wieder*erlebte Realität.

Teil 3

Meine Traumerlebnisse
vom Sommer 1990 und September 1990
als Realität aus der Steinzeit.
Erklärung meiner Introvertiertheit bzgl. meiner
Träume

Im Jahre 1990 hatte ich zwei Traumerlebnisse, die, wie sich 1996 herausstellte, reale Erlebnisse aus meinem früheren Leben in der Steinzeit darstellen und in direktem Zusammenhang mit dem früheren Leben Ötzis stehen.

Von meinem ersten Traum, den ich im Sommer 1990 hatte, ist nur noch der letzte Teil in meiner Erinnerung wach. Anders ist es bei meinem zweiten Traum vom September des gleichen Jahres, an den ich immer wieder erinnert werde.

Nie hätte ich nach meinem ersten Traum im Sommer 1990 geglaubt, daß ich mich Jahre später mit den nachfolgend geschilderten Träumen so intensiv auseinandersetzen würde.

An den letzten Teil des ersten Traums erinnere ich mich deswegen so genau, weil es sich um sehr ungewöhnliche, äußerst markante Wahrnehmungen handelte:

Ich stehe vor einem steinzeitlichen, hölzernen Wagen mit vier massiven hölzernen Rädern und langen, senkrecht stehenden Holzstangen, die an den Seiten, vorne und hinten befestigt sind. In der Mitte des Wagens befindet sich ein hoher hölzerner Sitz, auf dem sich ein junger Mensch befindet, dessen Handgelenke rechts und links an den Stangen gefesselt sind. Über den Kopf des Menschen hat man einen kübelartigen Behälter gestülpt, der bis hinab auf die Schultern reicht.

Ich sehe diesen Wagen aus zwei Perspektiven: zuerst schräg von vorne, in Fahrtrichtung links, dann von der linken Seite, etwas hinter der Mitte des Wagens stehend und schiebend.

Bei meinen Bildern von schräg vorne sehe ich ganz deutlich, daß es sich bei der Person auf dem Hochsitz um einen jungen Mann mit nacktem Oberkörper handelt. Sonst befindet sich keine weitere Person auf dem Wagen.

Der Wagen wird von ca. 15 bis 20 Personen umringt. Einige helfen den Wagen schieben. Ich gehöre auch dazu. Wir schieben den Wagen der Sonne entgegen.

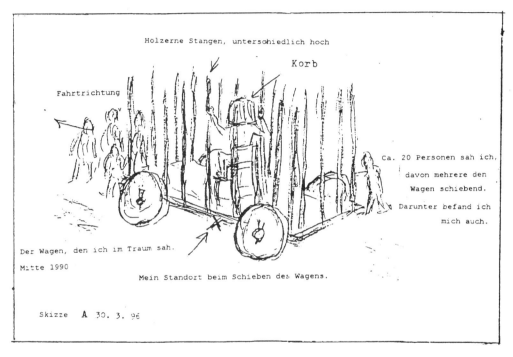

Skizze A : Wagen-Skizze

Da erwache ich, schlafe aber irgendwann wieder ein.

Am nächsten Morgen erinnere ich mich an den markanten, eigentümlichen Wagen sehr genau. Von dem, was vorher im Traum passierte, sehe ich nur fragmentierte Bilder, die für mich keinen logischen Zusammenhang ergaben.

Ich weiß nur, sie waren grausam und völlig abseits der heutigen Realität und deshalb für mich schlicht und einfach Quatsch. Man verdrängt unbewußt wohl das Negative und erinnert sich länger an die schönen, positiven Dinge.

Da ich, wie gesagt, den ganzen Traum für Unsinn hielt, blieb im Laufe der Jahre von 1990 bis März 1996 lediglich der hölzerne Wagen mit allen seinen markanten Einzelheiten als letztes positives Filmfragment dieses Traumes in meiner Erinnerung wach.

Sofort besann ich mich darauf, als ich Ende März 1996 in dem Buch mit dem Titel „Ich war Ötzi"[2] von einem ähnlichen Wagen las. Ich war sprachlos. Plötzlich begriff ich: Was ich da im Sommer 1990 geträumt hatte, war wohl doch kein Unsinn! Einen Wagen, wie ich ihn im Traum gesehen hatte, gab es tatsächlich, d.h. es *hatte* ihn gegeben: In der Steinzeit!

Nach meiner Meinung ist es unmöglich, daß untereinander völlig unbekannte Personen wie das Autorenteam und ich, also Personen, die sich nie vorher gesehen oder gesprochen haben, noch voneinander wußten, die gleiche markante, eigentümliche Sache sahen, wenn sie nicht irgendwann einmal tatsächlich existiert hat.

Nur so läßt sich diese Übereinstimmung logisch erklären. Denn beide Personen können nur über den Weg der Reinkarnation von derselben Sache Kenntnis haben. Es handelt sich also um Erinnerungen aus früheren Leben.

Ich selbst habe kein eigenes Wissen über den Sinn, den Zweck und über das Ziel der Fahrt dieses Wagens. Ich komme mit meinem logischen Denken in dieser Sache lediglich zu folgendem Ergebnis:

Der hölzerne Wagen aus meinem Traum existierte wegen seiner Beschaffenheit wohl in der Steinzeit. Mit diesem Wagen sollte der junge Mann transportiert werden.

Durch den Hochsitz sollte der Mann besser gesehen werden können.

---

[2] Hickisch, Burkhard; Spieckermann, Renate: *Ich war Ötzi*, München 1994

Ich glaube, davon ausgehen zu können, daß dieser Transport sich über eine längere Strecke bewegen sollte, denn man hätte den jungen Menschen auf dem Hochsitz über eine kurze Strecke wohl getragen und sich den Arbeitsaufwand des Wagenbaues erspart.

Es sollte also der junge Mann mit diesem hölzernen Wagen über eine längere Wegstrecke von Punkt A nach Punkt B befördert werden. Die Punkte A und B sind mir in meinem ersten Traumerlebnis vom Sommer 1990 nicht bekannt geworden. Es kann sich aber um eine Strecke von Nord nach Süd handeln, da ich mich erinnere, daß der Wagen in Richtung der hochstehenden Sonne geschoben wurde. Dabei befand er sich in einem leicht hügeligen Gelände. Da beide Handgelenke an den hölzernen Stangen angebunden waren, kann man davon ausgehen, daß der junge Mann daran gehindert werden sollte, seinen Hochsitz zu verlassen.

Der Behälter über seinem Kopf sollte dem Mann offensichtlich die Sicht auf seine Umgebung nehmen. Den Grund habe ich in meinem Traum entweder nicht erfahren oder vergessen.

Der Transport und damit der Wagenbau, desgleichen der Aufwand des Transportes über eine längere Strecke, galt offensichtlich diesem jungen Mann, denn sonst befand sich keine weitere Person auf dem Wagen. Das läßt den Rückschluß zu, daß es sich anscheinend um eine wichtige Person mit einem wichtigen Auftrag in einer wichtigen Sache gehandelt hat.

Damit man sich über den Sinn und den Grund meiner Benennung des hölzernen Wagens klar wird, verweise ich auf das Buch „Ich war Ötzi": Die Autoren gehen davon aus, daß Ötzi speziell für seine Aufgabe am Hauslabjoch als Tiergott „Homumiro" quasi „gezüchtet" und vorbereitet wurde. Zu diesen Vorbereitungen ist auch der Transport auf dem hölzernen Wagen zu zählen. Hiermit sollte er laut Angabe der Autoren ins Ötztal transportiert werden. Der bienenkorbartige Behälter über seinem Kopf hatte den Zweck, dem Mann die völlige Sicht auf seine Umwelt zu nehmen. Der „Homumiro" sollte so alle Bilder aus seinem „früheren Leben" als Mensch vergessen, um sich geistig ganz auf seine zukünftige Aufgabe vorbereiten zu können. Vorher hatte man ihm sein „Menschsein" ausgetrieben. Er mußte als Mensch symbolisch sterben, um danach als Tiergott Homumiro ins Alpengebiet transportiert zu werden.

Weiter wissen die Autoren zu berichten, daß die Leute, die mit Ötzi ins Alpengebiet zogen, dort Metall gewinnen und verhütten wollten. Die Kupferzeit war gerade angebrochen. Da sie glaubten, das Metall gehöre dem Gott der Erde, fürchteten sie sich vor diesem Gott, wenn sie das Metall der Erde entnehmen wollten. Daher war es Ötzis Aufgabe, als Homumiro diesen Gott milde zu stimmen.

Für uns ist es sehr schwer, uns in die Denk- und Handlungsweisen der Steinzeitmenschen zurückzuversetzen. Zu gering sind die eigenen Kenntnisse über die Steinzeit, um die Beweggründe der damaligen Menschen und die daraus resultierenden Handlungen richtig zu verstehen. Es war deswegen kein Wunder, daß ich meinen ersten Traum zunächst nicht ernstnahm.

Dabei blieb es erst einmal für die nächsten Jahre. Ich konnte damals auch nicht zu einem logischen Ergebnis gelangen, denn es war noch viel zu früh dazu: Ich kannte meine Traumbilder vom September 1990 noch nicht.

Die Eismumie Ötzi sollte erst ein Jahr später, am 19. September 1991, von den Eheleuten Simon aus Nürnberg am Hauslabjoch gefunden werden.

Es war also noch nichts passiert, was mir hätte auf die Sprünge helfen können, wie man so schön sagt.

Aber auch mein zweiter Traum und die Auffindung der Eismumie hätten unter Zuhilfenahme größter Phantasie keinen Zusammenhang aufzeigen können, da ich in meinem Traum einen vorzüglich gekleideten Mann und keine nackte Mumie gesehen habe. Außerdem habe ich das Landschaftsgebiet der Fundstelle nicht zu sehen bekommen. Ich war zudem durch andere Dinge, mit denen ich mich damals intensiv beschäftigte, stark abgelenkt.

Bei meinen Traumerlebnissen vom September 1990 war es ähnlich, aber mit einem entscheidenden Unterschied.

Das im Traum Erlebte empfand ich unmittelbar nach Erwachen nicht als Unsinn. Mich ließen diese markanten Wahrnehmungen über Jahre hin und bis jetzt nicht los. Ich wurde immer wieder daran erinnert, und so blieben sie in meinem Gedächtnis gut erhalten.

Dies sollte wohl so sein. Denn es war diese Überzeugungskraft, die mich dazu bewog, 1996 in dieser Angelegenheit umfangreiche und überaus gewissenhafte Recherchen aufzunehmen, die nun eine neue Betrachtungsweise der bisher bekannten offiziellen Biographie vom Mann im Eis ermöglichen.

Wir schreiben das Jahr 1990. Der Monat September zieht ins Land. Er bringt uns den Herbst, den buntesten Maler unter den vier Jahreszeiten.

Die Nächte werden länger und die Tage kürzer. Es naht die Zeit, wo auch die Träume mehr Platz bekommen.

Es ist Nacht, kurz vor 3.oo Uhr. Ich werde wach!

Ich hatte einen eigenartigen Traum. Bin wie aus einer Handlung gerissen - noch tief bewegt - atme schwer, noch erregt von der Handlung. Ich spüre Schweiß auf der Stirn und eine langsam zurückgehende Erektion. Garantiert habe ich den Traum wesentlich ausführlicher erlebt, als ich ihn jetzt noch sehe.

Was war das, was ich da so intensiv erlebt habe?

Ich kann mir das so schnell nicht erklären. Ich atme tief durch und liege wach im Bett, versunken in meine Gedanken und aufs stärkste beeindruckt von meinen ungewöhnlichen Erlebnissen.

Die Bilder der Landschaft sehe ich so klar, als wäre ich gerade aus dem Winterurlaub zurück, von einem Aufenthalt im Pulverschnee in großen sonnigen Höhen des Hochgebirges. Nichts an der Landschaft ist wirklichkeitsfremd.

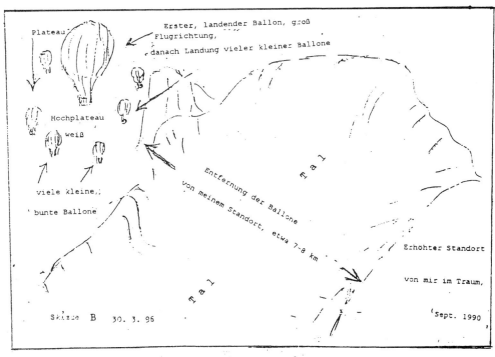

Skizze B Ballonlandung

Der Traum weist eine faszinierende Gegensätzlichkeit auf: Einerseits die klare deutliche Landschaft, der logische Handlungsablauf, andererseits die Personen mit ihrem so eigentümlichen Aussehen, ihrer Kleidung und Gegenständen, die keinesfalls in unsere Gegenwart gehören können.

In welcher Zeit mögen diese Menschen mit ihrem Aussehen real erscheinen? Eines ist mir schnell klar, ins Mittelalter würden diese Personen und ihre Gegenstände nicht passen. Aber es erscheint mir durchaus möglich, daß vor ca. 2.000 Jahren, etwa zu der Zeit der römischen Besatzung Germaniens, noch dergestalt gekleidete Menschen mit ihren Gegenständen als Einsiedler in einsamen Gebirgsgegenden lebten.

Hiermit habe ich zumindest schon einmal ein logisches Ergebnis, so daß ich, schon wieder müde geworden, wieder einschlafe, ohne noch weiter in der Geschichte zurückzudenken.

Als ich am Morgen erwache, erinnere ich mich sofort an dieses nächtliche Erlebnis. So in Gedanken versunken sehe ich jetzt den Traum der vergangenen Nacht noch in fragmentierten Handlungsabläufen, aber immer noch klar und deutlich vor mir.

So wie ich meinen Traum jetzt noch sehe, beginnt er mit Bildern einer Gebirgslandschaft (Skizze B):

In der Mitte der Hochgebirgslandschaft befindet sich ein langgestrecktes Tal. Ich befinde mich rechts in erhöhter Position, als links hinten, mehrere Kilometer entfernt, von rechts kommend, ein großer Ballon mit Korb auf einem weißen, hochgelegenen Plateau landet.

Kurz danach landen viele kleine bunte Ballons, aus derselben Richtung kommend, in unmittelbarer Nähe um den schon gelandeten großen Ballon herum. Danach reißen diese Bilder ab.

Da ich eine solche Landung im Hochgebirge für wirklichkeitsfremd halte, stellen sie für mich symbolisch die „Landung" meiner nachfolgenden Traumerlebnisse dar. (Bitte beachten Sie an dieser Stelle meinen Nachtrag, S. 270!)

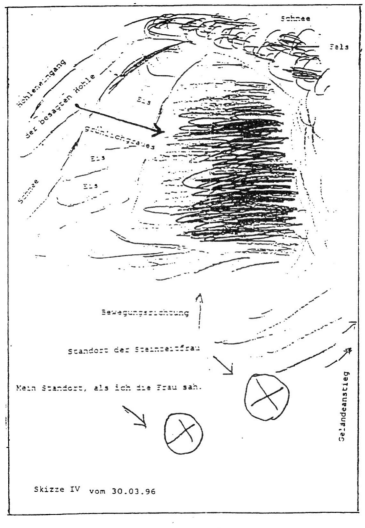

Skizze IV   Höhle

Der nächste fragmentierte Filmabschnitt beginnt damit, wie ich mich vor einer tiefverschneiten Höhle befinde, deren linke Seite des Eingangs vereist ist. Über dem Eingang sehe ich Fels, in Form einer Platte, die schräg nach rechts geneigt ist. Darauf befindet sich viel Schnee (siehe Skizze IV und Kap. V).

Um mich herum ist alles in Dämmerlicht getaucht. Es ist Abend oder gar schon Nacht. Ich schaue auf den Höhleneingang, der nur mehrere Meter von mir entfernt ist. Vor dem Eingang liegt Schnee. Das Dämmerlicht wird wohl durch Mondschein hervorgerufen, der vom Schnee reflektiert wird.

Plötzlich erscheint an meiner rechten Seite eine kleine, wild aussehende Frau. Wie die aussieht! Aus Fellen besteht ihre Kleidung. Ihre Haare sind ungepflegt und vom Wind zerzaust. Kein langes Haar - nein, nein! Es ist stufig, bei einer Länge von ca. zehn bis zwanzig Zentimetern, wild nach allen Richtungen stehend, wie eine modern gestylte Type aus der Punkerszene es liebt. Möglich, daß es bei Tageslicht blond ist, aber hellblond ist es keinesfalls.

Diese Frau macht auf mich keinen betörenden Eindruck. Ihr Gesicht grinst mich an. Sie hat große dunkle Augen und dunkle Augenbrauen unterhalb einer leicht nach innen gekrümmten Stirn. Diese Stirn, ganz besonders die Wangen und die große Nase, erscheinen mir rotbraun. Ein fatales Bild einer kleinen Frau mit rundem Gesicht. Sie versucht mich zu betören. Sie kichert! - Mit Gekicher und einem verklärten Grinsen zieht sie mich am rechten Arm in Richtung Höhleneingang. Die Frau befindet sich offensichtlich in einem Rausch. Sie steht unter starken, auch den Blick verklärenden Narkotika. (Siehe meine Skizze V im Kapitel V.)

Ihre flinken dunklen Augen blinzeln mich an. Was will diese Frau von mir? Es ist nicht zu übersehen, sie will mich in die Höhle ziehen. - Ich will nicht! - Mein Inneres wehrt sich noch. - Ich gebe aber dann mit gemischten Gefühlen dem Drängen nach.

Was kommt da auf mich zu?

In der niedrigen Höhle angekommen, kommt sie sehr schnell zur Sache.

Die Dame wünscht Sex! Sie zieht sich aus. Auf dem Rücken liegend, vom Eingang schräg nach rechts, zieht sie mich über sich. Ich sehe ihre helle Haut von den Brüsten abwärts. Ihre Figur entspricht in keiner Weise meinem heutigen Geschmack. Ich sehe ihren Kopf unter schräg abfallendem Fels. In Richtung halblinks erscheint die Höhle zu dunkel, um etwas erkennen zu können. Sie muß nach dort noch weiterführen, sonst hätte ich eine Wand wahrnehmen müssen. (Siehe meine Skizze VI, Kap. V.)

Es kommt zum Geschlechtsverkehr in der „Missionarsstellung". Die Frau entwickelt ein ganz irres, ungeahntes Temperament. Sie ist voll bei der Sache. Es gefällt ihr offenbar.

Die „Missionarsstellung" mag in unserer Zeit nichts Ungewöhnliches sein, die Franzosen sagen schon sehr lange Bauernakt dazu. In der damaligen Zeit muß diese Stellung nicht unbedingt üblich gewesen sein. Daß es sie in meinem Traum schon gab, ist sehr interessant festzustellen.

Es zeugt wahrscheinlich von großer Zuneigung der Frau, denn sie hatte ja diese Art des Aktes eingeleitet. Bei dieser Stellung sieht man sich in die Augen, man umarmt sich, streichelt und liebkost sich. All das ist in der Stellung, wo die Frau sich vornüber hinkniet, in der Stellung, die auch die Tiere benutzen, unmöglich.

Ob es nun in dieser Nacht zu wiederholtem Geschlechtsverkehr kommt, weiß ich nicht genau. Ich kann es nur ahnen. Wahrscheinlich sind es mehrere Höhepunkte, die ohne Pause in den nächsten Akt übergehen und mir so wie ein einziger erscheinen.

Man muß bei den Naturmenschen die starke Potenz berücksichtigen, die wohl auch nach Erreichen des Höhepunktes eine Weiterführung des Verkehrs ermögliche, da eventuell das Glied gewissermaßen weiterhin erigiert blieb. Direkt nach Erleben eines Höhepunktes werde ich durch Geräusche von außerhalb veranlaßt, mich von der Frau abzuwenden. Ich drehe mich über die linke Seite nach hinten zum Ausgang der Höhle und krieche schräg hoch. Ich werde in diesem Moment vom hellen, sonnigen Tageslicht geblendet. Die Nacht ist vorüber! Es ist wohl früher Morgen!

Die Frau bleibt in der Höhle liegen. Beim Verlassen der Höhle schaue ich auf einen langen, nach links ein wenig ansteigenden Schneekamm, der fast quer zu meiner Blickrichtung verläuft. In der Mitte lappt eine Schneefahne mit Girlanden. Nach rechts verlaufen, fast quer zum Schneekamm, zueinander parallele, meist dünnlinige Felskämme, die nur leicht aus dem Schnee schauen. Vor der Höhle liegt frischer Pulverschnee. Der Himmel strahlt, besonders rechts vom Schneekamm, tiefblau. Ich sehe ein tiefes

Blau, wie man es in sehr großen Höhen des Gebirges kennt. Also befinde ich mich sehr hoch im verschneiten Gebirge.

Mein Blick fällt nach rechts auf einen Mann. (Siehe meine Skizzen I, II und III, Kap. V.)

Er hält sich in einem Abstand von ca. 7 Metern zu mir auf. Ich befinde mich nur einige Schritte vom Höhleneingang in Richtung Schneekamm entfernt.

Der Mann steht ganz ruhig und würdevoll da und schaut mich an. Er ist ein wenig kleiner als ich, erscheint mir aber etwas größer als die Frau nachts im Dämmerlicht vor der Höhle.

Ich sehe einen Umhang aus Stroh oder Gras über seinen Schultern hängen, der hinten etwas länger ist, als vorne, wo er abgenutzt erscheint. Seine Kleidung wurde aus Fellen gearbeitet. In der vorderen Öffnung des Grasumhangs erblicke ich ein langes, braun und dunkelbraun längsgestreiftes Fellhemd bzw. einen Fellmantel. In Höhe der Hüfte wird dieses Fellgewand durch einen Gürtel oder eine Kordel zusammengebunden. Beide Beine werden von engen Fellröhren gewärmt, die aus kleinen Fellstücken zusammengefügt erscheinen und ihm bis zu den Füßen reichen. Ich glaube, ihn auf kurzen Schneebrettern zu sehen. In der rechten Hand hält er ein Beil mit rechtwinkligem hölzernen Schaft, wie man es in der Stein- und Bronzezeit benutzte.

Wenn ich nach links schaue, sehe ich den Schneekamm. Rechterhand blicke ich auf den Höhleneingang. Die Frau hat die Höhle noch nicht verlassen.

Die Sonne steht hinter mir. So sehe ich den Mann sehr genau und deutlich vor mir. Hinter ihm befindet sich ein Berghügel. Genau darunter sehe ich seinen linken ausgestreckten Arm, mit dem er sich auf einen, sich nach oben und unten verjüngenden hölzernen Stab stützt, der größer ist als er selbst. Hierdurch ist der Umhang vorne geöffnet. Durch diese Öffnung des Umhangs sehe ich an seinem Gürtel eine Halterung hängen, in der sich wohl ein Messer befindet.

Auf seinem Kopf trägt der Mann eine eigentümliche markante Mütze aus Fell, die keinen Rand und Schild hat. Sie reicht ihm bis über die oberen Ohren. Seine dunklen Haare schauen seitlich unter der Mütze hervor. Er trägt einen Bart, wobei der Oberlippenbart länger erscheint als der übrige

Bartwuchs. Um seinen Hals hat er einen Gegenstand hängen, den ich nicht in allen Einzelheiten erkennen und beschreiben kann.

Etwas unsicher schaut er mich mit seinen flinken Augen an. Es ist, als wollte er mir etwas sagen, aber ich verstehe nicht, höre nur einige unverständliche Laute. Danach dreht er sein Gesicht von mir weg in Richtung seiner rechten Schulter. Vielleicht blendet ihn das Licht der Sonne, die immer noch hinter mir steht.

Mich zieht es hier fort, aber ich verspüre keine Angst. Obgleich ich keine Gefahr für mich empfinde, merke ich, daß etwas Bedrückendes in der Luft liegt. Obwohl ich der Meinung bin, 'man kenne sich', ist mir die Situation nicht geheuer.

Es mag mit der Frau zusammenhängen, die sich immer noch in der Höhle aufhält. Ich habe nicht das Gefühl, daß hier Eifersucht im Spiel ist, nein, nein, es ist ein anderer Grund. Ich sehe auch keinen Anlaß, noch etwas zu besprechen.

Obwohl ich unten unbekleidet bin, verspüre ich kein Schamgefühl, aber dennoch den Wunsch, meine Kleidung zu vervollständigen, denn ich möchte mich von hier entfernen. Meine angestrebte Richtung geht nach rechts, zwischen dem Höhleneingang zur rechten und der schroffen Felswand auf der linken Seite in Richtung Tal (siehe Skizze II und III, Kap. V).

Ich beginne mich zügig anzuziehen. Dabei ziehe ich mir lange enge, aus kleinen Fellstücken bestehende Beinkleider an, so wie sie der Mann neben mir trägt. Ich hebe mein Hemd, welches aus Fell besteht, und binde die linke Beinröhre mit einem Lederband an meinem Gürtel fest, den ich unter meinem Fellhemd trage. Im Gegensatz zu dem Steinzeitmann, der seine Fellröhren mit der Fellseite nach außen trägt, ziehe ich mir meine Beinkleider mit dem Fell nach innen an. Wahrscheinlich hatte ich nach dem schnellen Abstreifen dieser Fellröhren keine Zeit, sie wieder umzukrempeln. Ich sehe meine Hände, die etwa genau so breit sind wie meine jetzigen. Mein Oberschenkel ist dunkel behaart.

Da ich immer noch das bedrückende Gefühl verspüre, daß hier etwas Unheimliches passiert, verstärkt sich mein Drang, mich zu entfernen, dem ich auch nachkomme. Die Frau hat bis dahin die Höhle noch nicht verlassen.

Danach reißen die Bilder ab. Ich sehe nicht, wie ich mich insgesamt talwärts begebe. Ich muß es aber durchgeführt haben, denn ich nehme ein weiteres Filmfragment wahr, in dem ich mich unterhalb des Gebietes mit der vorangegangenen Handlung wiederfinde. Ich schaue zurück in Richtung Höhle. Dabei sehe ich den Mann nicht mehr. Auch die Frau erblicke ich nicht. Ich weiß also nicht genau, ob sie die Höhle zwischenzeitlich verlassen hat. Mein Gefühl sagt mir, sie hat die Höhle zu dem Zeitpunkt nicht verlassen. Würde sie die Höhle verlassen haben, hätte ich sie sicherlich gesehen. (Siehe Skizze VII vom 30.03.1996 in Kap. V.)

Ich wende mich ab, um meinen angestrebten Weg heimwärts eilig fortzusetzen, denn ich verspüre das Bedürfnis, anderen mein Erlebnis mitzuteilen.

Auch als ich morgens aufstehe, steht dieses markante Traumerlebnis in allen Einzelheiten deutlich vor mir.

Ich will mich wegen der außerordentlichen Eigenart des Themas mit meiner Frau über dieses Traumerlebnis der vergangenen Nacht unterhalten. Aber meine Frau, noch verärgert, weil ich sie, wie sie meint, wegen einer Lappalie aus ihrem tiefen Schlaf gerissen habe, will nichts davon hören.

Ich bin in diese Sache allein auf mich gesellt, denn ein Kollege versucht auf ein anderes Thema abzulenken, anstatt mit mir den Traum zu diskutieren. Wer will schon den Traum eines anderen hören? Jeder hat seine eigenen Traumerlebnisse. Sicher sind darunter auch Träume, die man nicht erzählen kann, die den tarnenden Schleier der Intimität nicht verlieren sollen, der ihre individuellen sexuellen Geheimnisse umgibt. Seit Sigmund Freud, dem Vater der Tiefenpsychologie, behält man so etwas besser für sich. Es ist irgendwie schade.

Ich wollte mich keinesfalls lächerlich machen und wurde deshalb in dieser Sache erst einmal still. Oder sollte ich mir von einem Psychotherapeuten den Traum „deuten" lassen?

Da wurde mir bewußt, daß man noch vor etwa 20 Jahren solche Traumerlebnisse ganz einfach nach den fragwürdigen Erkenntnissen von Sigmund Freud zu erklären versuchte, wonach jede Geistigkeit in dem Verdacht steht, unbewußte sexuelle Wunschvorstellungen zu entlarven. Aus diesem Grunde erschien es mir völlig unmöglich und sinnlos, einen eventuell so denkenden Seelenarzt zu konsultieren. Das Ergebnis seiner Untersuchung wäre mir sonnenklar, vor allem, wenn ich ihm mitteilen würde, daß ich mit einer Frau steinzeitlichen Aussehens in einer verschneiten Höhle geschlechtlichen Kontakt hatte!

Ich weiß es genau, es wäre ein komplettes Fehlurteil. Ich sehne mich nicht nach einem lapidaren Geschlechtsakt in der „Missionarsstellung", da ich ihn jederzeit ausüben könnte. Es ist mir zu dumm, diesen Faden hier weiter zu spinnen. Zu lächerlich wäre eine Anwendung dieser - ohnehin umstrittenen - Freud'schen Theorie.

Mir wurde außerdem bewußt, daß ich selbst aktiv an der Handlung im Traum beteiligt war, mit logischer Ursache und Wirkung.

Wieso konnte ich aber aktiv an der Handlung teilgenommen haben, wenn es sich um Realität aus der Vergangenheit handelt? Ich lebte doch jetzt. Wie konnte das sein?

Dann mußte ich wohl schon damals gelebt haben.

Was mich sehr interessiert, ist die Frage, was die Frau und den Mann dort in Eis und Schnee im Hochgebirge zu einem Aufenthalt bewegt hat. Wo genau, fragte ich mich damals, mag dieser Ort der Handlung gewesen sein? Wo hielt sich der Mann in der Nacht auf, als ich mit der Frau in der Höhle war? Gibt es noch eine weitere Höhle, in der er die Nacht verbrachte, oder kehrte er von einer längeren Wanderung zurück? Wann war das?

Ich kam in der ersten Zeit nicht auf die Idee zu versuchen, diese Leute und den Zeitpunkt der Handlung bis in die Steinzeit zurück einzuordnen, obwohl ihr Aussehen und ihre Gegenstände in die Steinzeit passen würden. Erst als ein Jahr später die Eismumie Ötzi gefunden wurde, kam mir diese Erkenntnis.

Von der Steinzeit träumt man nicht! Oder kennen Sie jemanden, der davon berichten kann?

Außerdem stellt sich die Frage, wer ich damals war. Warum hatte ich im Traum Erinnerungen an dieses frühere Leben? Oder erlebte ich diesen Traum, besser gesagt: diese Rückbesinnung, ohne Sinn und Zweck - einfach sinn- und grundlos?

Ich komme zu der Erkenntnis, daß so ein außergewöhnliches Traumerlebnis seinen Grund und Zweck haben muß. Es passiert so etwas nicht rein zufällig. Der Zufall wird viel zu oft herbeizitiert. Die Wahrscheinlichkeit verbietet eine solche Anhäufung von Zufällen.

Welchen Sinn aber konnte diese Botschaft aus dem Jenseits haben?

Ich fand damals und auch in den Jahren bis Anfang 1996 keine Antwort auf meine Fragen, wurde aber immer wieder durch bestimmte Anlässe an meinen Traum erinnert.

Dies geschah schon, wie gesagt, ein Jahr später, mit dem Fund der Eismumie Ötzi vom Alpenhauptkamm.

Erst ab Ende März 1996 jedoch wurde mir der Sinn dieser Botschaft bewußt.

Skizze I

Steinzeitmann Ötzi, wie ich ihn im Traum sah

Teil 4

Fund und Bergung der Eismumie
am Hauslabjoch

Meine fortlaufend geschilderten Berichte beziehen sich größtenteils auf Hinweise aus Rundfunk- und Fernsehsendungen, Presseberichten, Magazinen und Büchern, wie „Der Mann im Eis" von Professor Dr. Konrad Spindler und „Der Gletschermann und seine Welt" von der Archäologin und Fernsehjournalistin Elli G. Kriesch, die den Artikel über die Bergung der Mumie mit den treffenden Worten „Der Skandal" überschrieben hat. Dieses Buch erwarb ich erst im Frühjahr 1997 im Rheinischen Landesmuseum Bonn, als Ötzi im Rahmen einer Ausstellung des Magazins GEO dort posierte.

Wie allgemein bekannt, befinden wir uns in einer Zeitperiode mit einem allmählichen Anstieg der Durchschnittstemperaturen. Diese Wärmeperiode zeigte sich in den Jahren bis 1990 schon sehr deutlich. Die Sommer waren warm und trocken. Die Winter brachten wenig Schnee, was zu Problemen in den alpinen Wintersportgebieten führte.

Das Jahr 1991 zeigte sich zusätzlich unter außergewöhnlichen Wetterbedingungen. Schon im Frühjahr wurde mit dem Südwind Saharasand bis in die Alpenregion des Alpenhauptkamms getragen. Durch diesen braunen Saharastaub auf den Schnee- und Gletscherflächen wurde eine normale Reflexion der UV-Strahlen verhindert. So kam es dort zu einer unüblichen frühen Aufwärmung der hochalpinen Eisregionen.

Die Monate April, Mai bis Anfang Juni brachten am Alpenhauptkamm zwar Schnee, der den braunen Belag zunächst abdeckte, ab Juli herrschten jedoch ununterbrochen hohe Temperaturen. Hierdurch schmolz der Neuschnee vollständig. Der Saharastaub trat wieder hervor und begünstigte nun kontinuierlich die weitere ungewöhnlich starke Abschmelzung des Gletschereises.

Hierdurch erklärt sich die außergewöhnlich hohe Anzahl von Ausaperungen von Gletscherleichen im Jahre 1991. Meistens handelt es sich hier um vor 30 bis 40 Jahren verunglückte Bergsteiger.

So eine Ausaperung ist an sich nichts Ungewöhnliches. Lediglich deren Anhäufung in diesem Jahr ist ungewöhnlich.

So war es für die Alpenbewohner nichts Besonderes, als am 19. September am Alpenhauptkamm, nahe beim Hauslabjoch, erneut eine Gletscherleiche ausaperte, die sechste und letzte in diesem Jahr. Diese hohe Anzahl von Gletscherleichen trat vorher in einem Zeitraum von ca. 30 bis 40 Jahren insgesamt auf.

Es konnte auch niemand ahnen, was sich mit dieser sechsten Gletschermumie anbahnte. So was hatte es im Zusammenhang mit Gletscherleichen noch nie gegeben.

Auf keinen Fall konnte sofort mit der Auffindung einer über 5.000 Jahre alten Mumie gerechnet werden. Keineswegs aber kann die nachfolgende Häufung von Fehlbehandlungen und Fehlurteilen im Zusammenhang mit der Bergung dieser Gletschermumie erklärt werden. Es soll nur die grundsätzliche Anfangssituation beleuchtet werden, in der man ganz logisch von einem ganz normalen Gletscherleichenfund ausgehen mußte.

Alle Beteiligten haben wohl im guten Glauben gehandelt, alles richtig zu machen. Im Einsatz gaben sie sicher ihr Bestes.

Was war passiert?

Am 18. September 1991 besteigen die Eheleute Erika und Helmut Simon, wohnhaft in Nürnberg, vom Schnalstal aus den 3.607 Meter hohen Berg Similaun. Beide sind Extrembergsteiger. Sie nehmen einen anderen Weg zum Gipfel, als er gewöhnlich benutzt wird.

So kommt es, daß sie während ihres Aufstiegs durch Gletscherspalten veranlaßt werden, einen Umweg zu nehmen. Hierdurch geraten sie aus ihrem Zeitplan. Sie sehen sich deshalb gezwungen, in der nahegelegenen Similaun-Hütte, die in 3.010 m Höhe am Alpenhauptkamm liegt, zu übernachten. Den Rückweg ins Schnalstal planen sie für den nächsten Morgen.

Durch den Einfluß eines österreichischen Ehepaares und durch das sonnige Wetter am anderen Morgen, entschließen sie sich, zusammen mit dem Paar die Finailspitze zu besteigen. Kurz nach dem Abstieg von diesem Gipfel trennen sich die Österreicher von ihnen, um auf dem üblichen Weg zurückzugehen.

Die Simons dagegen suchen, etwas östlich davon, einen eigenen Weg in Richtung Similaun-Hütte. Nach Überqueren eines Firnfeldes sehen sie eine Felsrinne, in der in einigen Metern Entfernung etwas Außergewöhnliches ihre Aufmerksamkeit weckt. Es erscheint ihnen zunächst wie eine Puppe. Als sie näher kommen, finden sie einen toten Menschen, der mit lederbrauner Haut am Kopf und den Schultern aus dem Eis apert. Sie machen ein Foto, ihr letztes auf dem Film. Es soll das Foto des Jahres werden.

Zunächst dachte man an einen verunglückten Skifahrer, da man bei der Fundstelle eine neuzeitliche Skibindung aus Gummi fand.

Nach dem etwa einstündigen Rückweg bis zur Similaun-Hütte verständigte Herr Simon den Hüttenwirt Markus Pirpamer.

Unmittelbar nachdem der Hüttenwirt mit seinem Koch die Fundstelle besichtigt hatte, informierte er den Gendarmerieposten in Sölden und, weil die Fundstelle im Grenzgebiet nach Italien liegt, auch die Carabinieri im Schnalstal. So ganz genau ist der Grenzverlauf in diesem Gebiet nicht zu erkennen. Die Carabinieri überließen den Österreichern die Bergung. Weiter geschah an diesem Tage nichts, außer daß interessierte Bergwanderer die Fundstelle besuchten.

Auch am nächsten Tag sieht es noch nicht nach einem Sensationsfund aus. An diesem Freitag laufen die ersten Bergungsversuche nur zögernd an. Ungünstig wirkt sich das nahende Wochenende aus. Es kommt der Umstand hinzu, daß diese Gletscherleiche mit einem Unfall in Verbindung gebracht wird, der sich Ende der dreißiger Jahre ereignet hat. Ein Bergwanderer aus Italien namens Casponi ist seit dieser Zeit in diesem Gebiet abgängig. Da man ihn mit dem Fund in Verbindung bringt, läuft eine ganz normale Bergung durch die Gendarmerie Sölden an, die durch Wetterverschlechterungen, verbunden mit Temperatursturz, anderen Widrigkeiten und Erschwernissen behindert und belastet wird.

Da zwischenzeitlich viele Bergwanderer und Bergsteiger die nicht gesicherte Fundstelle besuchen und sich dort wohl auch zu schaffen machen, entsteht ein nicht wieder gut zu machender Schaden.

Der Wind, der leichte Fundstücke verweht - viele Stücke werden wohl nie wieder auftauchen -, trägt außerdem dazu bei, daß der ursprüngliche Zustand der Ausaperung verändert wird.

Viele Hinweise in diesem Zusammenhang kann ich den Mitteilungen in der Presse entnehmen. Der präzise Ablauf des rekonstruierten Geschehens, einschließlich der Bergung und Nachbergung, wird in mustergültiger, kriminalistischer Kleinarbeit von dem leitenden Archäologen der Universität Innsbruck, Professor Dr. Konrad Spindler, in seinem Buch „Der Mann im Eis" sehr gut dargebracht. Es handelt sich um eine in der Archäologie einmalige Zusammenfassung von selbst kleinsten Dingen und Sachverhalten in Verbindung mit dem Fund.

Ich verweise auch deshalb auf dieses Buch, weil dem interessierten Leser von kompetentester Stelle die Möglichkeit geboten wird, sich sehr genau über die Komplexität der Auffindung und Bergung der Eismumie zu informieren.

Ich werde hier weiter fortlaufend nicht nur aus Presseberichten und anderen Quellen berichten, sondern auch in einer ganz kurz zusammenfassenden Darstellung einen groben Eindruck vom Gesamtablauf der Bergung vermitteln, indem ich u.a. aus diesem Buch die bedeutendsten Ereignisse zitiere. Ich halte dies letztlich auch deshalb für erforderlich, damit diejenigen Leser, die über den Sachverhalt bisher nicht vollständig oder gar nicht informiert sind, einen ersten kleinen Überblick erhalten, um die weiteren Ausführungen dieses Buches im richtigen Zusammenhang sehen zu können.

Im Verlauf des Geschehens um die Bergung wird es hochinteressant, als man von der plötzlichen Aufklärung des Schicksals des angeblich vermißten Casponi erfährt.

Am 21. September 1991 wird von den Carabinieri in Schnals die Gendarmerie in Sölden davon in Kenntnis gesetzt, daß Casponi bereits 1952 gefunden und auf dem Friedhof des Ortes Unserfrau in Schnals im Schnalstal begraben worden ist. Jetzt wird über das Alter des Toten vom Hauslabjoch neu nachgedacht.

Spätestens jetzt hätte man eine sorgfältige Untersuchung durchführen müssen, um nicht nur das Alter der Leiche festzustellen, sondern möglichst auch deren Identität. Doch das nahende Wochenende verhinderte die Aufmerksamkeit der richtigen Leute.

Obwohl sehr viele Menschen die Fundstelle besuchten, kam keiner von ihnen auf ein Alter der Gletscherleiche von mehr als 100 Jahren.

Am Samstag, den 21. September 1991, trifft der Südtiroler Extrembergsteiger Reinhold Messner mit seinen Kameraden auf der Similaun-Hütte ein. Dies geschieht im Rahmen einer Südtirolumrundung. Von einem deutschen Bergsteiger erfährt er von dem Fund.

Messner und sein Kamerad Kammerlander sind die ersten Begutachter, die die Gletscherleiche für einen „außergewöhnlichen archäologischen Fund" halten. Leider haben Messner und Kammerlander das Beil mit der Knieholmschäftung nicht zu Gesicht bekommen. Das Beil wurde beim ersten Bergungsversuch am Vortag sichergestellt und seitdem von Gendarmerieposten Sölden aufbewahrt. Da Messner es für ein Beil mit einer Eisenklinge hält - der Gegenstand war ihm vorher vom Hüttenwirt aufgezeichnet und erklärt worden -, schätzt er als erster ein hohes Alter von 500 bis 3.000 Jahren.

Diese hohe Altersangabe erscheint einem Korrespondenten der italienischen Zeitung „Alto Adige" zu gewagt. In den Pressemitteilungen wird daher ein Alter von lediglich rund 500 Jahren angegeben.

Auch der Heimatforscher Haid aus dem Ötztal wird von Messner unterrichtet. Doch auch Haid bemüht sich erfolglos in dieser Sache, weil man ihm nicht glaubt.

Ich berichte diesen Passus u.a. deswegen so ausführlich, weil Messner mit seiner Altersbestimmung des Beils der einzige war, der mit seiner Schätzung einigermaßen richtig lag. Hätte man ihm geglaubt, wäre man sicher zu einer archäologischen Bergung übergegangen. So hätte sich jedenfalls die nachfolgende, derart unfachliche Bergung verhindern lassen, wie sie dann, durch die Wetterlage mit Nachtfrösten behindert, langsam und mühsam anlief und auch die Fundsituation veränderte.

Es ist kaum nachzuvollziehen, warum an Hand der vorgefundenen Gegenstände, insbesondere des Beils und des Dolches mit der Steinklinge, sonst niemand auf die Idee kam, es könnte sich um sehr, sehr alte Fundstücke handeln. So hätte man an Hand des vermuteten Alters der Gegenstände richtige Rückschlüsse auf das etwaige Alter der Eismumie ziehen können.

Wie man später recherchierte, haben mindestens 22 Besucher die Fundstelle besucht. Es waren wahrscheinlich mehr. Hinzu kommen die Leute, die mehr oder weniger mit der Bergung zu tun hatten.

Unter diesen vielen Menschen befanden sich gewiß auch einige, wenn auch eventuell nur wenige, mit guter bis sehr guter Schulbildung. Trotzdem erkannte außer Reinhold Messner keiner das etwaige Alter der Fundstücke. Man hielt es allenfalls für möglich, daß die Mumie aus dem Ersten Weltkrieg stamme.

Der Gendarm Kohler, der am Freitag, den 20.09.1991, mit einem Schrämhammer versuchte, die Eismumie aus dem Eis zu befreien, beschädigte sie durch sehr häufiges Abrutschen mit dem Werkzeug sehr stark, besonders an der linken Hüfte und am linken Oberschenkel. Da das Gerät nach kurzer Zeit seinen Geist aufgab, ließ er sich mit dem Hubschrauber nach Vent zurückfliegen. Es wäre nicht auszudenken, welcher weit größere Schaden an der Mumie hätte eintreten können, wäre eine weitere Freilegung der Eismumie mit diesem Werkzeug möglich gewesen.

Herr Kohler nahm das Steinzeitbeil mit der Knieholmschäftung an sich und übergab es der Gendarmerie in Sölden. Obwohl dieser Beiltyp mit der obligatorischen Knieholmschäftung in mehreren Jahrtausenden der Stein- und Bronzezeit bis hin in die ältere Eisenzeit ein sehr gebräuchlicher Gegenstand war, wenn auch überwiegend mit einer Klinge aus anderem Material, schätzte er das Beil auf 100 Jahre. Auch bei der Auskunft in Vent wurde das Beil von den umherstehenden Leuten, darunter befanden sich viele Reporter und Journalisten, für einen Eispickel gehalten. Der Hotelier und Bergrettungsobmann Alois Pirpamer aus Vent wollte diesen „Eispickel" über der Eckbank in einer gemütlichen Nische seines Hotels als Wandschmuck verwenden. Auch hier in Vent wurde das wirkliche, sensationelle Alter nicht erkannt. Schließlich wurde das Beil von der Söldener Gendarmerie in einem Bunker sicher verwahrt.

Durch die Entfernung des Steinzeitbeils mit der Kupferklinge vom Fundort wurde für die Erkennung des wirklichen Alters der Mumie und für die Bestätigung eines einmaligen, außergewöhnlichen Jahrhundertfundes das wichtigste Indiz vom Ort der Handlung beseitigt.

An den nächsten Tagen, bis zum Montag, den 23.09.1991, wird immer wieder unsachgemäß versucht, die Mumie freizulegen. Wichtige Fundstücke werden durch Nachlässigkeit und Unachtsamkeit zerstört. Der Wind tut ein übriges, indem er leichte Gegenstände verweht. Einige werden wiedergefunden, andere bleiben für immer verschwunden. Die Mumienfundstelle bleibt unbewacht, wird lediglich mit einer Plastikplane abgedeckt.

Erst jetzt, am Montag, den 23.09.1991, wird von dem Leiter des Gerichtsmedizinischen Institutes Innsbruck, Professor Dr. Henn, die Bergung mit dem Hubschrauber eingeleitet.

Eine Zwischenbemerkung sei erlaubt: Ich möchte mich keinesfalls in die Reihe derer einreihen, die aus gewissen Gründen schonungslos mit ihrer Kritik umgehen und sich in Schriften und Büchern als Besserwisser aufspielen.

Trotzdem muß ich mein Unverständnis kund tun, daß auch ein bestens geschulter Mann wie Professor Dr. Rainer Henn den Steinzeitdolch mit Steinklinge nicht als vorgeschichtlichen Gegenstand erkennt. Statt dessen wirft er ihn auf einen Haufen gesammelter kleiner Teile, die ebenfalls aus dem Gletscherwasser geborgen wurden und um die Fundstelle herumlagen. O-Ton Henn: „Als ich das Steinmesser entdeckte, überlegte ich, daß es sich vielleicht um einen entsprungenen Häftling handelt, der sich das Ding selbst gebastelt hat."[3]

Zu seiner Entlastung muß gesagt werden, daß man ihn über das sichergestellte Beil in Unkenntnis gelassen hatte. Außerdem war jetzt bei der Henn'schen Bergung keiner der Leute zugegen, die vorher mit den Freilegungsversuchen beschäftigt gewesen waren. Sie hätten ihm wichtige Hinweise geben können.

Archäologen hatten bis Dienstag, den 24.09.1991, leider keine Chance.

Als die Mumie endlich aus dem Eis gehoben war, sagte Henn: „Jetzt kommt es darauf an, daß wir für die Altertumsforscher noch ein bisserl was herausholen."[4]

Wußte er doch mehr? Diese Frage drängt sich geradezu auf.

Noch vor dem Start des Hubschraubers wollte ein Archäologieprofessor mitfliegen, da er den Fund möglicherweise für sehr alt hält und dieser wahrscheinlich historisch interessant sei.

Er durfte nicht mitfliegen, da der Hubschrauber angeblich ausgelastet sei. War dieser Archäologe Professor Dr. Konrad Spindler? Es wird wohl so sein. Henn wurde hierdurch auf die Möglichkeit eines historisch hohen Alters der Gletscherleiche hingewiesen. Deshalb bleibt mir seine Handlungsweise unverständlich. Er kann dies auch nicht mit dem außergewöhnlichen Schwierigkeitsgrad am Hauslabjoch rechtfertigen, wie er es persönlich im Spiegel TV-Film mit dem Titel „Der Ötzi" zu begründen versucht. Bergungen im Winter bei Frost und Schnee hat es schon immer gegeben, und sie gehören zum ganz normalen Programm nicht nur des Innsbrucker Gerichtsmedizinischen Institutes.

---

[3] Spindler, Konrad: *Der Mann im Eis*, München 1995³. - S. 241
[4] a.a.O., S. 242

Lassen wir besser die Sache auf sich beruhen. Professor Dr. Rainer Henn kann sich nicht mehr selbst verteidigen und Stellung nehmen, da er kurze Zeit später bei einem unverschuldeten schweren Verkehrsunfall zu Tode kam.

Fehler in dieser Sache sind auch von vielen anderen Personen gemacht worden. Wir alle sind nicht fehlerfrei.

Man könnte diese Fehler durchaus verstehen, wenn ihre Folgen nicht so gravierend und in einer so großen Anhäufung von unglücklichen Umständen und Unzulänglichkeiten aufgetreten wären.

Gerade deshalb ist es nach einer so abenteuerlichen Bergung erfreulich zu erfahren, daß dem von Henn verständigten Professor Spindler spontan eine fast genaue Datierung des tatsächlichen Alters der Mumie und der Gegenstände glückte. Er nannte ein Alter von mindestens 4.000 Jahren. - Alle Anwesenden bezweifelten diese Altersangabe. Die vorläufige Altersbestimmung ging jedoch als Sensation durch alle Medien der Welt.

Die Folgen wären nicht auszudenken gewesen, wenn weitere falsche Datierungen genannt worden wären. Doch nun setzte eine in solchen Fällen nie dagewesene wissenschaftliche Betriebsamkeit ein.

Jetzt wurden Vorkehrungen getroffen, um weitere Schäden oder gar den Verfall der Fundgegenstände und der Mumie, die bei plus 27 Grad aufgetaut war, zu stoppen.

Es lief die größte weltweite Forschung dieser Art an, die es je gegeben hat. Über 60 Wissenschaftlerteams arbeiten seitdem an diesem Projekt. Umfangreiche Nachgrabungen wurden an der Fundstelle durchgeführt.

Die erste Nachgrabung erfolgte noch im selben Jahr. Auch 1992 wurden sehr umfangreiche Nachgrabungen durchgeführt. Wie Renate Spieckermann in ihrem Buch („Ich war Ötzi") schildert, wurden die zuständigen Archäologen von der Autorin unmittelbar nach der ersten Nachgrabung und im Frühjahr 1992 über ihre Wahrnehmungen verständigt, die der Bergung und auch der Auswertung nützlich gewesen sein sollen. Ferner konnten Frau Spieckermann und Herr Hickisch Herrn Prof. Dr. Walter Leitner von der Universität Innsbruck von der Existenz einer Pelzmütze unterrichten, die dann bei den Nachgrabungen gefunden wurde. Gefundene „Grasmatten" wurden von ihr richtig als Reste eines Grasumhanges interpretiert. Es ließen sich noch viele Einzelheiten aufzählen.

Teil 5

Meine Erkenntnis im März 1996
durch Betrachten des Spiegel TV-Films aus
dem Jahre 1994 mit dem Titel „Der Ötzi"
und durch die Lektüre der Bücher „Ich war Ötzi"
und „Der Mann im Eis"

Seit September 1990 wurde ich von Zeit zu Zeit durch die unterschiedlichsten Umstände an mein Traumerlebnis erinnert.

Immer öfter drängten sich mir Fragen auf, so zum Beispiel, ob es sich bei meinen Wahrnehmungen um Ereignisse aus längst vergangenen Zeiten handelte. Wenn dies definitiv so sein sollte, stellte sich die Frage nach Zeit und Ort der Geschehnisse. - Wer war ich, und welche Rolle spielte ich im damaligen Leben? Wer waren die anderen Personen? Welchen Sinn und Zweck hatte dieses Traumerlebnis?

Damals fand ich keine Antwort. Meine Bemühungen, diese Erinnerungen zu verdrängen, blieben ebenfalls erfolglos.

So kam es, daß ich im Februar 1996 während eines Kurzaufenthaltes im Alpengebiet beim Anblick der schneebedeckten Berge erneut an meine Traumerlebnisse erinnert wurde.

Am 12.02.1996 sollte ich einen Termin bei Professor Dr. Julius Hakkethal in der Eubios-Klinik in Riedering-Spreng bei Rosenheim in Bayern wahrnehmen. So kam es meiner Frau und mir in den Sinn, diese Reise schon etwas früher zu beginnen, um eine erste Orientierungsfahrt im westlichen Alpengebiet Österreichs vornehmen zu können, da wir vorher noch nie in dieser Gegend Österreichs westlich von Innsbruck waren.

So fuhren wir mit dem Pkw in der Nacht zum 10. Februar 1996 in Richtung Lindau am Bodensee. Die Insel erreichten wir morgens um 9.oo Uhr.

Von hier aus ging die Fahrt über Bregenz in Richtung Bludenz, mit Abstecher ins Große Walsertal, danach ins Montafon und weiter durch den Arbergtunnel in östliche Richtung. Unser Ziel zwecks Einquartierung war das Zillertal. Wir hätten sicher hier und da in den wunderschönen Gebirgstälern gerne ein oder zwei Tage pausiert, aber das Zillertal bot mit seiner Nähe zu Rosenheim, meinem eigentlichen Ziel der Reise, die bessere Möglichkeit, meinen Termin am Montagmorgen wahrzunehmen. Deshalb zog es uns zügig weiter.

Um auch so vom Ötztal einen ersten Eindruck zu erhalten, ging die Fahrt ohne Halt weiter bis Obergurgl. Da hier die Aussicht durch feinen Nieselschnee völlig unterbunden wurde, fuhren wir sofort zurück in Richtung Inntalautobahn, um schnell ins Zillertal zu gelangen. In der Dunkelheit erreichten wir oberhalb von Mayrhofen den Ort Finkenberg, wo wir im Gasthof „Persal" unser Quartier bezogen.

Seit dieser oberflächlichen Orientierungsfahrt durch das Ötztal wurde ich fast ständig an mein Traumerlebnis vom September 1990 erinnert.

Auch als wir zwei Wochen später einen mehrwöchigen Urlaub in Rosas an der Costa Brava verbrachten, wurde ich beim Anblick der schneebedeckten Gipfel der Pyrenäen mit einer Höhe von über 2.500 Metern ständig mit meinem Traumerlebnis konfrontiert. Der Gedanke, meine Traumerinnerungen könnten im Zusammenhang mit dem Ötzifund stehen, ließ mich keinen Tag los.

Als ich Ende März wieder in Deutschland war, erwarb ich zunächst eine Landkarte von Tirol im Maßstab 1:200.000.

Da ich aus Medienberichten wußte, daß Ötzi im direkten Grenzgebiet nach Italien (Südtirol) gefunden wurde, und zwar in der Gegend des Berges Similaun, suchte ich auf der Karte in diesem Bereich nach Gebieten, die der Landschaft aus meinem Traum entsprechen würden.

Erstaunt stellte ich dabei die Existenz des Venter Tals fest, von dem ich bisher keine Kenntnis gehabt hatte. Da ich ganz genaue Landschaftsbilder mit Schneekamm aus meinem Traum in Erinnerung hatte, suchte ich ähnliche Gebiete im Grenzgebiet des Berges Similaun, wobei mir auch die Auffindung zweier eventuell in Frage kommender Gebiete gelang.

Da ich mich mit meiner Vermutung bestätigt sah, entschloß ich mich spontan, mir Informationsmaterial zum Ötzifund zu besorgen.

In der Wittener Buchhandlung Krüger verlangte ich am 25. März 1996 alle Berichte, die mit der Eismumie Ötzi im Zusammenhang standen.

Nach Bestellung konnten der Spiegel TV-Film mit dem Titel „Der Ötzi" und das Buch mit dem Titel „Ich war Ötzi" geliefert werden. Andere Bücher zu diesem Thema waren entweder vergriffen oder aus anderen Gründen nicht lieferbar.

Am 26.03.1996 erhielt ich zuerst den Spiegel TV-Film; einen Tag später war auch das besagte Buch eingetroffen.

Ich werde nie meinen ersten Eindruck vergessen, als ich mit größtem Erstaunen den TV-Film „Der Ötzi" betrachtete. Schon die Luftaufnahmen vom Gebiet der Ötzi-Fundstelle zeigten mir von Anfang an zwei Gebiete, die mit den Landschaftsbildern aus meinem Traum vergleichbar erschienen.

Immer wieder schaute ich mir diese Luftaufnahmen an. Hierbei wurde ich ein ums andere Mal sicherer, daß es sich bei dem Gebiet unterhalb der Fundstelle um dasselbe Gebiet handelt, das ich im Traum wahrgenommen hatte.

Eine zusätzliche Bestätigung, daß meine Erlebnisse in der steinzeitlichen Vergangenheit Wirklichkeit gewesen sein müssen und direkt mit dem früheren Leben Ötzis zusammenhängen, erhielt ich, nachdem ich den vollständigen Film gesehen hatte.

Mit den Fundstücken kamen mir dieselben Gegenstände zu Gesicht, die ich im Traum wahrgenommen hatte. Das Beil mit der Knieholmschäftung, der hölzerne Stab, der hier im Film als „unfertiger Bogen" bezeichnet wird, der Grasumhang sowie die Fellmütze, die der Mann in meinem Traum trug, erkannte ich zu meiner völligen Verblüffung wieder.

Weitere Gewißheit erhielt ich durch andere Gegenstände, wie die Beinkleider, die aus kleinen Fellstücken bestehen. Gleiche Beinröhren zog ich mir im Traum an.

Nicht zuletzt hierdurch und durch die Tatsache meiner aktiven Mitwirkung in meinem Traum erlangte ich die Gewißheit, daß meine Traumerlebnisse Rückbesinnungen auf wirklichkeitsspezifische Handlungen aus einem früheren Leben sein müssen, die in direktem Zusammenhang mit dem Leben von Ötzi und seiner Umgebung stehen müssen.

Erst einen Tag später, also am 27.03.1996, erhielt ich das Buch mit dem Titel „Ich war Ötzi".

Vielleicht war ich auch deswegen von einigen Angaben in diesem Buch angenehm überrascht, weil ich mir hiervon zunächst nichts Besonderes versprochen hatte. Mir erschien der Titel zu spektakulär.

Nachdem ich von der Buchhandlung zurück war und, in der Parkgarage in meinem Wagen sitzend, erste Eindrücke beim Durchstöbern des Buches gewonnen hatte, änderte sich meine Meinung. Ich war schließlich so beeindruckt von dem, was die Autorin, besonders am Schluß des Buches, zu berichten wußte, daß ich Nachgebühr fürs Parken zahlen mußte.

Wie schon berichtet, las ich erschrocken und beeindruckt von einem hölzernen Wagen, wie ich ihn in gleicher Art in meinem Traum erlebt hatte. Daher meine ich: Wenn zwei Menschen auf solche Art das Gleiche sehen, muß es existiert haben!

Nachdem ich die Gewißheit erlangt hatte, daß meine Traumerlebnisse direkt mit dem früheren Leben Ötzis und seiner Umgebung zu tun haben, gab ich in dieser Sache meine Introvertiertheit auf. Dabei machte ich folgende Erfahrung:

Wenn ich von meinen Erlebnissen erzählte, wurde mir mit zunehmender Intelligenz und Bildung der Zuhörer ein entsprechend größeres Verständnis entgegen gebracht. Ich wurde nicht belächelt wie seinerzeit, unmittelbar nach meinem Traum. Auch meine Frau, die anfangs meine Träume belächelte, hat mittlerweile eine positive Meinung dazu.

Da ich im Buch „Ich war Ötzi" Hinweise auf das Buch „Der Mann im Eis" von Konrad Spindler fand, besorgte ich mir auch dieses Werk. Dieses hochinteressante und hochinformative Buch bestätigte meine gewonnene Gewißheit, daß ich mich auf dem richtigen Weg befand, vollends.

Leider wurden in diesem Buch nach meiner Meinung ebenfalls einige falsche Rückschlüsse gezogen.

In mir wuchs der Wunsch, mir im Sommer 1996 am Alpenhauptkamm letzte, endgültige Gewißheit zu verschaffen: Ich wollte auch die im Traum erlebte Höhle finden.

Zwischenzeitlich beschäftigte ich mich mit der Frage, wie solche Wahrnehmungen aus der Vergangenheit, aber auch aus der Zukunft erklärbar werden.

Ich war mir nun sicher, daß sich meine Wahrnehmungen nicht einfach mit der Begründung, es handele sich um unbewußte Wunschvorstellungen, vom Tisch wischen lassen.

Es ist noch nicht lange her, wo man Leute mit ähnlichen Wahrnehmungen aus Unkenntnis in die Abteilung für Psychiatrie einweisen ließ. Trotz der hohen Verdienste von Sigmund Freud, dem Vater der Tiefenpsychologie, kommt man nicht umhin, festzustellen, daß insbesondere in der Freud'schen Psychoanalyse in Bezug auf die Sexualtheorie große Fehler stecken.

II. Kapitel

Teil 1

Meine Begegnung mit der Psychologie
auf der Bahnfahrt von Basel nach Genf im Jahre
1993. Zufall?

Eine weitere Bestätigung für meine laufend wiederkehrende Konfrontation mit meinen Traumerlebnissen sehe ich in meinem denkwürdigen Erlebnis während meiner Bahnfahrt von Basel nach Genf im Jahre 1993.

Es ist Herbst. Ich befinde mich auf der Durchfahrt von Deutschland in Richtung Süden, als ich allein im fast leeren Intercity sitze und mich langweile. Es bietet sich kein Gegenüber als Gesprächspartner an. So schaue ich gedankenversunken aus dem Fenster und genieße die wunderschöne schweizerische Berglandschaft, die an meinem Fenster vorüberzieht. Die Gipfel der Berge zeigen sich mir verschneit, wodurch meine Gedanken auf mein Traumerlebnis vom September 1990 gelenkt werden, das ja auch im verschneiten Hochgebirge handelt.

In welcher Berggegend mag sich das abgespielt haben?

Ich stelle mir auch wieder unbewußt die Frage, ob es sich bei meinem Traumerlebnis überhaupt um vergangene Wirklichkeit handeln kann oder nur um verborgene, unbewußte Wunschvorstellungen, wie es bei Sigmund Freud so häufig als Erklärung zu finden ist, ganz besonders dann, wenn es um Erlebnisse geht, die mit der Sexualität in Verbindung stehen, wie es bei meinem Traumerlebnis vom September 1990 der Fall ist.

Erste Zweifel an der Freud'schen Theorie, insbesondere seiner Sexualtheorie, hatte ich schon während meiner Schulausbildung.

Damals, direkt nach dem Ende des Zweiten Weltkriegs, galten die Freud'schen Theorien als heilig und unantastbar. Eine heute übliche kontroverse Diskussion in dieser Sache war damals auf dem Gymnasium undenkbar.

Noch so in Gedanken versunken, sehe ich am Kleiderhaken des gegenüberliegenden Sitzes ein Zeitschriftenmagazin hängen.

Es handelt sich um eine kostenlose Lektüre der Schweizer Bahnen zur Unterhaltung ihrer Reisenden.

Weil ich auf andere Gedanken kommen wollte, griff ich zu diesem Heft mit dem Namen „Via". Es handelte sich um die vierte Ausgabe des Jahres 1993.

Die Aufmachung des Umschlags in den Kontrastfarben Rot und Gelb läßt ein Übersehen dieses Magazins nicht zu. Anstatt einen Artikel zu finden, der mich von meinen Gedanken hätte abbringen können, entdeckte ich erstaunt schon auf dem Titelblatt einen Hinweis auf einen Bericht über das Leben und Schaffen des großen Psychologen und Seelenarztes Carl Gustav Jung.

Beim Lesen dieses Artikels fand ich volle Bestätigung meiner Ansichten in bezug auf Psychologie im allgemeinen, so auch über die Psychoanalyse bezüglich der Sexualtheorie von Sigmund Freud.

Ferner fand ich hier zu meiner Verwunderung auch Bestätigung meiner Vermutung, bei meinen Traumerlebnissen handele es sich um Erlebnisse aus der Vergangenheit.

In diesem interessanten, informativen Bericht über das Leben und Schaffen von Carl Gustav Jung wird von einem Erlebnis berichtet, welches Jung in seinem Haus am Zürichsee, das er Turm nannte, als Einsiedler wahrnahm. Er brachte dieses nächtliche Erlebnis ohne Anwendung der Psychoanalyse direkt mit Ereignissen aus dem Mittelalter in Zusammenhang!

Jungs Haus am Zürichsee war eine bescheidene Behausung ohne Elektrizität, ohne fließendes Wasser und mit einem Herd ausgestattet, für den er das Holz selber hackte. In „Erinnerungen, Träume, Gedanken"[5] beschreibt Jung, wie er an diesem Ort des Geborgenseins nicht nur im physischen, sondern auch im psychischen Sinn der Vergangenheit des Ortes begegnet ist.

Er glaubt einmal im Traum Burschen zu hören, die von den Bergen gekommen sind und den Turm von beiden Seiten umströmten, mit viel Getrappel, Lachen, Singen und Akkordeonspiel. Dieses Traumerlebnis bringt er mit den Reisläuferzügen aus dem Mittelalter in Zusammenhang, die damals von der Innerschweiz her den See entlang und weiter bis Locarno zogen.

Jung zog mitnichten die Psychoanalyse zur Traumdeutung heran, wie S. Freud es wohl getan hätte, weil er wußte, daß es sehr wohl möglich war, vergangene Abläufe im Traum wieder neu zu sehen.

Dieses Traumerlebnis, das für Jung Wirklichkeit aus dem Mittelalter war, erschien mir so wichtig, daß ich mich entschloß, dieses Magazin der Schweizer Bahnen mit dem lateinischen Namen „Via" mitzunehmen, weil ich nun endlich etwas in Händen hielt, womit ich belegen konnte, daß meine

---

[5] Vgl. Jung, C.G.: *Erinnerungen, Träume, Gedanken*, Olten/Freiburg i.Br. 1981. - S. 51. Vgl. Fellenberg, Walo: Ein Mann, zwei Häuser, zwei Seen, in: VIA 4/93. - S. 17

1990 erlebten Traumbilder nichts anderes als vergangene Wirklichkeit gewesen sein müssen.

So wurde mir mit diesem Bericht über C.G. Jung aus dem Magazin Via, was bekanntlich *der Weg* heißt, der richtige *Weg* gewiesen.

War das Zufall?

Der Zufall wird viel zu häufig zitiert, als es ihn denn so oft geben kann. Die Wahrscheinlichkeitsrechnung verbietet eine solche Anhäufung. Carl Gustav Jung spricht in diesem Zusammenhang von der *akausalen Synchronizität*.

Es sollte wohl so sein.

Ich wurde also langsam, sagen wir ganz allmählich, ohne mir direkt darüber bewußt zu werden, auf meine Aufgabe vorbereitet, die darin bestand, die Ötzi-Sommerbehausung zu finden und so zur Wahrheitsfindung in der Ötzi-Biographie beizutragen.

Ich wollte gar nichts mit der Sache zu tun haben, fühlte mich aber immer stärker dazu gedrängt, meinen Traumerlebnissen nachzugehen und die Öffentlichkeit von dem sensationellen Ergebnis meiner Recherchen zu verständigen.

Teil 2

Kurze Stellungnahme zu Theorien von
Sigmund Freud und Carl Gustav Jung.

Ferner ein kurzer Hinweis auf die Theorie
der Reinkarnation

Die Initiatorin
des kollektiven sowie des
überindividuellen Unbewußten
ist die
Überseele
im
immateriellen, zeitlosen
Jenseits,
mit dem Ergebnis
der normalen sowie anomalen Intuition.

Mir sagte neulich eine akademisch geschulte Person: „Sigmund Freud ist out."

Das klingt nicht nur übertrieben, sondern ist es auch.

Es soll aber andeuten, daß man heute weit über die Theorien dieses großen Psychologen hinaus bemüht ist, auf Fragen, die uns alle bewegen, eine Antwort zu finden.

Ich brauche sicher nicht darauf hinzuweisen, daß Sigmund Freud, der Vater der Tiefenpsychologie, sehr Großes geleistet hat. Man muß aber auch sehen, daß seine Psychologie in Teilen recht einseitig ist.

Dies ist um so erstaunlicher, als es bereits lange vor Freud Denkansätze gegeben hat, die eine ganzheitliche Betrachtungsweise des Menschen ermöglichten, in der die Sexualität, die bei Freud im Mittelpunkt steht, nur einer von vielen Bestandteilen menschlichen Daseins ist. Ein Beispiel für solche Ganzheitlichkeit liefert uns die spätantike/mittelalterliche indische Tantramedizin. Das, was Freud bis zur Schmerzgrenze als Hauptquelle menschlichen Verhaltens ausschöpft, reiht sich in dieser Lehre lediglich als zweites von insgesamt sieben *Chakren* ein:

Das erste Chakra liegt am unteren Ende der Wirbelsäule, es ist das Wurzelchakra. Es geht hier um das eigene Überleben als Individuum, ehe man sich andere Aufgaben vornehmen kann.

Das zweite Chakra beinhaltet das Unterleibschakra, es sorgt für das Überleben der Gattung.

Das dritte Chakra ist das Nabel- oder Solarplexuschakra, das mit Macht zu tun hat.

Das vierte Chakra ist das Herzchakra, das Chakra der Sympathie und des Mitgefühls.

Das fünfte Chakra ist das Chakra der Kreativität (Kehlkopfchakra).

Das sechste Chakra ist das Stirnchakra, das Chakra der intuitiven Erkenntnis, das sogenannte 3. Auge.

Das siebte Chakra ist das Scheitelchakra, das Chakra der Erleuchtung. Es wird in der Kunst oft als Lichtschein dargestellt.

Das zweite Chakra beinhaltet vorrangig das Sexuelle in uns und ist gewiß nicht der wesentliche Teil im Menschen. Freud maß ihm ein zu großes Gewicht bei. Dies mißfiel auch einem seiner anfangs größten Bewunderer, nämlich dem damals jungen Carl Gustav Jung. Es kam zwischen beiden vorher zu einer Art Vater/Sohn-Verhältnis, bis sich beide unversöhnlich trennten.

In Auseinandersetzung mit Freud („Das Ich und das Es") wählt Jung einen anderen Weg. Er nennt ihn „Analytische Psychologie". Hiermit und durch seinen Vorstoß in das kollektive Unbewußte gelang ihm der entscheidende Schritt über Freud hinaus, bis zu der heutigen modernen Wissenschaft hin. Eine der sogenannten „Grenzwissenschaften" beinhaltet die Theorie der Reinkarnation.

Ich halte das Beschreiten dieses Weges als logische Fortsetzung der Jung'schen Theorie vom „kollektiven Unbewußten" in die richtige Richtung.

Man wird sich daran gewöhnen müssen, daß, anders als bei Wissenschaftszweigen, wo nur Beweise gelten können, immerwährende Gesetzmäßigkeiten des Kosmos ebenfalls für die Theorie der Reinkarnation herangezogen werden können.[6]

Zum Thema „Reinkarnation" (und den unten zitierten Werken) sagen Hickisch und Spieckermann zusammengefaßt folgendes:

„Im Gegensatz zu der häufig verbreiteten, landläufigen Ansicht, mit der Beendigung unseres irdischen Daseins sei alles vorüber, geht es bei der Theorie der Reinkarnation bekanntlich darum, daß wir uns in einem natürlichen Kreislauf befinden, wenn wir uns aus unserem materiellen, irdischen Dasein lösen und in die geistige Welt wechseln. Christopher M. Bache und andere Befürworter der Reinkarnationslehre benutzen den Begriff der Überseele.

Danach steht hinter unserer gegenwärtigen Identität eine kollektive Identität.

---

[6] Ich verweise in diesem Zusammenhang auf Hinweise des amerikanischen Religionswissenschaftlers Bache, der die Sicht der modernen Wissenschaft zur Reininkarnation aufarbeitet. Vgl. Bache, Christopher M.: *Das Buch von der Wiedergeburt*. Vgl. ferner: Hasselmann, Varda; Schmolke, Frank: *Welten der Seele*, München 1993.

Als Überseele bezeichnet er jenes größere Bewußtsein, das die Erlebnisse aller unserer Inkarnationen sammelt und integriert. Man nennt es auch unser 'Höheres Selbst'."[7]

Um besser verständlich zu machen, wie und warum es möglich ist, zum Beispiel in Form von Traumerlebnissen vergangene Wirklichkeit aus einem früheren Leben zu erfahren, wie mir dies zweimal in bezug auf Ötzi geschah, zitiere ich einen Abschnitt aus dem „Buch der Wiedergeburt" wörtlich:

„Alle bisher gelebten Leben ... werden als innerhalb der Überseele präsent vorgestellt, wobei jedes einzelne irgendwie seine Integrität behält, während sie sich gleichzeitig gemeinsam zu einem größeren Bewußtsein zusammenfinden. Mein gegenwärtiges Leben ist eine Ausdehnung der Überseele; es ist ein Zyklus innerhalb ihres unermeßlich viel größeren Lebenszyklus. So bin ich mit der Überseele in einem tieferen Sinne identisch als mit der Identität, die ich mit der Geburt angenommen habe. Durch die Überseele bin ich in einem größeren Kontext verwurzelt. Erst die Überseele hat die Form geschaffen, die ich jetzt bin. Ich habe mir meine gegenwärtigen Lebensbedingungen nicht selbst ausgesucht, denn meine Persönlichkeit existiert erst seit dem Moment, wo diese Entscheidungen darüber getroffen wurden. Auch wurden diese nicht nur von dem Leben getroffen, das dem jetzigen vorausging, sondern von meiner vollständigen Identität, also von der integrierten Gesamtsumme sämtlicher Erfahrungen meines persönlichen Stammbaums, der hinter den Horizont der Zeit selbst zurückreicht. Die Überseele hat die Komponenten meines Lebens ausgewählt, um ihr eigenes Leben zu fördern und zu bereichern. Strenggenommen bin nicht ich es, der sich viele Male inkarniert, sondern sie."[8]

So wird es verständlich, daß mehrere Leben, zu den unterschiedlichsten Zeiten eine inhaltliche Verbindung haben können. So sind auch meine Wahrnehmungen erklärbar.

---

[7] Vgl. Hickisch, Burkhard; Spieckermann, Renate: *Ich war Ötzi*. - S. 42 ff.
[8] Bache, Christopher M.: *Das Buch von der Wiedergeburt*. - S. 122

Um Vorgänge wie den „Zufall" wissenschaftlich zu erklären und zu verstehen, bedarf es der Zuhilfenahme wissenschaftlicher Erkenntnisse und Aussagen wie der des Seelenarztes Carl Gustav Jung, der dieses Phänomen als „akausale Synchronizität" beschreibt. Bei dem Philosophen Martin Heidegger ist es das „Ereignis".

Zwischen beiden Denkrichtungen liegt ebenfalls eine synchronistische Parallelität vor. Die Jung'sche Idee der Synchronizität stellt dabei die eine Linie dar, Heideggers „Ereignis" die andere. Diese Parallelität zeigt Synchronizität und Ereignis als das „Selbe".[9]

Das Ereignis, bei dem ich im Sommer 1990 im Traum einen steinzeitlichen Wagen sah und ihn selbst schob, der mit denselben außergewöhnlichen Eigenarten weit später auch von Renate Spieckermann gesehen und erlebt wurde, bildet ein Beispiel für die akausale Synchronizität.

Da ich in diesen beiden „Ereignissen" wohl eine Synchronizität, aber keine Akausalität sehen kann, da sie nach meiner Auffassung zur Wahrheitsfindung in der Ötzi-Biographie bewußt beitragen sollen, also gezielt erfolgten, glaube ich hier eine *kausale* Synchronizität zu sehen, obwohl dieses laut C.G. Jung als Prinzip nichtkausaler Zusammenhänge den Gegenpol zur Kausalität bilden soll. Denn nach meiner Meinung bedarf es eines auslösenden Faktors, wenn beide Ereignisse als synchronistische Parallelen gezielt erfolgten, nämlich den der Überseele.[10]

Carl Gustav Jung deutete mit seiner „Analytischen Psychologie", die er als empirische Wissenschaft ansah, die gesamte Menschheitsgeschichte. Er kommt vom überindividuellen Unbewußten zum kollektiven Unbewußten, wobei das individuelle Bewußtsein lediglich wie ein fruchtbarer Sprößling aus dem Grund des kollektiven Unbewußten sprießt. Da die ursprünglichen Bilder des kollektiven Unbewußten schrumpfen, entstehen die Archetypen.

---

[9] Diese Selbigkeit wird überzeugend dargelegt in: Kurthen, Martin: *Synchronizität und Ereignis*, Essen 1986

[10] Zum Weiterlesen: Jung, C.G.: *Synchronizität als Prinzip akausaler Zusammenhänge*, Olten/Freiburg i.Br. 1979; ders.: *Freud und die Psychoanalyse*, Olten/Freiburg i.Br. 1971; ders.: *Die Archetypen und das kollektive Unbewußte*, Olten/Freiburg 1983

Die Psychologen beschäftigen sich mit der Psyche des lebenden Menschen. Die Reinkarnationstheorie gehört bekanntlich nicht dazu.

*Die Liebe und Geborgenheit, die
unsere Seele erlebt,
wenn unser Körper stirbt,
wird durch die Existenz der
Überseele gewährleistet,
die wir als ein Instrumentarium
Gottes begreifen.*

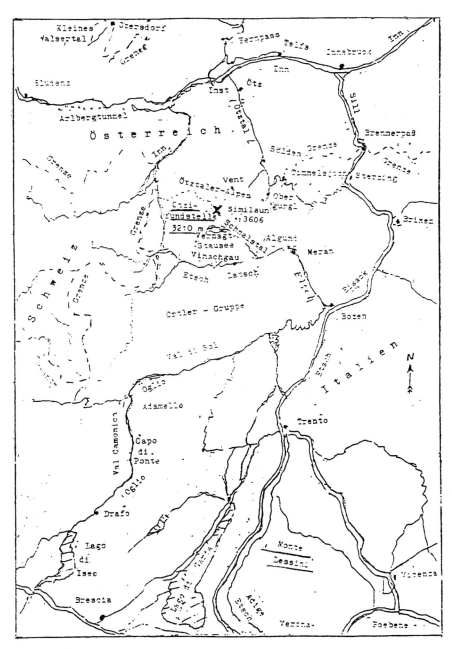

Übersichtsskizze Österreich/Schweiz/Italien

III. Kapitel

Teil 1

Meine Orientierungsfahrt ins Ötztal
mit Wanderung von Vent bis
zum Alpenhauptkamm
auf der Suche nach der von mir im Traum erlebten „Höhle"

Nachdem sich bei mir Ende März 1996 die Überzeugung gefestigt hat, daß ich an Hand der Luftaufnahmen des Spiegel TV-Films das Gebiet aus meinem Traum finden werde, warte ich noch die Zeit ab, wo möglichst wenig Schnee dort am Alpenhauptkamm anzutreffen ist. Ich kenne das Gebiet nicht.

Informationen über die dortigen Verhältnisse hole ich mir vom Fremdenverkehrsamt Vent und ab Mitte Juni per Telefon direkt von der Similaun-Hütte, die in über 3.000 Meter Höhe in der Nähe der Ötzi-Fundstelle liegt und etwa ab dieser Zeit geöffnet ist.

Zu den günstigen Verhältnissen zählt für mich nicht nur eine möglichst geringe Schneehöhe, sondern auch die Wettersituation. Ein Hochdruckgebiet ist erforderlich, weil ich sonst in diesen Höhen, von Wolken eingehüllt, von der Umgebung nichts zu Gesicht bekommen würde.

Der günstigste Zeitpunkt scheint mir Mitte Juli 1996 gekommen.

Ich halte einen möglichst geringen Schneebelag deshalb für erforderlich, weil ich die im Traum erlebte Höhle wiederfinden will. Mir ist natürlich klar, daß in einem so langen Zeitraum von über 5.000 Jahren der Höhleneingang verschüttet oder vereist ist. Deshalb führe ich ein Werkzeug an meinem Gürtel mit, welches zur einen Seite hin als Pickel und zur anderen als Beil ausgebildet ist.

Seit April trage ich kontinuierlich meine Ausrüstung zusammen. Ich habe mich nie vorher als Bergsteiger oder Hochgebirgswanderer betätigt, bin also nicht im Besitz einer entsprechenden Ausrüstung. Lediglich mit Bergbahnen habe ich vorher ähnliche Höhen erreicht. Solche technischen Hilfsmittel gibt es in dieser speziellen Gegend nicht. - Hoffentlich wird es auch für immer so bleiben.

Dieses Gebiet wird zu meinem Erstaunen trotzdem schon stark durch die Zivilisation in Mitleidenschaft gezogen. Tausende Hochgebirgswanderer und Bergsteiger sind hier besonders in der Zeit der Großen Ferien anzutreffen. Dementsprechend viel Zivilisationsmüll findet man daher mittlerweile hier vor.

Im Winter wird dieses Gebiet eigentlich unbegehbar sein.

Die Hütten stellen schon früh im Herbst, je nach Wetterlage, ihren Betrieb ein. Es gibt aber auch dann in jeder Hütte die Möglichkeit für eine Notunterkunft bei völliger Selbstversorgung. Also kann man gewiß davon ausgehen, den einen oder anderen Extrembergsteiger oder Extremwintersportler selbst nach Schließung der Berghütten hier anzutreffen.

Bei meiner Ankunft in Vent am 17.07.1996 stelle ich fest, daß ich zuviel Proviant und Kleidungsstücke mitgenommen habe. Beim Abmarsch in Vent zeigt sich mir dies schon nach 20 Metern Fußmarsch. Die Hälfte meines Gepäcks, vorwiegend Proviant, aber auch Ausrüstung und Turnschuhe, lasse ich in meinem Wagen zurück. Das ist im Prinzip richtig, nur die Turnschuhe werde ich noch sehr vermissen.

Ferner rate ich jedem, der sich mit solchen Hochgebirgstouren nicht auskennt, sich keinesfalls bei Ankunft im Hochgebirge sofort am ersten Tag einen mehrere Kilometer weiten Marsch zuzumuten, sondern mindestens vorher eine Übernachtung zur Erholung von den Anstrengungen der Anreise einzulegen.

Obwohl mir Frau Bianca Klotz vom Fremdenverkehrsamt in Vent mehrmals eindringlich zu einer Übernachtung rät, treibt es mich unaufhaltsam und erwartungsvoll in Richtung Alpenhauptkamm. Es handelt sich um eine Strecke von über 13 Kilometern bei einem zu überwindenden Höhenunterschied von über 1.300 Metern.

Vent, mit einer Seehöhe von 1.900 Metern, ist die höchstgelegene dauerbewohnte Ansiedlung in Tirol. Man begegnet hier auch noch der ursprünglichen Bezeichnung Tyrol, die direkt von der Namensbezeichnung des Schlosses Tyrol, nördlich von Meran gelegen, abgeleitet wurde. Vent ist ein kleiner, ruhiger Ort, der vorwiegend aus Hotels und Pensionen besteht, aber bevorzugt von Bergsteigern und Hochgebirgswanderern als Basisort benutzt wird. Man kann hier die schönsten Gletscherwanderungen durchführen, zu denen aber unbedingt ein Bergführer benötigt wird. Von hier aus lassen sich auch in verhältnismäßig angenehmer Weise viele Gipfel mit weit über 3.000 Metern Höhe besteigen. Aber auch normale Bergwanderungen sind hier angenehm durchführbar, zum Beispiel nach Rofen im gleichnamigen Tal. Hier wurde der alte Heimatfilm „Die Geierwalli" gedreht.

Als ich mich trotz Warnung nach nächtlicher Anreise und Halbierung des Gepäcks endlich um 12.05 Uhr in Richtung Alpenhauptkamm begebe, merke ich schon ziemlich früh, daß die Dame vom Fremdenverkehrsamt recht hatte. So kommt es mir sehr früh in den Sinn, an diesem Tag höchstens bis zur Martin-Busch-Hütte zu gehen, die, in 2.500 Metern Höhe und in etwa 8 Kilometern Entfernung von Vent, am Wege liegt. Ich verweise an dieser Stelle auch auf meinen Tagebuchbericht vom 16.07. bis 19.07.1996 in Kapitel V.

Nur mühsam, mit immer häufiger werdenden Unterbrechungen meines Marsches, erreiche ich endlich die lang ersehnte Martin-Busch-Hütte.

Nachdem ich mit müden Beinen hier übernachtet habe, begebe ich mich am nächsten Tag frühmorgens in Richtung Similaun-Hütte. Nach etwa einem Kilometer Weg sieht man sie am Scheitelpunkt des Niederjochs in über 3.000 Metern Höhe liegen. Ich muß bis dort noch vier Kilometer zurücklegen. Der Himmel ist klar. Mein Weg führt vorbei an Gletschern durch eine mich tief beeindruckende Gegend.

Vom Niederjoch führt der Weg über eineinhalb Kilometer in das von mir angestrebte Gebiet, das etwa nochmals ca. 260 Meter höher liegt.

Unterwegs in Richtung Similaun-Hütte suche ich gewissenhaft die Gegend mit meinem Fernglas ab. Ich will ganz sichergehen, indem ich nach Gebieten suche, die mit der im Traum erlebten Gegend Gemeinsamkeiten haben könnten, obwohl ich mir sicher bin, mein gesuchtes Gebiet an Hand der Luftaufnahmen des Spiegel TV-Films im Gebiet der Fundstelle der Eismumie zu finden.

Ich übernachte auf der sehr gut besuchten Similaun-Hütte. Hier wurde ich bereits von der Wirtin vermißt, da ich für den 17. Juni, also schon einen Tag vorher, für mich ein Bett habe reservieren lassen.

Von Professor Dr. Walter Leitner erfuhr ich Ende Juli 1997 den vollständigen Namen der Wirtin. Sie heißt Christine Pirpamer und führt mit ihrem Bruder Markus Pirpamer die Similaun-Hütte.

Trotz Hochbetrieb in der Hauptsaison achtet man darauf, so weit es möglich ist, daß kein Gast abgängig geblieben ist. Für mich war das eine interessante Erfahrung.

Tags zuvor bat ich die Wirtin von der Martin-Busch-Hütte, ihre Kollegin von der Similaun-Hütte von meiner eintägigen Verspätung zu verständigen. Da die Similaun-Hütte bereits auf dem Hoheitsgebiet von Italien liegt, hat es vielleicht mit der Verbindung gehapert.

Von der Hilfsbereitschaft und freundlichen, ursprünglichen Natürlichkeit der Menschen in diesen Bergregionen wird man wohltuend berührt.

Wie schon zuvor auf der Martin-Busch-Hütte vermisse ich die in Vent zurückgelassenen Turnschuhe. Ich wußte nicht, daß man auf der Berghütte die Bergschuhe auszieht und durch Sandalen ersetzt, bevor man sich in die weiteren Räumlichkeiten der Hütte, so auch in die Gaststätte, begibt. Obwohl mir dieser Zustand äußerst peinlich ist, bleibt mir, sehr zum Staunen der anderen, nichts übrig, als mich mit drei Paar Strümpfen an den Füßen zu bewegen. Hätte ich nur die Turnschuhe nicht in Vent zurückgelassen, und die Situation wäre gerettet!

Letztlich hindert mich dies nicht daran, mit dem Extrembergsteiger Reinhold Messner, der mit seiner sympathischen Familie hier Quartier bezogen hat, bezüglich Ötzi kurz ins Gespräch zu kommen.

Reinhold Messner kann man häufiger hier in der Similaun-Hütte antreffen, da er nicht weit von hier, unterhalb des Alpenhauptkamms, am Ende des Schnalstals das Schloß Juval besitzt, welches er zeitweilig, in der angenehmen Jahreszeit, mit seiner Familie bewohnt. Laut Angaben in einem Bericht der Sächsischen Zeitung vom 16.01.1997 wurde das Schloß im Jahre 1996 von sage und schreibe rund 30.000 Besuchern regelrecht belagert. Um dem ungeheuren Popularitätsdruck standhalten zu können, lebt die Familie sehr zurückgezogen. So zieht sich der Bezwinger aller 14 Achttausendergipfel mit seiner reizenden, liebenswürdigen Frau Sabine Stehle, seit über zwölf Jahren an seiner Seite, und seinen Kindern Gesar Simon und Magdalena, auch hier in der Similaun-Hütte nach dem Abendbrot sehr bald in ihre Zimmer zurück.

Als ich am 19. Juli 1996 losmarschiere, finde ich sonniges Wetter vor. Der Himmel strahlt tief blau, ohne jegliches Wölkchen.

Nach kurzem Aufstieg und Überqueren eines langen Firnfeldes überholt mich kurz vor dem Zielgebiet eine Gruppe Jugendlicher, die von einem Bergführer der Martin-Busch-Hütte geführt wird. So erreiche ich nach ca. 1½ Stunden das neu errichtete Denkmal, das zum Andenken an den Ötzi-Fund in etwa 70 Metern Entfernung von der Fundstelle in westlicher Richtung erbaut wurde.

Es ist ein beeindruckendes, ca. 4 Meter hohes Monument, das sich aus losen, gestapelten Bruchsteinen in hoher spitzer Pyramidenform nach oben verjüngt. In der oberen Hälfte des Denkmals wurden an allen vier Seiten untereinander verbundene Kupferplatten angebracht, auf denen von dem Eismumienfund berichtet wird.

Im Jahre 1996 liefen Berichte im Fernsehen, in denen die Eheleute Simon aus Nürnberg, die die Eismumie Ötzi am 19. September 1991 entdeckten, ihre Verwunderung und ihren Ärger darüber zum Ausdruck brachten, weil sie auf diesen Tafeln, bzw. auf dem Denkmal, als Finder ungenannt geblieben sind. Es fehlt der kleinste Hinweis, obwohl es nur ihnen zu verdanken ist, daß Ötzi gefunden wurde. Wenn sie ihn nicht entdeckt hätten, wäre er wohl nicht gefunden worden. Nach dem Gesetz der Wahrscheinlichkeit hätte ein Dritter nicht die Chance gehabt, da nur in einer ganz kurzen Zeitspanne die Witterungseinflüsse diese Entdeckung zuließen. Schon ein paar Tage später wäre durch Schneefall und beständige Minusgrade die Auffindung bis in unabsehbare Zeiten unmöglich gewesen. Hätten die Eheleute Simon nicht abseits des üblichen Weges eine eigene Richtung genommen und wären sie dabei nicht so umsichtig gewesen, wäre Ötzi bis heute mit Sicherheit nicht gefunden worden, und das vier Meter hohe Denkmal stünde noch nicht.

Es erscheint äußerst unwahrscheinlich, daß in der kurzen Zeitspanne, in der die Eismumie sichtbar war, noch eine andere Person abseits des üblichen Weges gerade die Richtung gewählt hätte, um so unbewußt die Chance zu erhalten, in Sichtnähe zur Mumie zu gelangen.

Im Jahre 1992, bei der zweiten Nachgrabung, wurde diese Mulde, in der Ötzi lag, völlig von Schnee und Eis befreit. Da sie aber während meines Besuchs im Juli 1996 mit Schnee und Eis völlig ausgefüllt war, spricht auch diese Tatsache gegen die Möglichkeit einer weiteren Chance zur Auffindung von Ötzi durch andere Personen auf nicht absehbare Zeit.

Sehr nachdenklich stimmt, wie Spindler zu berichten weiß, die Feststellung der Glaziologen, daß in der gesamten Zeit von über 5.000 Jahren, in der die Mumie dort im Eis lag, nur zu diesem Zeitpunkt die Witterungslage es zuließ, daß die Mumie entdeckt werden konnte. In der ganzen Zeit vorher, auch in mehreren Wärmeperioden, lag die Mumie immer unter Eis.

Deshalb frage ich: War die Entdeckung der Mumie durch die Eheleute Simon *Zufall*?

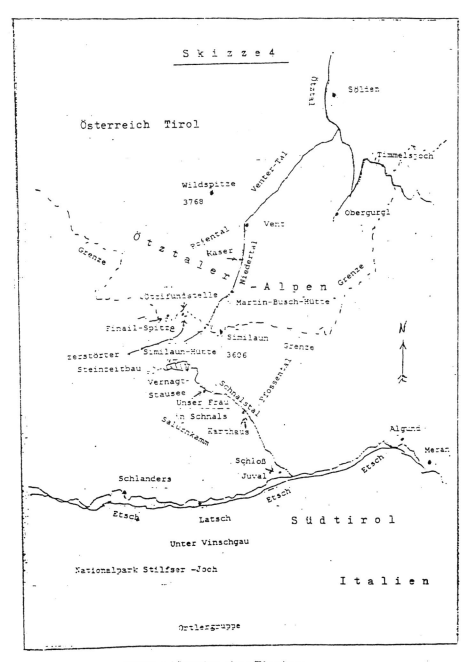

Skizze 4: Ötztaler-Alpen/Vinschgau

Teil 2

Auffindung des Gebietes aus meinem Traum vom September 1990 mit allen Einzelheiten, so auch der Ötzi-Sommerbehausung

Dies ist meine malerische Rekonstruktion des Steinzeitmannes Ötzi, wie ich ihn in meinem Traum vom September 1990 nach dem Verlassen der "Höhle" erlebt und gesehen habe.

Denkmal zur Erinnerung an den Ötzifund. Es steht am Alpenhauptkamm, etwa 70 Meter südwestlich von der Fundstelle des Mannes aus dem Eis vom Hauslabjoch.

Das Denkmal liegt ca. 70 Meter von der Fundstelle entfernt. Um dorthin zu gelangen, muß ich ein sanft geneigtes Firnfeld überqueren.

Als ich mich oberhalb der Fundstelle befinde, erkenne ich unterhalb davon die Talmulde mit Schneekamm als das Gebiet wieder, das ich im Traum vom September 1990 wahrnahm. Ich stehe jetzt aber auf der gegenüberliegenden Seite meiner damaligen Blickrichtung, als ich dem Steinzeitmenschen Ötzi im Traum gegenüberstand.

Ich habe mich also nicht geirrt und die Stelle gefunden!

Überglücklich wundere ich mich darüber nicht weiter, da ich Ende März 1996 beim Betrachten der Luftaufnahmen von diesem Gebiet im Spiegel TV-Film schon sicher war, hier die Gegend zu finden, die ich in meinem Traum so klar erlebt hatte.

Ich habe also tatsächlich im Traum längst vergangene Realität aus der Steinzeit wiedererlebt.

Ergriffen von dem Bewußtsein, endlich mit letzter Gewißheit das Gebiet gefunden zu haben, begebe ich mich unmittelbar an die Stelle, wo ich mich im Traum befand, nachdem ich die Höhle verlassen hatte.

Von dieser Stelle schaue ich in die Richtung, in der im Traum der Steinzeitmann vor mir stand. Ich sehe den Berg, den ich auch im Traum rechts neben Ötzi sah.

Dieses Bild hat sich mir stark eingeprägt, weil ich mehrmals in Richtung Ötzi blickte.

Links von mir sehe ich, wie auch im Traum erlebt, den Schneekamm, der von der Mitte nach links ansteigt. Dieses Bild bot sich mir beim Verlassen der Höhle als erstes.

Der Schneekamm ist jetzt im Juli wesentlich niedriger, als ich ihn im Traum erlebt habe, so daß sich mir dieses gesamte Gebiet mit frischem Pulverschnee tief verschneit gezeigt hat. Die jetzt sichtbaren Geröllfelder wurden hierdurch abgedeckt, und der Schneekamm war in der Mitte mit Schneefahnen und Girlanden versehen.

So wie im Traum sehe ich jetzt dieses Gebiet in strahlendem Sonnenschein und mit wolkenfreiem Himmel.

Die Sonne steht auch jetzt hinter mir. Die gegenüberliegende Seite des Himmels zeigt sich mir im gleichen tiefen Blau wie zu dem Zeitpunkt im Traum, als mir der Steinzeitmann Ötzi gegenüberstand.

Da es jetzt am Morgen so von mir gesehen wird, wie ich es im Traum bei etwa gleichem Sonnenstand, vom selben Standort aus und mit derselben Blickrichtung erlebt habe, muß es, wie ich nach dem Erwachen richtig vermutet hatte, auch bei diesem steinzeitlichen Erlebnis Morgen gewesen sein. Ich bin von der absoluten Gewißheit überwältigt, hier in prähistorischer Zeit schon einmal gelebt zu haben.

Während in meiner Erinnerung die Bilder aus meinem Traum vor mir ablaufen, beschleicht mich ein seltsames Gefühl bei dem Gedanken, daß das gesamte historische Geschehen unserer Welt noch nicht stattgefunden hatte, als ich im damaligen Leben dem Steinzeitmann Ötzi hier gegenüberstand.

Wenige Meter rechts von mir muß die Höhle sein!

Die Höhle, in der ich mich mit der Steinzeitfrau befand.

Aber ich sehe keine Höhle!

Statt dessen erblicke ich an der Stelle, wo sich die Höhle befand, einen Steinhaufen, ein Trümmerfeld aus vorwiegend großen Steinplatten.

An der Stelle, wo der Eingang der Höhle sein muß, sehe ich zwei fast senkrecht stehende Steine in einem Abstand, der der Breite des Höhleneingangs entspricht. Dahinter befindet sich ein großer Steinhaufen.

Hier, wo die beiden senkrechten Steine stehen, war der Eingang der Höhle!

Richtig, diese Steine bildeten, vereist und verschneit, die Seiten des Höhleneingangs. (Vgl. Skizze IV und Bild 4 der Bilddokumentation in Kap. V.)

Wo aber ist die Decke?

Rechts neben dem Eingangspfosten liegt eine große gebrochene Steinplatte. Sollte es sich hier etwa um die Deckenplatte handeln?

Da kommt ein Verdacht in mir auf. War es womöglich gar keine natürlich entstandene Höhle? Die Steinzeitmenschen verstanden es doch ausgezeichnet, durch geschicktes Aufstellen und Stapeln von Steinen bzw. Steinplatten, Steinbehausungen zu erstellen - gut möglich, aber hier in einer Höhe von 3.200 Metern über Seehöhe?

Sollte es sich hier wirklich um so einen von Menschenhand geschaffenen Steinzeitbau handeln, der mir, mit Schnee und Eis bedeckt, im Traum wie eine Höhle erscheinen mußte?

Ja gewiß, besonders die schräge Steindecke, die sich nach rechts über den Kopf der Steinzeitfrau neigte, wurde von mir im Traum deutlich wahrgenommen und in der Skizze VI vom 30.03.1996 als Steindecke dargestellt.

Rechts neben dem rechten Eingangspfosten liegt diese große gebrochene Steinplatte. (Siehe Bilder 9 und 10 der Bilddokumentation in Kap. V.)

Ich bin mir jetzt ganz sicher, daß diese Steinplatte in der Steinzeit den sich nach rechts neigenden Deckenstein bildete, der über und hinter dem Kopf der auf dem Rücken liegenden Steinzeitfrau von mir als schräge Steindecke einer Höhle wahrgenommen wurde. (Siehe Skizze VI in Kap. V.)

Hinter den senkrechten Eckpfosten findet man weitere Steinplatten, die auf der linken Seite noch teilweise senkrecht in Formation einer Reihe stehen und so in der Steinzeit die linke Wand gebildet haben werden.

Hinter dem rechten Eingangseckpfosten sehe ich in parallel laufender Richtung zur linken Seite meist flach liegende Steinplatten. Sie werden damals die rechte Wand gebildet haben.

Weitere Steine zwischen und neben den Wänden werden Bestandteile gebrochener Deckenplatten sein.

Eine weitere große Deckenplatte liegt etwas weiter, schätzungsweise ca. 8-10 Meter in südwestlicher Richtung vom zerstörten Megalithbau entfernt.

Da dieser zerstörte Steinzeitbau am Rande einer Großsteinmoräne liegt, mußten die Steinzeitmenschen die dazu benötigten Steine nicht erst herbeischaffen, sondern konnten sie direkt vor Ort auswählen, um sie dann für ihre Zwecke zur Errichtung dieses Megalithbaues zu nutzen. (Siehe Bilddokumentation in Kap. V, Bild 7 und 8.)

Ich bin mir jetzt ganz sicher: Was ich im Traum, hoch mit Eis und Schnee bedeckt, versunken in tiefem Schnee, als Höhle erlebt hatte, stellte einen Megalithbau dar, der in der Steinzeit von Menschenhand errichtet worden war.

Dies ist in solchen Höhen wohl einmalig in Europa!

Wie auf Skizze IV, Blatt 2a, der Bilddokumentation zu sehen ist, steht der linke Eingangspfosten etwas hinter dem rechten Eingangseckpfosten zurück. (Siehe auch Bild 4, Blatt 2 der Bilddokumentation in Kap. V.)

Beim Betrachten des rechten Eingangspfostens findet man in seinem unteren, vorderen Bereich eine sich nach links zum Eingangsweg hin neigende Abflachung, die ich im Traum auch wahrgenommen hatte und in der Skizze IV als Geländeanstieg vermerkt habe.

Ich sehe auch die von mir im Traum gewählte Wegerichtung, auf der ich mich in Richtung Nordost bis Ost zwischen „Höhleneingang" und gegenüberliegender, felsig ansteigender Seite entfernen wollte. An dieser gegenüberliegenden Seite erblicke ich die markante, eigenartig schroffe Felswand. (Siehe Bild 9 und 10 der Bilddokumentation.)

Dazu habe ich folgende bemerkenswerte Feststellung vor meinem Besuch am Alpenhauptkamm gemacht.

In meinem Schreiben vom 27. August 1996 an meinen Rechtsanwalt und Notar gehe ich auf Hinweise ein, die ich ihm mehrmals gab.

Es handelte sich um Bilder, die sich, wie ich meinte, bei mir einzuschleichen versuchten, indem sie sich zu dem in Erinnerung befindlichen Gesamtbild, wo mir Ötzi gegenüberstand, hinzufügen wollten.

Ich wehrte mich dagegen und sagte meinem Anwalt, ich müsse meine Landschaftsbilder von den sich einschleichenden Bildteilen sauber halten. Ich gäbe mir dabei große Mühe.

In dem vorher erwähnten Schreiben vom 27. August 1996 konnte ich meinem Anwalt mitteilen, daß beide zusätzlichen Bildteile, die sich nach meiner Meinung einschleichen wollten, eins von links und eins von rechts, zu meinem Erstaunen hier an Ort und Stelle zum Gesamtbild gehören.

Sie sind Bestandteile des Gesamtbildes einer allmählich zurückkehrenden Rückerinnerung an meine im September 1990 im Traum erlebte Hochgebirgslandschaft.

Bei diesen Bildteilen handelt es sich zum einen um die sieben parallel zueinander verlaufenden Felsen, die sich mir rechts vom Schneekamm zeigen. Im Traum schauten sie tief verschneit, nur mit den oberen Teilen in Form von Graten aus dem Schnee. Zum anderen ist es die markante, schroffe Felswand, die gegenüber vom „Höhleneingang" liegt.

Weil ich mich kontinuierlich seit Ende März 1996 mit meinen Traumerlebnissen beschäftigt habe, kommen allmählich die anderen im Traum gesehenen, aber im Laufe der Zeit vergessenen Einzelheiten der Landschaft ins Bewußtsein zurück. Ich hatte mich wohl zu sehr auf die Bildmitte mit dem Steinzeitmann konzentriert.

Durch den Anblick der wiedergefundenen Landschaft und des Steinzeitbaues, sprich „Höhle", werde ich psychisch sehr stark belastet. Bei dem Gedanken, daß ich hier herausgekrochen bin und daß Gegenstände aus der Steinzeit oder gar die Mumie der Steinzeitfrau sich unter dem zerstörten Steinzeitbau befinden können, überläuft es mich eiskalt.

Es treibt mich hier vom Ort der Handlung weg. Ich hätte eine solche Reaktion bei mir nie für möglich gehalten.

Außer Sichtweite dieses Geländes, muß ich mich setzen. Ich bin von den gewaltigen Eindrücken benommen.

Dies sind wahrhaftig keine Hirngespinste!

Nichts wurde von mir hinzuerfunden. Es wäre dringend erforderlich, Untersuchungen in Form von Grabungen am zerstörten Steinzeitbau vorzunehmen. Auch wenn das Gletschereis in Tausenden von Jahren hier mehrmals starke Verschiebungen vorgenommen haben mag, besteht sehr wohl die Möglichkeit, wichtige Beweisstücke zu finden.

Eingang des zerstörten Megalithbaues, bestehend aus dem linken Stein Nr. 1 und dem rechten Stein Nr. 6. Die gebrochene Deckenplatte liegt, auf diesem Bild nicht sichtbar, rechts vom Eingangspfosten Stein Nr. 6.

Wahrscheinlich von Gletschern zerstörter Megalithbau am Alpenhauptkamm. Es sieht so aus, als ob damals die Steine Nr. 1 bis 5 die eine Wand und die Steine Nr. 6 bis 10 die andere Wand gebildet haben.

Nr. 1 = Eingang des zerstörten Megalithbaues
Nr. 2 = Gebrochene Deckenplatte
Nr. 3 = Mögliche zweite Deckenplatte
Nr. 4 = Etwaiger Gletscherfluß bei Gletscherhochstand

Nr. 1 = Eingang des Megalithbaues; Nr. 2 = Gebrochene Deckenplatte

Teil 3

Erkenntnisse

Wie viele Erdbeben und Blitzeinschläge mögen in den vergangen 5.300 Jahren auf den Steinzeitbau eingewirkt haben, die dazu beigetragen haben mögen, ihn zu zerstören! Auch Zerstörung durch Menschen ist nicht auszuschließen.

Viel wahrscheinlicher ist die Einwirkung durch Gletscher, die mit ihrem Gewicht und ihrem Schub den Steinzeitbau bei Gletscherhochstand zerstörten.

Da nach Meinung der Glaziologen hier bei Gletscherhochstand in extremen Kälteperioden eine Eisdicke bis zu 25 Metern lastete, die, nachdem die Talmulde nach Osten bzw. Nordosten sich hoch mit Eis gefüllt hatte, sich dann unten mit dem von rechts fließenden Niederjochgletscher verband, konnte sich dieses auf der Fundstelle befindliche Eis nur noch in südliche bis südwestliche Richtung bewegen.

Durch die Neigung des oberen Firnfeldes, oberhalb der Fundstelle von Ötzi, verbunden mit dem weiteren Gefälle des Geländes in Richtung Megalithbau, entstanden ein Eisschub und Eisdruck, die während mehrerer Kälteperioden den Steinzeitbau zerstören mußten.

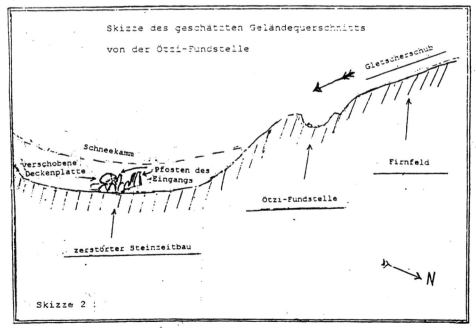

Skizze 2 : Geländequerschnitt

Die gebrochene Steinplatte, die als schräge Deckenplatte genau in die Schubrichtung des Gletschers verschoben wurde, ist mit ihrer jetzigen Lage der obligatorische Beweis für die Richtigkeit dieser Theorie.

Angaben von Professor Dr. Konrad Spindler bestätigen dies: „Die Fließrichtung der Hauptmasse des Gletschers am Hauslabjoch erfolgte rechtwinkelig zum Verlauf der Felsrinne talwärts nach Südwesten."[11]

Mit der Felsrinne ist die Ötzi-Fundstelle gemeint. Da der von mir gefundene Steinzeitbau in einem geschätzten Abstand von etwa 35 Metern unterhalb von der Fundstelle liegt, erklärt sich so seine Zerstörung durch Gletschereinwirkung.

In der steinzeitlichen Gegenwart meiner Traumerlebnisse herrschte keine Kälteperiode, schon gar nicht mit Gletscherhochstand. Im Gegenteil, es muß eine ähnliche Wärmeperiode, wie wir sie jetzt erleben, das Gebiet beeinflußt haben.

Nach meinen Überlegungen kann es damals, in der Zeit meiner steinzeitlichen Traumerlebnisse, nur Herbst gewesen sein. Meine Wahrnehmung von frischem Pulverschnee spricht sehr dafür. Eine Schneehöhe von ein bis eineinhalb Metern bestätigt meine Annahme.

Im Sommer wäre hier eine solche Schneehöhe und auch Pulverschnee an sich unwahrscheinlich. Im Winter hätte man dort Eis- und Schneeverhältnisse in so großem Umfang vorgefunden, daß man ein Überleben in diesem Gebiet über einen längeren Zeitraum ausschließen muß. So ein Daueraufenthalt im Winter ist erst recht unter steinzeitlichen Verhältnissen kaum vorstellbar.

Da ich die Ötzi-Sommerbehausung in Form eines Megalithbaues fand, und auch aus einigen anderen Gründen, kann die bisherige offizielle Ötzi-Biographie in den wichtigsten Punkten nicht richtig sein, insbesondere die Version von seiner Flucht aus dem Schnalstal bzw. Vinschgau zum Hauslabjoch, wo er, angeblich verfolgt, Zuflucht suchte und dabei rein *zufällig* erfror, ist offensichtlich falsch.

Natürlich sind bisher ganz gewissenhafte Untersuchungen in der Ötzi-Sache vorgenommen worden. Noch nie zuvor wurden in einem ähnlichen Fall so umfangreiche und fast kriminalistisch genaue Recherchen durchge-

---

[11] Spindler, Konrad: *Der Mann im Eis.* – S. 223 f.

führt. Trotzdem wurde kein befriedigendes Ergebnis erzielt. Meines Erachtens wurden aus den sehr genauen Untersuchungen und gesammelten Fakten teils falsche Rückschlüsse gezogen.

Zum Beispiel hat man, ohne die damaligen steinzeitlichen Bedingungen und die damit verbundenen vielschichtigen Änderungen bis zu unserer Zeit in Betracht zu ziehen, bestimmte Umstände einfach mit den heute bestehenden Verhältnissen und Verhaltensgewohnheiten verglichen. Man hat zu wenig die kultischen Belange und rituellen Bräuche der damaligen Zeit berücksichtigt. Unabhängig davon erlagen nach meiner Meinung leitende Wissenschaftler offensichtlich der Versuchung, in für mich unverständlicher Art und Weise Gewohnheiten und Verhältnisse unserer Zeit auf die Lebenszeit Ötzis zu übertragen, obwohl stichhaltige Beweise hierfür fehlen.

IV. Kapitel

Stellungnahme zum Gesamtthema
sowie zu Berichten, Hypothesen und Behauptungen,
so auch zu der bisherigen offiziellen Ötzi-Biographie

Neue Hypothesen

Viele Leute haben zu diesem Thema ihre Meinung geäußert und neue Hypothesen und Behauptungen veröffentlicht.

Dabei handelt es sich um zuständige Wissenschaftler, Journalisten, Autodidakten und ganz normal gebildete Menschen, die keineswegs alle selbsternannte „Ötzi-Experten" und Hobbyarchäologen sein wollen, die sich aber für dieses spezielle Ötzi-Thema sehr interessieren. Es gibt jedoch auch Fälle, wo Menschen, ob sie es wollen oder nicht, sich mit dieser Sache immer stärker konfrontiert sehen, bis sie in der Sache selbst aktiv werden.

Natürlich haben sie nicht das Fachwissen der Gelehrten. Das kann aber nichts an ihrem Recht ändern, ihre Meinung der Öffentlichkeit mitzuteilen, wenn sie es denn für erforderlich halten. Dies ist vor allem dann zu begrüßen, wenn sie Dinge vorzeigen können, die den Wissenschaftlern bisher verborgen geblieben sind. Es ist auch dann angebracht, wenn neue logische und gut begründete Hypothesen vorgetragen werden, die der Sache eine ganz neue Blickrichtung geben und so zur Wahrheitsfindung entscheidend beitragen werden, denn sie muß immer das gemeinsame Ziel aller sein und bleiben. Falsches Konkurrenzdenken wäre hier fehl am Platze.

Meine Ausführungen sind gegen niemanden gerichtet.

Um die Vermarktung dieses Ötzi-Themas mache ich mir keine Sorgen. Sie funktionierte von Anfang an sehr gut. Trotzdem berichte ich meine Erkenntnisse in Buchform, damit ich möglichst viele Menschen erreichen kann. Nur so bin ich sicher, auf Dauer Gehör zu finden und nicht gewissen Archiven der Vergessenheit anheim zu fallen.

In den ersten Tagen und Wochen nach dem Fund verdrängte Ötzi alle anderen wichtigen Schlagzeilen.

Es wurden Geschichten über den Mann aus dem Eis geschrieben, die teilweise erfunden oder verfälscht und sensationell aufgebauscht waren. An den Haaren herbeigezogene Storys wurden bewußt als Bücher zusammengefaßt und der Öffentlichkeit unterbreitet. Selbst in der Karikatur schreckte man nicht vor Geschmacklosigkeiten auf Postkarten zurück. Kitschige Souvenirs über Ötzi wurden in allen denkbaren Variationen angeboten. Man findet sogar Schallplatten, auf denen das Schicksal des Eismannes besungen wird.

Seitdem wurden viele Bücher und unzählige Forschungsberichte im Zusammenhang mit der Eismumie Ötzi veröffentlicht. Man sollte meinen, es wurde in den vergangenen fünf Jahren genug über dieses spektakuläre archäologische Ereignis berichtet.

Anscheinend setzt aber erst jetzt die Vermarktung der Ötzi-Sache voll ein. Man wird auch in Tageszeitungen auf solche Ereignisse hingewiesen.

Da ich die Tageszeitung 'Westdeutsche Allgemeine Zeitung', WAZ, selbst nicht beziehe, erhalte ich seit einiger Zeit von meiner lieben Bekannten, Frau Ruth Kostmann aus Witten, bezüglich bestimmter Themen Zeitungsausschnitte aus diesem Blatt.

So erhielt ich von ihr aus der Mittwochsausgabe vom 24. Juli 1996 den Artikel unter dem Leitwort „Auf ein Wort" und der Überschrift „Ötzis Dakkel". Das wörtliche Zitat dieses Artikels finden Sie in Kapitel V.

Hiernach soll ein Tiroler Hüttenwirt nahe der Ötzi-Fundstelle einen tiefgefrorenen, mumifizierten Tierkadaver entdeckt haben. Da die Similaun-Hütte die mit Abstand nächstgelegene Hütte darstellt, konnte man davon ausgehen, der Finder sei der Wirt der Similaun-Hütte. Auch ich habe das in dem besagten Artikel so gelesen und verstanden.

Leider geht aus dem Artikel nicht hervor, woher die WAZ ihre Kenntnis hat, und *was* sie erfahren hat. Als ich mich etwa ein Jahr später bei dem Tourismusbüro Vent unter anderem nach dem Untersuchungsergebnis bezüglich des Tierkadavers erkundigte, erhielt ich von Prof. Dr. Walter Leitner einen Brief mit Datum vom 25. Juni 1997, nachdem man meinen Brief an das Tourismusbüro Vent hierhin weitergeleitet hatte.

Da ich Herrn Markus Pirpamer von Abbildungen aus dem Buch „Der Mann im Eis" kannte, wo er als Wirt der Similaun-Hütte genannt wurde, ich ihn aber bei meinem Aufenthalt auf der Similaun-Hütte am 18./19. Juni 1996 nicht zu Gesicht bekam, dafür aber in der Küche einen anderen Mann und zwei Frauen sah, die ich nicht kannte, nahm ich an, man habe die Bewirtschaftung der Hütte anderen Wirtsleuten übertragen. Danach erfuhr ich, daß die Wirtin mit Namen Christine und der Wirt wintertags in Vent wohnen sollen.

Ich wußte nicht, daß die Wirtin Christine die Schwester von Markus Pirpamer ist. Aus dieser Unkenntnis ergab sich meine Frage in meinem Brief vom 11.06.1997 an das Tourismusbüro in Vent, die da lautet: „Die Wirtin Christine soll doch mit ihrem Mann in der Winterzeit in Vent wohnen." Mich interessierten dabei nicht die Privatverhältnisse der Familie Pirpamer, desgleichen nicht die der von mir angenommenen unbekannten Wirtsleute.

Ich wollte lediglich wissen, was das Untersuchungsergebnis des Tierkadavers gebracht hatte.

Ich zitiere aus dem besagten Brief des Professors Dr. Walter Leitner hierzu wörtlich:

„Die Wirtin Christine ist nicht verheiratet. Der von Ihnen zitierte Wirt von der Similaun-Hütte ist Markus Pirpamer (Bruder der Christine). M. Pirpamer hat allerdings nichts mit dem 'Ötzi-Dackel' zu tun. Der wurde wiederum am Pitztaler Gletscherbruch gefunden und ist *kein* Hund, sondern tatsächlich ein Murmeltier, wie mittlerweile die Humanbiologen in Wien bestätigen konnten. Ein Murmeltier, das vor knapp 30 Jahren im Eis umgekommen ist und mit Ötzi also in keinem Fall etwas zu tun hat."

Hätte die Westdeutsche Allgemeine Zeitung das Pitztal erwähnt, wäre ich als Leser nie auf die Idee gekommen, der Wirt von der Similaun-Hütte sei der besagte Finder des Kadavers gewesen. Aber dann wäre der Artikel wohl uninteressant gewesen und wahrscheinlich nicht gedruckt worden.

Das Pitztal verläuft bekanntlich westlich und parallel zum Ötztal. Den südlichsten Ort bildet Mittelberg, wo das Pitztal endet. Von hier bis zur Ötzi-Fundstelle sind es immerhin noch mindestens 20 Kilometer Luftlinie. Nach meiner Meinung ist es eine unverschämte Frechheit, hier von *„nahe der Ötzi-Fundstelle"* zu schreiben. Gewiß ist „nahe" ein „relativer Begriff", der hier vermutlich dazu benutzt wurde, künstlich eine Sensationsmeldung zu schaffen, wahrscheinlich, um das sogenannte 'Sommerloch' in den Zeitungen zu füllen.

Als mir meine Bekannte einen weiteren Artikel der WAZ vom 11. Dezember 1996 aushändigte, las ich unter der Rubrik „Kurz und Aktuell" einen Artikel mit der Überschrift: *„Ötzi posiert doch in Mettmann"*. Daneben sah man ein Bild in Paßbildgröße, worauf der Gletschermann Ötzi lebensecht erscheint und seine Betrachter mit seinen flinken, stechenden Augen anschaut.

Ich zitiere den nachfolgenden Text: „Die Figur des Ötzi ist ab heute bis zum 19. Januar 1997 im Neandertal-Museum in Mettmann ausgestellt, nachdem die Provinz Bozen-Südtirol zunächst rechtliche Schritte dagegen angedroht hatte.

Das Museum setzte sich mit seiner Auffassung durch, die Ötzi-Plastik sei keine Nachbildung, sondern eine Rekonstruktion des Gletschermannes."

Gehörte das auch zur publikumswirksamen Werbung? War es nur beabsichtigtes Spektakel?

Am 15. Dezember 1996 begab ich mich dorthin. Ich wollte meinem „uralten Bekannten" aus der ausklingenden Steinzeit endlich in der Gegenwart wieder gegenüberstehen.

Hier im Neandertal wird in einem ovalen mehrstöckigen Gebäude die Evolutionstheorie des Menschen dargestellt.

Innerhalb des Gebäudes führt ein langsam steigender, spiralförmiger Weg von der Steinzeit im Parterre weiter über mehrere Ebenen bis nach oben in unsere Zeitepoche.

Ganz unten im Keller des Gebäudes, also noch weit unterhalb der Ebene des Neandertalers, fand ich die Rekonstruktion meines „Uraltbekannten" Ötzi, der mir gerade in diesem Jahr, wo ich seine Behausung wiedergefunden habe, manch schlaflose Nacht beschert hat. Denn ich war zu dieser Zeit mit dem Verfassen dieses Buches beschäftigt.

Gerade in dieser Zeit kommt mir Ötzi auf so seltsame Weise in Form einer „Wiedergeburt", als Rekonstruktion bis auf etwa 50 km Wegstrecke nach Witten, meinem Wohnort, entgegen.

Man hat ihn gut in seiner menschlichen Gestalt wiedererstehen lassen. Phantastisch, was heute auf diesem Gebiet alles möglich ist.

Nur einiges ist anders, verglichen mit dem, was ich aus meinen Traumbildern vor mir sehe. Es ist sicher unwesentlich, denn sein Blick ist lebensecht. Die flinken Augen, die Stirn, die Nase, ja die Kopfform ist in etwa, wie ich ihn in meinem Traum erlebt habe. Nur der Schnäuzer war dichter, dunkler und etwas länger.

Die Bärenfellmütze auf seinem Kopf sitzt zu weit nach hinten. Das Haar der Bärenfellmütze lag etwas mehr an. Die Fellröhren an seinen Beinen erscheinen zu weit. Sie lagen enger an.

Er erscheint mir hier noch ein wenig kleiner, als ich ihn im Traum erlebt habe. Da seine Körpergröße von 160,25 Zentimetern feststeht, muß ich in der Steinzeit, während meines früheren Lebens, kleiner gewesen sein, als ich im jetzigen Leben bin. Mit Sicherheit war ich aber damals etwas größer als Ötzi. Da mir die Rekonstruktion deutlich kleiner erscheint als Ötzi in meinem Traum, wird hierdurch bestätigt, daß ich im jetzigen Leben etwas größer bin als in meinem steinzeitlichen Leben.

In meinem Paß wurde eine Größe von 176 Zentimetern eingetragen. Bei einer kürzlich durchgeführten ärztlichen Nachmessung bin ich mit meinen 62 Jahren durch Osteoporose auf ein Maß von 170 Zentimetern geschrumpft. Wenn man diese 9,75 Zentimeter Größenunterschied zu der Größe von Ötzi lediglich halbiert, hätte meine damalige Körperlänge in der Steinzeit immerhin 165,14 Zentimeter betragen. Diese Feststellung ist deshalb wichtig, weil es damals, nördlich der Alpen und in den Nordalpen, etwas größere Menschen gegeben haben soll als in den Südalpen und südlich davon. Es gab sicher auch vereinzelt größere Menschen. So hat man in einem Remedellograb Skelettreste von einem ca. 1,59 Meter großen Steinzeitmenschen gefunden.

So wird eine durchschnittliche Größe der damaligen jungsteinzeitlichen Menschen in der Poebene mit etwa 153 Zentimetern angenommen.

Ich würde also nach meiner damaligen Größe eher in die nordalpinen Gebiete und nördlich davon einzuordnen sein.

Auch Ötzi weicht mit seinem Körpermaß von 160,25 Zentimetern etwas von dem Durchschnittswert der Südländer ab.

Die Frau, mit der ich im Traum in der Höhle war, erschien mir wiederum etwas kleiner als der Steinzeitmann Ötzi, der mir im Traum gegenüberstand. Sie muß also folgerichtig eine Größe von etwas unter 160,25 Zentimetern gehabt haben.

Eine alles entscheidende Bedeutung sollte man diesen Maßen aber nicht entgegenbringen. Größenunterschiede gab es auch damals in allen Rassen.

Statt der weißen Fellpartien seines Mantels, den er als Rekonstruktion trägt, glaube ich, im vorderen sichtbaren Bereich hellbraune bis braune und dunkelbraune Fellbahnen im Traum gesehen zu haben.

In meinem Traum trug Ötzi einen Grasumhang über seinen Schultern, der durch Ausstrecken des linken Armes vorne geöffnet war. Hierdurch erhielt ich lediglich Einblick auf einen unten breiten, nach oben zum Hals enger werdenden Bereich. Ich kann mich nicht erinnern, dabei auch weißes Fell gesehen zu haben!

Der braune Farbton des Felles der Beinröhren entspricht dem Braunton der Fellröhren, die ich bei Ötzi sah und die ich mir selbst, mit dem Fell nach innen, über meine Beine zog.

Die Erstellung dieser Ötzi-Rekonstruktion soll von der Zeitschrift GEO veranlaßt worden sein.

Ötzi hält hier den Stab in der linken und das Beil in der rechten Hand, wie in meinem Traum. Nur der rechte Arm war nicht so stark angewinkelt, sondern hing mehr nach unten.

In den Glasvitrinen kann man exakte Nachbildungen seiner Gegenstände und Waffen bewundern. Im hinteren Bereich des Kellers befindet sich ein Kino, in dem man einen Film über Ötzi betrachten kann.

Den Berichten dieses Films entnehme ich, daß die offiziellen Hypothesen hier in allen Einzelheiten voll vertreten und manifestiert werden.

Ich kann mich des Eindrucks nicht erwehren, daß das mit dieser und der nachfolgenden Ausstellung im Rheinischen Landesmuseum Bonn auch bezweckt werden soll.

Mein Eindruck verstärkt sich durch den Anblick weiterer Glasvitrinen, in denen Bücher mit diesbezüglicher Betrachtungsrichtung zu finden sind.

Unterstützt werde ich in meiner Annahme durch meine vergebliche Suche nach Büchern mit anderen hypothetischen Grundlagen. Ich vermisse zum Beispiel das Buch mit dem Titel „Ich war Ötzi".

Sind die Leser noch nicht mündig genug, sich selbst ihre Meinung zu bilden?

In diesen Vitrinen wurden Werke mehrerer Autoren ausgestellt, so auch von Konrad Spindler, ferner vom Spiegel Verlag der TV-Film „Der Ötzi" und unter anderem ein Bildband von Konrad Spindler zum Preis von 140,- DM.

Ob aber die Reklame in den Medien für eine ausreichende Besucherzahl umfassend genug war, bezweifele ich deshalb, weil nur vereinzelte Besucher sich während meines zweistündigen Aufenthaltes einfanden, obwohl der Eintritt frei war.

„Von Ötzi nichts Neues", könnte man sagen!

Nach meiner Meinung wird auch durch gezielte Kurzmitteilungen in der Presse versucht, die offizielle Hypothese zu untermauern, Ötzis Herkunft sei im südlichen Gebiet der Fundstelle zu suchen, z. B. im Bild-Zeitungsartikel vom 31.05.1996 mit der Überschrift „Ötzi war Italiener":

„Ötzi, der 5.000 Jahre alte Gletschermann aus den Alpen, war wahrscheinlich Italiener und kein Österreicher.

Britische Botaniker untersuchten bei ihm gefundene Moospflanzen. Ergebnis: „Das Moos wächst nur auf der italienischen Seite der Berge."

Die BILD-Zeitung gibt das wieder, was sie zum Beispiel von Presseagenturen erfährt. Dies ist ihr gutes Recht. Was ich vermisse, ist der Name des Informanten. Um ihn zu erfahren, schrieb ich an Bild. So wurde mir von dort lediglich mitgeteilt, sie hätten diese Information von einer internationalen Presseagentur erhalten.

Auf diese Weise wird nach meiner Meinung dem naiven oberflächlichen Leser *völlig anonym* ein an den Haaren herbeigezogener Rückschluß unterbreitet. (Siehe Rückschreiben von BILD in Kap. V.)

Jeder kennt die Ursache dieser Grenze zwischen Südtirol und Österreich.

Ähnliches Moos wie das untersuchte aus seinen Schuhen wächst zur Zeit in nur geringer Entfernung südlich von der Ötzi-Fundstelle. Was beweist das?

Ob die heutigen Vegetationsbedingungen vor über 5.000 Jahren auch zutrafen, mag dahingestellt bleiben. Auf seinen Streifzügen hat er sicher nicht nur das Moos als Material im Schnalstal besorgt. Deshalb war er kein Italiener. Selbstverständlich gab es zu Ötzis Zeiten keine italienische und auch keine österreichische Nation und damit auch keine Grenzen!

So lächerlich diese Feststellung auch sein mag, es muß aber mal einigen Leuten klar gesagt werden, die in Ötzi nur den Ursüdtiroler sehen wollen.

Auch Professor Dr. Konrad Spindler schreibt in seinem Buch sinngemäß, daß wir alle in Westeuropa mehr oder weniger wohl die Erbanlagen von Ötzi in uns tragen. Meine Frage: Sind wir deshalb alle Südtiroler?

Ötzi gehört somit allen Menschen dieser Welt! Die formalrechtliche Seite ist ein unterzuordnender anderer Punkt, der keinesfalls geändert werden soll.

Ich verstehe die Freude der Tiroler, insbesondere der Südtiroler, über diesen einmaligen Fund sehr gut. Falscher, nicht angebrachter Lokalpatriotismus sollte aber möglichst vermieden werden. Er würde der wissenschaftlichen Forschung in bezug auf die Wahrheitsfindung nur abträglich sein.

Bei Gesprächen mit einigen Österreichern und Südtirolern in deren Heimat und ganz besonders auf der Frankfurter Buchmesse 1996 mit Repräsentanten österreichischer Verlage wurde ich mit Inbrunst dahingehend belehrt, daß bezüglich Ötzi alles völlig geklärt sei. Es bedürfe keiner weiteren Klärung. Eine mich belehrende Dame erregte und ereiferte sich derart, daß ihr Kopf rot anlief. Das hatte ich nun wirklich nicht bezwecken wollen.

„So vorgewarnt und kundig gemacht", bringe ich, „ungläubig" wie ich nun einmal bin, meine Erkenntnisse weiter zu Papier.

Denn Ötzi geht uns alle an!

Diese Feststellung kann nicht genug unterstrichen werden!

Keiner will der Provinz Bozen Südtirol als Eigentümer den formalrechtlichen Besitz an Ötzi streitig machen. Die Abstammung und Kulturzugehörigkeit Ötzis kann aber keinesfalls als bekannt und gesichert angesehen werden.

Die Zeit, die seit dem Auffinden Ötzis verging, ist viel zu kurz, als daß man zu einem endgültigen, gesicherten Ergebnis hätte kommen können.

Ich verstehe auch, wenn sogenannte Hobbyarchäologen mit ihrer Argumentation aus der Perspektive der Gelehrten manchmal dilettantisch wirken müssen und deshalb bei ihnen nicht sehr beliebt sind. Es kann aber nicht falsch sein, wenn aus verschiedenen Richtungen Denkanstöße kommen, die zur Wahrheitsfindung beitragen werden. Leichtfertig wäre es, alle gewissenhaften Bemühungen von Laien über denselben Leisten ziehen zu wollen.

Man möge sich die Situation vor Augen führen, als Heinrich Schliemann sein Vorhaben äußerte, Troja auszugraben. Man hielt ihn für einen Phantasten. Kaum ein Zeitgenosse glaubte damals an die Existenz dieser sagenumwobenen Stadt.

Dieser Hobbyarchäologe oder, besser gesagt, „Goldgräber" Schliemann wurde zum Begründer der modernen Archäologie, obwohl er, im Gegensatz zu heute üblichen archäologischen Grabungen, bei denen bekanntlich von oben nach unten einzelne Schichten abgetragen und untersucht werden, Gänge und Stollen in den Hügel Hissarlik trieb, als er im Jahr 1873 an Hand der Angaben des altgriechischen Dichters Homer in der Ilias das sagenumwobene Troja, auch Ilion genannt, ausgrub. Troja wurde bekanntlich neunmal erbaut und zerstört.

Schliemann grub Troja II aus, glaubte aber Troja VI, die Stadt des Primos, auszugraben. Diese Stadt existierte aber erst ca. 1.000 Jahre nach Troja II und liegt etwa 7,5 Meter darüber.

Wenn man bedenkt, daß zu Ötzis Todeszeit Troja I als Burg und Festung noch nicht errichtet war, Moses die Zehn Gebote noch nicht erhalten hatte, Jesus Christus erst ca. 3.300 Jahre später geboren wurde, wird einem das ganze Ausmaß der Zeitdistanz zu uns bewußt.

Nach der Sage stand der Bau des ersten Troja unter dem Schutz des Gottvaters Zeus und seiner geliebten Tochter Pallas Athene. Als sie und ihre Gespielin Pallas geboren wurde, lag Ötzi vermutlich bereits ca. 300 Jahre unter Eis.

Selbst die Götter Apollon und Poseidon sollen anfangs an der Stadtmauer mitgearbeitet haben. Als sie um ihren gerechten Lohn betrogen wurden, entstand bei den Göttern glühender Haß, so daß sie die Stadt dem Verderben überließen.

Da die Schiffer, die mit ihren Booten gen Norden durch die Dardanellen strebten, sehr häufig vor starken Nordwinden zum Abwettern im Ufergebiet von Troja festmachen mußten, wurden ihnen von den Trojanern hohe Liegegebühren abgenommen. Dies führte letztlich zum dauernden Haß und erklärt die häufige Zerstörung dieser zeitweilig sehr reichen Stadt.

Auch bei Ötzis Zeitgenossen waren Götter allgegenwärtig.

Nach Ausführungen bestimmter Autoren kann es sein, daß Ötzi für seine Leute einen gewissen göttlichen Status inne hatte, da man ihn mit einem Spezialauftrag versah.

Es bedarf schon einer sehr großen Bereitschaft, sich in die rituellen Gewohnheiten und Kultbräuche der Steinzeitmenschen zurückzuversetzen.

Dagegen fällt es sehr leicht, solche Hypothesen mit unserer üblichen gegenwartsbezogenen Logik vom Tisch zu wischen, ohne uns bereitzufinden, unsere jetzigen Erklärungsmuster ad acta zu legen und uns in die Zeit von vor über 5.000 Jahren zurückzuversetzen.

Im Grunde kann es nicht darum gehen, ob der Mann aus dem Eis vom Hauslabjoch der Urtyp des Tirolers oder Südtirolers und somit Österreicher oder Italiener war, da sich die Fragen gar nicht stellen, sondern es ist festzustellen, wo Ötzi hergekommen ist, wo sein Bezugsdorf zu suchen ist, wer eventuell seine Bezugspersonen gewesen sein könnten, was ihn bewegt haben mag, sich dort im ewigen Eis aufzuhalten, was seine Aufgabe war und welcher Art und Ursache die Umstände seines Todes waren.

Bei dieser Betrachtungsweise stellt sich ganz besonders die Frage nach dem Sinn und der Funktion der von mir gefundenen Steinzeitbehausung. Ich vermute, sie liegt auf italienischer Seite der jetzigen Grenze.

Es müssen allein durch die Existenz dieses Steinzeitbaues fast alle bisherigen Hypothesen in bezug auf Ötzi neu überdacht und teils völlig revidiert werden. Es gibt aber auch ohne seine Existenz genug Argumente, die gegen einige offizielle Hypothesen sprechen.

Die von Spindler vertretenen Thesen besagen folgendes:

1) Ötzi sei ein Hirte gewesen, der im Frühjahr, im Rahmen einer Transhumance, seine Herde, bestehend aus Schafen und Ziegen, vom Vinschgau bzw. vom Schnalstal aus über das Niederjoch mit einer Seehöhe von 3.017 Metern, das Tisenjoch mit 3.200 Metern und das Hauslabjoch mit 3.260 Metern über Seehöhe ins Venter- und Rofener Tal, eventuell sogar bis ins Ötztal, getrieben haben soll. Im Herbst habe er die Tiere wieder mühsam zusammengetrieben und in den Vinschgau geführt.

   Als Basis dieser Hypothese wird angeführt, daß es heute von den Bauern im Schnalstal so gemacht wird.

2) Er sei eventuell auch ein Jäger gewesen, der sich mit der Hochgebirgsjagd beschäftigt habe.

3) Sein Bezugsdorf müsse im Vinschgau liegen, da eine festgefügte steinzeitliche Besiedlung durch das Auffinden von Statuenmenhiren in Algund, etwa 40 Kilometer vom Ötzi-Fundort entfernt, und eines Menhirs in Latsch im Vinschgau, vom Alpenhauptkamm etwa 18 Kilometer Luftlinie entfernt, angenommen werden kann.

   Dagegen sei im Ötztal und im Venter Tal kaum etwas gefunden worden, was auf eine dauernde, feste steinzeitliche Besiedlung schließen ließe.

   Wenn es sie denn geben sollte, wäre sie durch die dortigen starken Murenabgänge verschüttet worden.

4) Seinem frühen Tod sei vermutlich unmittelbar vorher ein Desaster in seinem Bezugsdorf im Vinschgau vorausgegangen.
Nachdem Ötzi seine angebliche Schaf- und Ziegenherde im Herbst ins Tal getrieben habe, sei er von dort ins Gebiet vom Hauslabjoch in 3.210 Metern Höhe geflohen, um dort Schutz vor Verfolgern zu suchen.
Hierbei sei er, nachdem er sich schlafen gelegt habe, rein zufällig erfroren.

Als Hauptgründe für eine südliche Einflußnahme auf Ötzi durch die Remedello-Kultur aus der Poebene und als Beleg dafür, daß seine Zugehörigkeit im südlichen Vinschgau zu suchen sei, werden folgende Punkte angeführt:

a) Auf den Statuenmenhiren von Algund, westlich von Meran, seien Gegenstände wie Beile eingemeißelt, die mit dem Beil von Ötzi wie eine Mutterpause identisch seien.
b) Als weiterer Beweis sei die frappierende Ähnlichkeit von Feuersteinklingen wie Stielpfeilspitzen und Dolchklingen sowie die Form der Kupferklinge seines Beiles mit Funden aus dem Grab 102 der Remedello-Kultur aus der Poebene bei Brescia anzusehen.
c) Die fossilen Inhalte der Feuersteingeräte, wie zum Beispiel Ötzis Dolchspitze und seine Stielpfeilspitzen, seien identisch mit den fossilen Inhalten von Feuersteinabfällen des steinzeitlichen Feuersteinbergwerkes im Monti Lessini bei Verona.

Auch diese Tatsachen ließen Ötzis Zugehörigkeit nach Süden weisen und zeigten eine südliche Einflußnahme.
Es werden auch noch einige andere Angaben gemacht, auf deren Inhalt ich im weiteren Zusammenhang noch eingehen werde.
Auf den ersten Blick spricht natürlich alles für die offiziellen Hypothesen, wonach Ötzi vom Süden kam, und damit alles gegen die These, die besagt, daß er von Norden hergebracht worden sei.
Wenn man sich jedoch intensiver mit der Materie befaßt, entstehen in mancher Hinsicht an der offiziellen Theorie nicht nur gewaltige Zweifel, da gewisse angebliche Beweise teils völlig fehlen oder sich als ungeeignet er-

weisen, sondern man gelangt zu der Erkenntnis, daß einige Punkte schlichtweg falsch sind.

Auch meine Traumerlebnisse lassen nicht nur Zweifel an der Theorie aufkommen, Ötzi sei Hirte gewesen und sein Bezugsdorf sei im Vinschgau zu suchen - was nicht heißen soll, er sei nicht öfters dort gewesen -, sondern ich halte diese Theorie für falsch.

Das Gebiet von Bozen, Meran und Teile des Vinschgaus wurden seit frühester Zeit sowohl vom Süden als auch vom Norden stark frequentiert. Mit 1.374 Metern über Seehöhe gehört der Brennerpaß bekanntlich zu den günstigsten Übergängen des Alpenhauptkammes. Bei ihm handelt es sich um einen Paß mit dem Schwierigkeitsgrad einer Mittelgebirgslandstraße, wie man sie zum Beispiel im Hochsauerland antrifft.

Eine Alpenüberquerung wird südlich vom Brennerpaß durch die Täler der Eisack und Etsch und nördlich von ihm durch das Tal der Sill, mit Fortsetzung durch das Inntal bis Kufstein zu einer gemütlichen Spazierfahrt. Auch in der Steinzeit war es kein Problem, außerhalb der Winterzeit hier die Alpen zu überqueren.

Ich glaube, mir auch deshalb ein Urteil über die leichte Überwindbarkeit des Brennerübergangs erlauben zu können, da ich schon im Jahre 1958, also bevor es die Brenner-Autobahn gab, vom Gardasee aus das Etschtal und die Brennerstraße bis Innsbruck mit meinem Messerschmitt Kabinenroller KR 175 mit 7,5 PS befuhr.

Dieser Eindruck einer Mittelgebirgsstraße entstand auch wohl dadurch besonders stark, daß ich die Hinfahrt nach Italien über den St. Gotthardpaß nur mit Mühe und Not geschafft hatte.

Schon bei meiner Einschulung im Jahre 1941 wurde ich auf Tirol aufmerksam, da die Schule in Bochum-Langendreer den Namen des großen Freiheitskämpfers Andreas Hofer trug. Er besaß das Wirtshaus „Am Sande" zu St. Leonhard im Parseier. Im Jahre 1809 trat er an die Spitze der Volkserhebung Tirols gegen die Bayerische Herrschaft, die Napoleon anzulasten ist, da dieser die Abtretung Tirols an Bayern im Jahre 1805 erzwang. Andreas Hofer wurde durch Verrat gefangen genommen und erschossen. Bereits im Jahre 1814 wurde Tirol mit Österreich vereint. Margarethe Maultasch, Meinhard II (Schloß Tyrol) und Andreas Hofer stellen vielleicht die herausragendsten und bekanntesten historischen Persönlichkeiten Südtirols dar.

Seit dem frühen Mittelalter fand *nachweislich* in Südtirol eine kontinuierliche Besiedlung aus dem Raume Bayern statt. Diese Tatsache und die daraus resultierende Deutschsprachigkeit in diesem Gebiet steht für die ständig dominierende Einflußnahme aus Richtung Norden.

Die Bedingungen der Besiedlung und die Einflußnahme waren in der Steinzeit wohl nicht anders. Als die Römer das Gebiet von Bozen, Meran besetzten, nannten sie die Bevölkerung Räter. Der Ursprung dieser Bevölkerung ist nicht bekannt. Die Römer bauten später die ersten Kunststraßen über die Alpen, um die Germanischen Provinzen besser zu erreichen.

Da im Gegensatz zu der fünftausendjährigen historischen Zeit die Leute der prähistorischen Steinzeit mehrere -zigtausend Jahre Zeit hatten, unterbrochen von Glazialzeiten, sich über gute Übergangsmöglichkeiten der Alpen zu informieren, kann man sicher sein, daß insbesondere der Brennerpaß stark benutzt wurde, der sich für die östlichen Gebiete Bayerns von jeher geradezu anbot.

Dagegen wird eine Alpenüberquerung zu Fuß vom Allgäu aus, wohl durch das Ötz-, Venter- und Schnalstal, nicht nur kürzer, sondern wegen des langsamen, gleichmäßigen Geländeanstiegs in Nord-Südrichtung bevorzugt worden sein. Bei den Wegeverhältnissen mag es sich um schmale, häufig wechselnde Trampelpfade gehandelt haben.

Es kann am Brennerpaß möglicherweise sogar in jedem Jahr eine Transhumance vom Norden her stattgefunden haben, um im Süden bis zur Poebene hin in angenehmer Witterung zu überwintern. Aus dem gleichen Grund haben sicher auch einzelne Leute, ohne mitgeführte Tiere, die Alpen überquert. Bei all diesen Frequentierungen wird sich diese oder jene Gruppe von Zeit zu Zeit auch in den klimatisch gemäßigten Gebieten von Bozen, Meran und dem Vinschgau angesiedelt haben.

Durch das unwirtliche Klima nördlich der Alpen wurden nach meiner Meinung ganz gewiß die Menschen eher dazu veranlaßt, nach Süden abzuwandern, als es in umgekehrter Richtung der Fall gewesen sein mag.

Wer verläßt schon gerne ein Gebiet mit einem günstigen Klima, wie es die Poebene darstellt, um in ein klimatisch etwas schlechteres Gebiet, wie es der Vinschgau ist, umzusiedeln?

Dagegen werden Einflüsse, wie die Übernahme von Ackerbau und Viehzucht vor etwa 6.000 Jahren, aus den Gebieten des fruchtbaren Halbmonds, über die Balkanländer kommend, sowohl vom Norden als auch vom Süden bis in diese Zentralalpengebiete vorgedrungen sein. Das Betreiben von Ackerbau und Viehzucht war sicher nicht der ausschlaggebende Grund, in diesen Gebieten seßhaft zu werden. Ein zusätzlicher Anreiz waren mit Beginn des Metallzeitalters gewiß die Erzvorkommen. Außerdem versprach der Handel mit Kupfergegenständen über die Alpen vom Norden nach Süden höheren Gewinn, als es der heimische Ackerbau im Norden tat.

Erwähnenswert ist noch eine andere Möglichkeit, den Vinschgau zu erreichen und zu besiedeln, wenn auch auf etwas beschwerlichere Art. Hierbei geht man vom Westen her den Rhein aufwärts und nimmt bei Landquart in östlicher Richtung über Davos und den Ofenpaß seinen Weg. Es läßt sich dieses Gebiet aber auch direkt von Bregenz aus über Bludenz, Landeck und den Reschenpaß erreichen.

Man sollte jedenfalls diese Möglichkeit im Hinterkopf behalten.

Im Gegensatz zum Süden war es unmittelbar nördlich der Alpen nicht üblich, Statuenmenhire mit Abbildungen aufzustellen, da der damit verbundene Totenkult nicht so weit reichte. Aber im Schwarzwald und nördlich der Mainlinie hat man angeblich Menhire ohne Abbildungen gefunden.

Bildstein von Latsch im Vinschgau

1   2

Im Frühjahr 1992 fand der Archäologe Dr. Hans Nothdurfter diesen Menhir in der Bühelkirche von Latsch. Der Stein wurde vor seiner Sekundärverwendung als Altarstein an drei Seiten verschmälert.
Meines Erachtens handelt es sich hier um einen Doppelmenhir, wobei die Vorderseite, siehe Bild 1, den männlichen bewaffneten Gott verkörpert und die Rückseite, siehe Bild 2, mit den beiden Brustsymbolen mit Warzendarstellung die weibliche, lebensspendende Muttergottheit.

Bild 3 zeigt die Bühelkirche.
Es wird vermutet, daß der Standort der Kirche vormals ein steinzeitlicher Kultplatz war, zu dem auch dieser Menhir gehörte.
Der Menhir besteht aus Laaser-Marmor.

3

Die Bilder 1 und 2 zeigen Duplikate der vier Menhire von A l g u n d, die vor dem Tourismusbüro in Algund stehen.

Bild 3 zeigt die Rückseite des Originalmenhirs (Stein 2) im Meraner Museum.

1

2

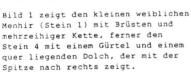

3

Bild 1 zeigt den kleinen weiblichen Menhir (Stein 1) mit Brüsten und mehrreihiger Kette, ferner den Stein 4 mit einem Gürtel und einem quer liegenden Dolch, der mit der Spitze nach rechts zeigt.

Bild 2: Männlicher bewaffneter Totengott. Ferner der kleine Bildstein Nr. 3, im Bild rechts, unterhalb der Azaleenblüten, ebenfalls mit einem Gürtel und einem Dolch versehen wie bei Stein 3.

Bild 3 zeigt die Rückseite des Originalmenhirs Stein 2, der im Meraner Museum steht.

Da die Originalmenhire im Meraner Museum ganz - bzw. bei den beiden großen Menhiren ab der halben Höhe - mit dicken Glasplatten versehen sind, konnte ich lediglich die Gravierung der Rückseite von Bildstein 2 schräg fotografieren.

Die Bildsteine von Algund und Latsch tragen mit ihren Abbildungen von Gegenständen und Personen zu regen Diskussionen und damit verbundenen Spekulationen bei, Ötzis Kulturkreis müsse im Süden zu suchen sein.

Diese Steine von Algund und Latsch im Vinschgau können als Beweise für eine festgefügte Ansiedlung verschiedener Gruppen angesehen werden. Die Dolchdarstellungen auf den Bildsteinen von Algund und ganz bestimmte Dolchdarstellungen auf dem Stein von Latsch zeigen einen fremden Kulteinfluß an.

Diesen Einfluß direkt auf Ötzi und seine Zeit beziehen zu wollen, halte ich für verhängnisvoll falsch, weil es diesen Kult hier so früh noch nicht gab.

Außerdem wurden einige Motive zu unterschiedlichen Zeiten eingemeißelt. Hierbei muß die Darstellung des Wagengespanns auf dem großen Bildstein 2 von Algund genannt werden.

Es kann wohl als sicher angesehen werden, daß dieses Motiv von einem anderen Künstler eingemeißelt worden ist, als es bei den Bildern der Dolche und Beile oberhalb der Abbildung des Wagens der Fall ist. Bei dem Bildstein von Latsch kann man lediglich bei der Darstellung der Girlande und dem liegenden Dolch unten *rechts* von einer Ähnlichkeit mit den Abbildungen auf den Bildsteinen von Algund sprechen. Selbst hierbei sehe ich eine andere Handschrift des Künstlers, eine andere Form der Begabung.

Alle anderen Abbildungen auf dem Stein von Latsch haben keine Ähnlichkeiten mit denen der vier Steine von Algund. Demzufolge kann man berechtigt davon ausgehen, daß dieser Stein von Latsch von einer anderen Gruppe gestaltet wurde und außerdem älter ist als die vier Steine von Algund. Er wurde erst im Jahre 1992 von dem Archäologen Dr. Hans Nothdurfter in der Bühelkirche von Latsch entdeckt, wo er von Christen zu einem Altarstein umfunktioniert worden war.

Ich halte es für kaum denkbar, daß Ötzi diesen Stein mit eigenen Augen gesehen hat, wie dies von Professor Dr. Konrad Spindler vermutet wird. Selbst wenn er ihn gesehen hätte, würde das nicht seine Zugehörigkeit zu diesem Dorf belegen. Im Gegenteil!

Die Darstellung des schlanken schmalen Dolches mit langem Griff, zu sehen auf dem Stein unten links, zeigt wahrscheinlich einen Bronzedolch, wobei der Griff entweder aus Holz oder auch aus Bronze bestand. Der

Dolch auf dem Stein unten rechts besitzt, wie die Algunder Steine, sicher eine Kupferklinge. Es stellt sich deshalb die Frage, warum Ötzi mit einem primitiven Dolch mit kleiner Feuersteinklinge und schlecht bearbeitetem Holzschaft umherzieht, wenn er Zugang zu so hochwertigen Metalldolchen gehabt haben soll. Diesen Metalldolch hätte er für seinen täglichen Gebrauch sicher dringender und öfter gebraucht als ein unhandliches, kaum ständig zu nutzendes Beil mit Kupferklinge.

Diese Tatsache spricht nicht nur gegen eine Zugehörigkeit zu dieser Gruppe, die den Stein mit der Dolchdarstellung schuf, sondern auch gegen die Annahme, Ötzi habe diesen Stein von Latsch mit seinen Abbildungen gesehen. Es fehlt auch die Ötzi-Beildarstellung.

Vieles deutet bei diesem Bildstein bezüglich seiner Entstehung auf die Übergangszeit von der Kupfer- zur Bronzezeit hin. Er würde folglich durchaus in die Zeit der Glockenbecher-Kultur passen.

Ich muß meine Bewunderung zum Ausdruck bringen, mit welcher Sorgfalt und Genauigkeit Herr Spindler in seinem Buch eine Vielzahl von Fakten zusammengefügt hat, wobei er auch die einzelnen Kulturkreise nördlich und südlich der Alpen in bezug auf zeitliche und kulturelle Übereinstimmungen mit Ötzis Erscheinungsbild vergleicht. So kommt er auch auf die Glockenbecher-Kultur zu sprechen:

„Die Glockenbecher-Kultur mit ihrem paneuropäischen Verbreitungsgebiet, es reicht von der nordafrikanischen Küste im Süden bis nach Jütland im Norden und von Portugal im Westen bis in die Ungarische Tiefebene im Osten, bildet eine der faszinierendsten Erscheinungen des Endneolithikums. Fundstellen gibt es nördlich wie südlich der Alpen. Beweglich und mobil stößt sie mit Stationen wie Sitten-Petit-Chasseur im schweizerischen Wallis bis tief ins Herz der Zentralalpen vor. Sie wäre dazu prädestiniert, unseren Gletschermann aufzunehmen, wenn denn die Zeiten passen würden.

Die Glockenbecher-Kultur erstreckt sich, gemessen an 57 Proben, zwischen 2.800 und 2.200 vor Christi Geburt.

Auch ihr Schwankungsbereich setzt erst um 3.000 vor Christi Geburt ein, so daß es nicht zu Berührungen mit den Hauslabjochdaten

Museo Didattico d'Arte Preistoria, Capo di Ponte, Val Camonica

Bild 1: Massi di Cemmo n 1. Nicht nur auf diesem Stein findet man den selben Dolchtyp wie auf den Menhiren im Vinschgau, sondern auch an unzähligen anderen Stellen in Val Camonica.

1

Dazu zwei Ausschnittvergrößerungen, rechte Seite:

2 Bildausschnitt links   Ausschnitt rechts 3

 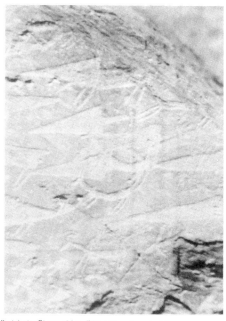

Man erkennt deutlich, daß die Dolche nachträglich über die älteren Darstellungen der Tiere aufgebracht wurden. Dies beweist auch ein spätes Aufkommen dieses Dolchtyps und des damit verbundenen Totenkultes im Val Camonica.

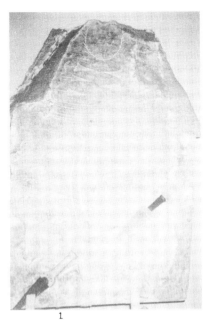

1

2

3

4

Bild 1: Statuendarstellung mit Halskette und Gürtel. Man hat den Eindruck, es sei ein modernes Design. Diese Platte wurde aus dem Fels gesägt.

Bild 2 und 3 zeigen Felszeichnungen der steinzeitlichen Bewohner des Gebietes bei Capo di Ponte, Val Camonica.

Bild 4: Zwei aus dem Fels gesägte Steinplatten mit außergewöhnlich vielen Darstellungen wie zum Beispiel Jagdszenen.

Die Steinplatten Bild 1 und 4 habe ich im Museo Didattico d'Arte Preistoria, Capo di Ponte, Val Camonica bewundert.

Bis jetzt wurden über 130.000 Felszeichnungen im Val Camonica freigelegt. Die Camunni, die dem Tal den Namen gaben, waren begeisterte Zeichner. Vielleicht gehörten diese Betätigungen zu kultischen Handlungen.

kommt. Damit bleiben von den nordalpinen Kulturen der Jungsteinzeit allenfalls Altheim und Cham übrig."[12]

Ich möchte dem letzten Satz hinzufügen: „Wenn denn die C14-Meßdaten von Ötzi stimmen".

Die Meßdaten seines Grasumhanges, die von zwei Labors in Uppsala und Paris vorgenommen wurden, ergaben eine Zeitdistanz von 2616 bis 2866 vor Christus. Sie liegen somit im Bereich der Glockenbecher-Kultur, im Gegensatz zu den Daten von Ötzi.

Unumstritten handelt es sich bei dem Grascape um Ötzis Umhang. Warum geht man auf diesen Widerspruch nicht klärend ein? Fürchtet man einen weiteren Skandal, wie bei der Henn'schen Bergung?

Leider wissen Archäologen dann meistens sehr schlecht eine Kulturzugehörigkeit zu bestimmen, wenn keine Keramikscherben zur Verfügung stehen. Werden keine Scherben gefunden, wird es, wie bei Ötzi, schwierig. Also müssen die Archäologen auf andere Gegenstände ausweichen. Hier bietet sich das Randleistenbeil an. Als nachteilig erweist sich, daß solche Kupferbeile mit Randleisten nur sehr selten gefunden wurden. Die besagten Randleisten der Klinge, die durch Behämmerung entstehen, kommen erst in der frühen Bronzezeit in etwas größerer Anzahl vor. Es stellt sich deshalb die Frage, wieso Ötzi in diesem einsamen Gebiet ein solches High-Tech-Beil besaß.

Die Glockenbecherleute, die ihren Namen dadurch erhielten, daß sie Gefäße in Glockenform anfertigten, wären geradezu dafür prädestiniert, mit ihren Fähigkeiten Megalithbauten zu errichten, auch den steinzeitlichen Bau erstellt zu haben, den ich am 19. Juli 1996 am Alpenhauptkamm gefunden habe. Aber auch weit vor der Glockenbecher-Kultur wurden Megalithbauten errichtet, wie zum Beispiel in der Bretagne. Als Anschauungsmaterial, bezüglich der Baukunst während der Megalith-Kultur, habe ich diesem Buch Bilder solcher Steinzeitbauten beigefügt. Das Bild vom größten Dolmen Cataloniens wurde von mir nicht weit entfernt vom östlichen Ortsrand von Rosas, Costa Brava, gemacht.

---

[12] Spindler, Konrad: *Der Mann im Eis.* – S. 263

Ab etwa 3.000 v. Chr. soll sich von Südfrankreich aus und vorher um 3.100 von der ligurischen Küste bis Südfrankreich und später bis in die Pyrenäenausläufer eine frühe Kupferkultur ausgebreitet haben. Ich halte hier einen direkten maritimen Einfluß aus Gebieten des Orients bis zu den südfranzösischen Kupfererzlagerstätten für wahrscheinlicher, da Prospektoren des Orients samt Anrainerländer auch in Südspanien und an der Algarve in Portugal Kupfervorkommen fanden. Dagegen kann als gesichert angesehen werden, daß im Alpengebiet keine fremden Prospektoren nach Kupfer gesucht haben. Es soll auch Rückläufer der Glockenbecher-Kultur aus Richtung Norden (wie Deutschland) bis in dieses Gebiet von Katalonien gegeben haben.

Solche gewaltigen Megalithbauten findet man nicht nur an sehr vielen Stellen in Spanien und Portugal, sondern auch in Südschweden und von den schottischen Orkney-Inseln im Norden und weiter über Frankreich bis außerhalb Europas an der Nordküste Afrikas. Man spricht in diesem Zusammenhang von einem Megalithstrom, der sich über das Mittelmeergebiet bis Indien und weiter bis in die Südsee ausgebreitet hat.

Besonders in der Bretagne, einem Hauptzentrum der Megalith-Kulturen, findet man sehr viele Beispiele für die gewaltigen Leistungen in dieser Zeit. Von den beigefügten Bildern der steinzeitlichen Zeugen aus der Bretagne eignet sich nach meiner Meinung besonders das Bild des Dolmens von Kermario (Carnac) für einen Vergleich mit dem zerstörten Megalithbau am Alpenhauptkamm.

Auch im Alpengebiet findet man Megalithbauten. Von Leuten der Glockenbecher-Kultur wurden zum Beispiel die Steinkastengräber von Sitten-Petit-Chasseur im Schweizer Wallis errichtet, die unter einer fünf Meter hohen Geröllhalde, hervorgerufen durch Murenabgänge, die Zeit überdauerten.

Aus derselben Zeit und vom gleichen Kulturkreis stammen die Megalithbauten und Grabfelder in Aosta Saint-Martin-de-Corléans. Solche Bauten aus großen Steinen waren also in prähistorischer Zeit im Alpengebiet üblich.

Auch verhältnismäßig nahe der Ötzi-Fundstelle wurden bei Meran, in den Orten Gratsch und Algund, prähistorische Steinkastengräber gefunden. Zur Megalith-Kultur zählt auch eine große Anzahl Menhire im Alpengebiet.

Glockenbecher-Kultur
Sion / Sitten-Petit-Chasseur im Schweizer Wallis

1

2 Seelenloch

3

4

5

Fundstelle: Die Avenue Du Petit Chasseur, ausgegraben 1962-1973

Bild 1 und 2:
Dolmen, gegen 2800 v. Chr. Vor dem Dolmen standen zwei Statuenmenhire, 2550 v. Chr.

Bild 3: Menhire, 4000 v. Chr.

Bild 4: Kleinerer Dolmen

Bild 5: Kindergrabmal aus dem Endneolithikum, 2450 v. Chr.

Bild oben:
Dolmen de la Creu d'en Cobertella bei Rosas, Costa Brava, am südöstlichen Ausläufer der Pyrenäen.
Mit seiner Länge von über 5 Metern stellt er den größten Dolmen von Catalonien dar.

Bild rechts:
Foto: Dr. Lorenzo Appolonia, Leiter der Abteilung Servicio laboratorio, richerche e beni archäologici, Regione Autonoma Valle d'Aosta.

Das Panoramabild zeigt den Stand der derzeitigen Ausgrabungen im megalithischen Gebiet von Aosta (Saint-Martin-de-Corléans).

Im Vordergrund sieht man den westlichen, bereits ausgegrabenen Teil des megalithischen Gebietes mit verschiedenen Monumenten (Gräber und anthropomorphischer Stele).

Im Hintergrund ist der noch nicht ausgegrabene Teil zu sehen, und weiter dahinter befindet sich die antike Kirche von Saint-Martin-de-Corléans.

Auch der von mir gefundene zerstörte Megalithbau unterhalb der Ötzi-Fundstelle, wäre an sich nichts Besonderes, wenn er nicht so hoch liegen würde.

Hier am Alpenhauptkamm wurde aus großen unbehauenen Steinen einer Großsteinmoräne der wohl höchstgelegene Megalithbau Europas erstellt. Dieser Bau wurde mit größter Wahrscheinlichkeit in extremen Kälteperioden bei Gletscherhöchststand, der in diesem Gebiet bis zu 25 Metern Höhe betragen haben soll, vom Schub und Druck des Gletschereises zerstört.

Die beiden übriggebliebenen steinzeitlichen Kulturen wie Altheim südlich der Donau und Cham, Verbreitungsgebiet Altbayern und Österreich, passen zeitlich zu dem Fund vom Hauslabjoch, wobei sich Bezüge zu diesem Fund bei Cham deutlicher abzeichnen als bei der Altheimer Kultur.

Spindler sieht von allen nordalpinen Kulturen der Jungsteinzeit bei Cham am ehesten eine Verbindung. Er sieht aber keine handfesten Konnexe zwischen Cham und dem Hauslabjoch, obwohl einige Scherben der Chamer-Kultur bei Aurath und Innsbruck-Hötting gefunden wurden. Als die nächste Chamer-Siedlung wird die etwa 40 Kilometer nördlich von Kufstein gelegene Fundstelle Dobl angesehen. Von dort bis zum Hauslabjoch ergäbe das einen Fußweg von über 250 Kilometern.

Die Horgener-Kultur, im Bodenseegebiet und in der Schweiz verbreitet, paßt zeitlich zu Ötzi, wird aber von Spindler wegen der „großen Distanz" zur Fundstelle nicht in Betracht gezogen.

Dagegen wird die Remedello-Kultur, aus der Poebene bei Brescia, aus mehreren Gründen als die Kulturgruppe ausgewiesen, zu der Ötzi gehören könnte oder zu der er Kontakt gehabt haben mag. Als wichtiger Anhaltspunkt für die Einflußnahme durch die Remedello-Kultur wird die fast gleiche Beschaffenheit in der Struktur und Form der Feuersteingeräte, die man bei Ötzi fand, und der Funde aus Grab 102 von Remedello genannt. Insbesondere die gestielte Form der Pfeilbewehrungen wird als Beweis für eine gemeinsame, unerwartete Parallele ausgegeben:

„Die Übereinstimmung von Hauslabjoch und Remedello, Grab 102, ist frappant. Hier wie dort gehören zur Ausstattung des Mannes das Kupferbeil, der Feuersteindolch und die gestielten Pfeilbewehrungen, noch dazu in nachgerader identischer Ausführung. Die Inventare von Remedello, Grab 102, und vom Gletscher in den Ötztaler Alpen ließen sich austauschen, ohne daß es jemandem auffiele."[13]

Es werden außerdem Funde von Feuersteindolchen aus der Gegend von Bozen, die bei Eppan, Rentsch und Kaltern ausgegraben wurden, mit der Remedello-Kultur in Verbindung gebracht. Desgleichen werden ähnliche Funde aus dem Vinschgau als weiteres Beweismaterial angeführt.

Ich kann nicht umhin, hier klar zum Ausdruck zu bringen, daß die frappierende Ähnlichkeit all dieser Feuersteinfunde keineswegs auf einen direkten Einfluß oder Kontakt mit der Remedello-Kultur an sich zurückzuführen sein müssen. Es gibt dafür eine ganz plausible Erklärung.

Als man die Herkunft des bei Ötzi gefundenen Feuersteinmaterials erforschen wollte, wurde unter Leitung des Nürnberger Diplom-Geologen und Mineralforschers Alexander Binsteiner in mühseliger Arbeit im Bereich der nördlichen sowie der südlichen Kalkalpen nach Herkunftsgebieten gesucht.

Da Binsteiner umfangreiche Kenntnisse über Feuersteinvorkommen sowie über dessen Abbau besaß, kam ihm dies bei der Suche zugute. So fand er im Monte Lessini, nördlich von Verona, ein umfangreiches Feuersteinbergwerk. Hier wurde in der Steinzeit, also besonders im Neolithikum, das Material in riesigen Mengen gewonnen und weiter zurechtgeschlagen. Hier wurde auf einer Fläche von 12 Hektar, einige Meter tief, dieses Rohmaterial in Pingen abgebaut. Die Weiterverarbeitung zeigt sich durch Millionen umherliegender Abfallstücke, die in Form von vielen Hügeln auf der gesamten Fläche zu sehen sind. Ich verweise in diesem Zusammenhang auf den Spiegel TV-Film mit dem Titel „Der Ötzi", in dem Herr Binsteiner dieses Gelände des Feuersteinbergwerkes anschaulich vorstellt.

Bei einer genauen Untersuchung des Mikrofossilgehaltes des hier gewonnenen Feuersteinmaterials zeigte sich eine Übereinstimmung mit den Feuersteingeräten von Ötzi.

Da dieses Material schon sehr früh weit transportiert werden mußte, kann man mit Sicherheit davon ausgehen, daß man irgendwann dazu überging, ein möglichst geringes Gewicht und damit kein unnötiges Material zu transportieren. Mit Sicherheit wurden die Feuersteine vor dem Transport

---

[13] Spindler, Konrad: *Der Mann im Eis.* - S. 272

über größere Strecken zu fast fertigen Produkten, wie Dolchklingen, Stielpfeilspitzen und dergleichen weiterverarbeitet. Unter 'fast fertigen' Feuersteinprodukten verstehe ich solche, die zum Beispiel mit Hilfe eines Retuscheurs, wie man ihn erstmalig bei Ötzi fand, hier und da vom Endverbraucher ein wenig nachgeschärft werden mußten.

So wurden diese Produkte nicht nur durch den zurückgelassenen Abfall leichter, sondern auch wertvoller. Diese von Fachleuten in gleichbleibender Qualität und Ausführung erstellte Ware wurde nicht nur südlich der Alpen, sondern alpenübergreifend angeboten. In der Jungsteinzeit muß sogar schon mit ausgedehntem Fernhandel gerechnet werden. So wurden nach Angabe von Elli G. Kriesch[14] z. B. im 3. Jahrtausend Feuersteinprodukte über eine Strecke von 470 Kilometern von Frankreich bis in die Schweiz transportiert.

Da versteht es sich von selbst, daß die Leute der Remedello-Kultur, in naher Nachbarschaft von diesem riesigen Feuersteinbergwerk im Monti Lessini mit den gleichen Feuersteinprodukten beliefert wurden, wie die Siedler am Oberlauf der Etsch und weiter nördlich davon. So erklärt sich letztlich auch die frappierende Übereinstimmung der Feuersteingeräte aus dem Remedellograb 102 mit denen vom Hauslabjoch.

Ötzi lag am Hauslabjoch direkt an solch einer Trasse, wo derartige Waren auch alpenübergreifend transportiert wurden. Er brauchte also keineswegs in den südlichen Vinschgau oder gar noch weiter bis zum südlichen Alpenrand zu gehen, um sich mit vorfabrizierten Produkten aus Feuerstein einzudecken.

Auch im circa 40 Kilometer nördlich von Kufstein liegenden Dorf Dobl aus der Cham-Kultur wurde nach Angabe Spindlers eine Stielpfeilspitze gefunden. Niemand transportiert, selbst heute bei unseren guten Wegebedingungen, gerne überflüssiges Material! Bei den miserablen Beförderungsmöglichkeiten in der Steinzeit waren die damaligen Händler ganz gewiß schlau genug, ihre Transporte von unnötigem Ballast zu befreien. Dazu kommt der Umstand, daß die Hersteller durch ihre ständige Übung ein bei weitem besser verarbeitetes Produkt erzielt hatten, als es der weniger geübte, vielleicht sogar weniger begabte Endverbraucher hätte bewerkstelligen können.

---

[14] Kriesch, Elli G.: *Der Gletschermann und seine Welt*, Hamburg 1992

Bezüglich solcher alpenübergreifender Einflüsse sagt Spindler:
„Stielpfeilspitzen und Feuersteindolche der Art, wie sie der Mann vom Hauslabjoch mit sich führte, kommen *nördlich* des Alpenbogens im Jungneolithikum auf und sind in den endneolithischen Kulturen bei Schnurkeramik und Glockenbechern vertreten.

Das Vorkommen im Zusammenhang mit *metallurgischen Fähigkeiten ist unübersehbar.* Wechselseitige Beeinflussung ist denkbar, zumal die Glockenbecherleute der Iberischen Halbinsel, dort vom Metallreichtum verwöhnt, auch langgestielte Pfeilspitzen aus Kupfer besitzen."[15]

Man kann also von erheblicher Einflußnahme aus Richtung Norden ausgehen, die sowohl bei der Herstellung der Stielpfeilspitzen als auch bei der Metallverarbeitung bis nach Süden zur Poebene gereicht haben mag. Es scheidet die von Spindler vermutete Einflußnahme bezüglich einer Ähnlichkeit der Feuersteingeräte durch die Remedello-Kultur also wohlbegründet aus.

Außer Feuersteinen gab es noch das wesentlich härtere glasige Material Obsidian (Glasachat). Nur sind deren Vorkommen weit geringer als bei Flint. So sind folgende Fundstellen zu nennen: M d'Arcy auf Sardinien und die Inseln Palmarolla, Pantellaria und Lipari. Passende Fundorte von steinzeitlicher Obsidian-Industrie gibt es östlich von Monte Lessini, ferner südlich des Po in Höhe von Verona sowie zwischen dem Luganer See und dem Lago Maggiore. Bei Ötzi wurde dieses Material nicht gefunden, obwohl der Obsidian in der Jungsteinzeit zu Schneidewerkzeugen, z. B. Messer, verarbeitet wurde.

Es bleibt da noch die große Ähnlichkeit der beiden Kupferbeilklingen, die eine aus dem Grab 102 der Remedello-Kultur bei Brescia mit einer Länge von 11,8 Zentimetern und die andere aus dem Beil vom Hauslabjoch, die um 2,5 Zentimeter kürzer ist. Ansonsten weisen beide Klingen eine große Ähnlichkeit in ihrer Form auf.

Bei beiden Kupferbeilklingen sind auch die seltenen Randleisten vorhanden, die durch Behämmerung der Klinge entstehen. Auch diese Übereinstimmungen beider Klingen lassen sich ebenfalls leicht erklären.

---

[15] Spindler, Konrad: *Der Mann im Eis.* - S. 269

Solche Randleistenbeile findet man in einigen Museen, zum Beispiel im Rheinischen Landesmuseum Bonn, womit sich ein großes Verbreitungsgebiet erklärt, wenn diese Beile auch in etwas größerer Stückzahl erst in der beginnenden Bronzezeit auftraten. Dies muß nicht unbedingt für eine direkte Einflußnahme sprechen.

Die Kupfervorkommen in dem weitläufigen Gebiet der Ötzi-Fundstelle, wo das Kupfer in Form von Erzausbissen und Knollen an der Oberfläche liegt, veranlaßte die Leute zur Herstellung von wenigen Fertigprodukten, wie sie diese Kupferklingen darstellen. Dies mag hier an Ort und Stelle, aber auch im nördlichen Alpengebiet geschehen sein.

Teils deckten sie hiermit den Eigenbedarf, teils dienten sie sicher auch vereinzelt dem Handel. Auch hier wurde mit Sicherheit kein Erz über weite Strecken transportiert, wie es im südlichen Mittelmeergebiet gehandhabt worden ist.

Wie ich es schon bei den Feuersteinen begründete, wird man solche Fertigprodukte im Gebiet seiner Gewinnung aus diesem noch schwereren Material hergestellt haben.

Die Kupferklingen für Beile hat man sicher nur sehr vereinzelt nördlich des Alpenhauptkamms hergestellt. Auch andere Fertigprodukte aus Kupfer, die südlich der Alpen sehr begehrt waren, wurden im Nordsüdtransit gehandelt.

Händler, die zum Beispiel die Feuersteinprodukte vom Süden holten, werden auf ihren Rückwegen Kupfergegenstände und vereinzelt auch solche Klingen in die Poebene transportiert haben. So läßt sich hier das Vorkommen von Randleistenbeilen erklären.

Ein Handel mit derlei Gegenständen in umgekehrter Richtung erscheint mir unlogisch, da zu dieser Zeit die Kupfergewinnung und Verarbeitung in nördlichen bzw. nordöstlichen Gebieten der Alpen wie etwa bei der Mondsee-Kultur betrieben wurde.

Man geht ja auch bei der Beilklinge vom Hauslabjoch davon aus, daß das verwendete Material aus der weiteren Umgebung vom Hauslabjoch stammt.

Ein Einfluß durch die Remedello-Kultur auf Ötzi erscheint auch in diesem Falle unwahrscheinlich. Man könnte eher von umgekehrten Verhältnissen ausgehen.

Das soll aber nicht heißen, es habe keine südliche Einflußnahme auf anderen Ebenen in dieser Gegend gegeben. Denn gerade die Existenz der vier Bildsteine von Algund und der im Frühjahr 1992 gefundene „Heilige Stein von Latsch" spricht dafür. Nördlich der Alpen kennt man keine Statuenmenhire.

Es reichte also südlicher Kultureinfluß bis dicht an die Fundstelle vom Hauslabjoch heran! Es stellt sich nur die Frage, *wann* dieser Einfluß stattfand! -

Um die Zeit ihrer Entstehung festzustellen, ist man auf die Abbildungen auf den Steinen angewiesen. Hieraus ergibt sich zunächst ein großer Unsicherheitsfaktor.

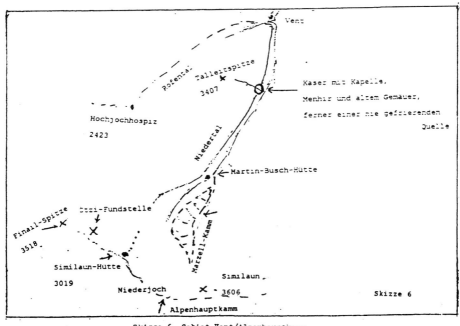

Skizze 6   Gebiet Vent/Alpenhauptkamm

Auch der Sinn und Zweck dieser Menhire soll sehr umstritten sein. Auch die unterschiedlichen Abbildungen auf den Menhiren tragen dazu bei.

Menhirdarstellungen in weiter südlich gelegenen Gebieten zeigen andere Bilder. Dies führt angeblich zu einer weiteren Unsicherheit.

Außerdem gibt es nicht weit von der Ötzi-Fundstelle, etwa in nordöstlicher Richtung und in circa 9 km Entfernung, einen Menhir ohne bildliche Darstellung, der unmittelbar am Weg von der Martin-Busch-Hütte zum Ort Vent an der Kaser liegt. Solche Steinsäulen gibt es eher nördlich und westlich als südlich der Alpen.

Der bewaffnete Gott des Totenkultes
Das Bild zeigt den großen Bildstein 2 von Algund, der mit den drei anderen Menhiren vor dem dortigen Tourismusbüro steht. Zur Verdeutlichung der eingravierten, im natürlichen Zustand aber schlecht erkennbaren Darstellungen habe ich auf einem von mir gefertigten Foto die Gravierungen sichtbarer gestaltet.

Ich sehe in den Abbildungen auf den vier Bildsteinen von Algund keinen zwingenden zeitlichen Zusammenhang mit der Lebenszeit von Ötzi.

Als markantester Menhir von diesen Steinen stellt sich der große Bildstein 2 dar. Seine Höhe beträgt 2,75 Meter, bei einer Breite von 1 Meter und einer Dicke von 0,35 Metern. Der Marmor stammt aus dem Gebiet des Ortes Töll im Vinschgau.

Der Marmorstein wird, wie auch die anderen Bildsteine, waagerecht von einer gerafften, gürtelähnlichen Darstellung umspannt. Darunter und darüber sieht man unterschiedliche Darstellungen, die wahrscheinlich zu verschiedenen Zeiten und damit auch von verschiedenen Steinmetzen angefertigt wurden. Man geht davon aus, daß die neun dolchähnlichen Gebilde zuerst dargestellt wurden. Sie lassen an hochtechnisierte Faustkeile denken.

Die dreieckigen Klingen sind nach meinem Empfinden für Dolchklingen überbreit.

Die darüber befindlichen halbrunden Knaufe lassen keine Ähnlichkeiten mit normalen Dolchgriffen erkennen. Dazu Elli G. Kriesch:

„Zu den bekanntesten Kupferfunden Oberitaliens zählen fünf Dolche, vier Beile, darunter flache und solche mit Randleisten, sowie eine Nadel des Gräberfeldes von Remedello bei Brescia aus der Zeit zwischen 2800 und 2400 v. Chr."[16]

Im Remedellograb 102 wurde eine solche Kupferklinge mit fehlendem Knauf ausgegraben. Die Umrisse sind fast identisch mit den Dolchdarstellungen auf den Steinen von Algund. Nur die Mittelrippe, die die Klinge stabilisiert, ist schmaler und etwas länger dargestellt.

Solche Dolchklingen wurden aber auch in der Toskana und an der Ligurischen Küste gefunden, also weit entfernt von dem kleinen Siedlungsgebiet der Remedello-Kultur in der Poebene bei Brescia. Selbst im abgelegenen Val Camonica stößt man auf sie. Auch mag Handel im Spiel gewesen sein.

Die unterschiedlichen senkrechten Verstärkungsgrate lassen auf verschiedene Herstellungsorte und Hersteller schließen.

Als weitere Hinweise südlicher Einflußnahme auf Ötzi werden von Spindler die zwölf Darstellungen auf dem Stein 2 von Algund erwähnt, die

---

[16] Kriesch, Elli G.: *Der Gletschermann und seine Welt.* - S. 157

im oberen Teil mehr oder weniger rechtwinklig gebogen sind. Spindler glaubt, daß der Steinmetz als Vorlage für diese Bilddarstellungen ein Beil mit Knieholmschäftung wie beim Ötzibeil gehabt habe. Diese Beildarstellung und das Ötzibeil gleichen sich nach seiner Meinung wie eine Mutterpause dem Original.

Auf der von Spindler ausgewählten zeichnerischen Darstellung nach Müller-Karpe, die auf den Seiten 277 und 280 seines Buches zu finden ist, könnte man darin runde Metallstangen sehen, deren mehr oder weniger rechtwinklig gebogener oberer Bereich als Klinge breit gehämmert erscheint.

Jeder Schmied würde es so sehen, da die Breithämmerung in der rechtwinkligen Biegung allmählich in die Rundung überzugehen scheint. Die Klingenbreite beinhaltet so viel Material, wie es, bei gleicher Länge, die runde Schäftungsstange darstellt. Man könnte es so sehen, und das Material könnte Eisen sein, wenn nicht eine entscheidende Kleinigkeit auf der Darstellung von Müller-Karpe fehlen würde.

Dagegen läßt sich auf einer anderen zeichnerischen Darstellung des gleichen Bildsteins nach „Battaglia" ein zusätzliches Attribut finden. Diese Abbildung fand ich bei Elli G. Kriesch (S. 188 ihres Buches). Hier sieht man, im Gegensatz zu der von Spindler benutzten Zeichnung, besonders bei dem Beil links unten, am oberen Rand der rechtwinkligen Biegung einen schrägen Sporn. Sollte dieser Sporn die Fortsetzung eines hölzernen Schaftes oder dessen Verkeilung beinhalten, müßte es sich um eine am äußersten Ende gelochte Metallklinge handeln, in deren Loch der hölzerne Schaft mit Keil steckt. Es kann sich aber auch um eine Metallklinge handeln, die ganz einfach mit der Seite, die der geschärften Seite gegenüberliegt, in den oberen Teil des Schaftstockes geschlagen und gehalten wurde. Solche Beiltypen findet man auch im Val Camonica. (Siehe S. 144 und S. 145, ferner S. 133, 137, 138.)

Mir ist es deshalb ein Rätsel, wie man der Meinung sein kann, hier habe der Steinmetz ein Beil mit Knieholmschäftung, wie das Ötzi Beil vom Hauslabjoch es ist, als Vorlage für seine Darstellungen gehabt. Ich kann dem Herrn Professor da beim besten Willen nicht folgen.

Außer einer Übereinstimmung in Form einer gemeinsamen *Grundlinie* und der Wahrscheinlichkeit, daß hier auch ein alter beilähnlicher Gegenstand abgebildet wurde, kann ich keine weiteren Einzelheiten erkennen, die zwar auf eine hölzerne Schäftung, aber nicht auf eine hölzerne Knieholmschäftung mit Umwickelung und *dickerem Knie* in der Schäftung schließen lassen.

Die etwaige Rechtwinkligkeit und die leicht geschwungene Schäftung dieser zwölf Darstellungen auf dem großen Stein 2 von Algund bezeugen lediglich die weitläufige Gebräuchlichkeit und große Verbreitung von Beilen mit dieser Formgebung. Auch die hölzerne Knieholmschäftung mit Lederriemenumwickelung gab es sowohl in der Jungsteinzeit als auch in der Bronzezeit sowie am Anfang der Eisenzeit.

Bezüglich der Knieholmschäftung bemerkt Spindler:

„Dieses Schäftungsprinzip besitzt in vorgeschichtlicher Zeit eine lange Tradition. Sie reicht von der Jungsteinzeit bis weit in die Eisenzeit hinein. Erst die Kelten erfanden in den letzten Jahrhunderten vor Christi Geburt das Schaftloch für ihre Äxte, Beile und Hämmer oder übernahmen die Idee von den südlich anrainenden Hochkulturen der Griechen und Römer. Damit konnte die Knieholmschäftung aufgegeben werden."[17]

Es erscheint also sehr wahrscheinlich, daß diese zwölf Abbildungen auf dem Stein von Algund erst am Ende der Bronzezeit bzw. zu Beginn der Eisenzeit aufgebracht worden sind.

Hätte es die Menhire von Algund schon zu Lebzeiten Ötzis gegeben und wären tatsächlich als erste Darstellungen die neun Dolche aufgebracht worden, müßte Ötzi die Dolche mit den Kupferklingen gekannt haben, es sei denn, daß es diese Dolche und damit auch die vier Bildsteine von Algund zu seiner Zeit hier noch nicht gegeben hat.

Wie bereits am Bildstein von Latsch erläutert, sind dort auch Dolche zu sehen, insbesondere eine Darstellung links unten, die darauf schließen läßt, daß sie aus Metall, wahrscheinlich aus Bronze, bestand.

---

[17] Spindler, Konrad: *Der Mann im Eis.* - S. 115

Bild 1

Bild 2

Bild 1 zeigt einen Ausschnitt vom Bildstein 2 von Algund (Duplikat).
Das Bild zeigt die unterste Beildarstellung auf der linken Seite des Bildsteins 2 von Algund. Hier sieht man deutlich den Sporn oberhalb der Schäftung, der beweist, daß es sich hier nicht um das Schäftungsprinzip des Ötzibeils handeln kann.

Bild 2 zeigt einen Ausschnitt vom Duplikat des Bildsteins von Algund.
Die Darstellung der Dolchklinge auf dem Duplikat, oberhalb des Gürtels rechts, ist auf dem Original des Bildsteins 2 nicht vorhanden, desgleichen nicht bei den zeichnerischen Darstellungen dieses Bildsteins 2 nach Müller-Karpe und ebenfalls nicht bei Battaglia.

Beim Betrachten dieser Darstellungen, ebenso wie beim Anblick der Dolche auf den Steinen von Algund, stellt sich die berechtigte Frage, warum Ötzi zwar im Besitz eines für seine Zeit hochtechnisierten Beils mit Kupferklinge war, er aber lediglich einen primitiven Dolch mit Feuersteinklinge mit sich führte. Hätte er die im Gegensatz zu seinem Feuersteindolch hochwertigen Dolche auf den Steinen von Algund und Latsch mit eigenen Augen gesehen, hätte er mit Sicherheit einen solchen Metalldolch anstelle eines primitiven Feuersteindolches erworben.

Daß er dazu in der Lage war, beweist seine Anschaffung des Beils mit Kupferklinge. Die Tatsache, daß das nicht geschehen ist, spricht gegen die Theorie Spindlers, Ötzi habe sich bis nach Latsch im Vinschgau begeben, um dort vor dem Bildstein für ein gutes Gelingen beim Viehauftrieb zu beten, ganz abgesehen davon, daß hierdurch der Stein in seinem kultischen Sinn sehr wahrscheinlich zweckentfremdet worden wäre.

Die abgebildete Dolchform auf den Menhiren von Algund und ebenfalls die fast gleiche Dolchdarstellung *rechts* unten auf dem Stein von Latsch bezeugen einen kultischen Zusammenhang, wobei der Griff des Dolches auf dem Stein von Latsch denen von Val Camonica ähnelt. Da diese Dolchformen im kultischen Zusammenhang mit den Menhiren an sich gestanden haben, kann man sicher sein, daß die Bildsteine von Algund und Latsch wohl zu Ötzis Lebzeiten noch nicht existierten und diese Dolchformen im Gebiet des Vinschgaues, sogar im gesamten südlichen Alpengebiet und der Poebene, noch unbekannt waren und damit auch der entsprechende Kult noch nicht bis dorthin vorgedrungen war. Denn Europa ist *keinesfalls* das Ursprungsgebiet dieser Dolche und dem damit verbundenen Kult.

Die Menhire stellen auch in der Form als Säule die Urform des Steinkultes dar. Deshalb erscheint auch die imposante Menhirsäule an der Kaser, zwischen Vent und der Martin-Busch-Hütte, extrem wichtig für die Wahrheitsfindung. Die Verehrung solcher Steine reicht bis weit in die historische Zeit und bildet eines der religiösen Probleme des Monotheismus. Im alten Testament wird von dem heiligen Stein als „Masseba" berichtet. In ihrem Buch „Die Megalith-Kulturen"[18] geht Sibylle von Reden in diesem Zusammenhang unter anderem auch auf Hinweise in der Bibel ein (Genesis 28, 11-

---

[18] Reden, Sibylle von: *Die Megalith-Kulturen*, Köln 1978

19): „Die Geschichte von Jakob und der Himmelsleiter" zeigt, daß der Gott Beth-El wahrscheinlich in Gestalt eines Menhirs verehrt wurde. So heißt es da sinngemäß: „Er schlief ein an einem Stein und erkannte nach dem Erwachen, daß der Herr an diesem Ort war, stellte den Stein auf, begoß ihn mit Öl und nannte ihn Bethel, das heißt Haus Gottes." Sie berichtet sinngemäß weiter:

Die Monotheisten wandten sich gegen diese tief verwurzelte Art der Anbetung. Im 3. Buch Moses heißt es: „Ihr sollt Euch keine Götzen machen, noch Bilder aufrichten, noch einen heiligen Stein und ihr sollt in Eurem Lande keinen Malstein (Maskit) setzen, vor dem Ihr Euch demütigt." (Levetikus 26,1). Moses soll von Jahwe selbst den Befehl erhalten haben, die Kultsteine in Kanaan zu zerstören.

Im alten Ägypten wurden Obeliske als Kultzeichen des Sonnengottes aufgestellt. Es handelte sich bekanntlich dabei um schmucke vierkantige, sich nach oben verjüngende, meist aus einem Stück geschaffene Steinpfeiler mit stark abgeflachter Spitze. Seit der Renaissance wurden sie auch bei uns in Europa aufgestellt.

So hat man einen antiken Original-Obelisken aus der ägyptischen Pharaonenstadt Luksor (Luxor) nach Frankreich 'importiert' und auf dem 'Place de la Concorde' aufgestellt, wo man ihn noch heute bewundern kann.

Selbst auf dem Petersplatz im Vatikan steht ein hoher Obelisk, der auf seiner Spitze das Kreuz trägt.

In unserer Zeit handelt es sich um eine Schmuckform, im Gegensatz zum Altertum und der prähistorischen Zeit, wo es bei der Verehrung aufgestellter Steine im Grunde um die Angst vor der Sterblichkeit ging.

So heißt es im sumerischen Gilgamesch-Epos, wo Gilgamesch benennt, was in jedem Lebenden ruht: „Urangst vor dem Vergehen, Rebellion gegen das Geschick der Sterblichkeit."

Die ältesten Hinweise auf kultische Handlungen des Menschen finden sich in der Totenfürsorge. Die Neandertaler vor 100.000 bis 40.000 Jahren beerdigten die Toten als erste sorgfältig in Gruben und brachten ihnen Tieropfer.

Es bildete sich auch im vorderen Orient die Idee vom „lebenden Leichnam" im Glauben an die körperliche und geistige Einheit des Menschen.

Die Ägypter, die bekanntlich den größten geschichtlichen Totenkult betrieben, erklären das so: „Sie scheiden nicht wie solche, die tot sind, sondern wie solche, die leben."

Sie dachten also an eine stoffliche Weiterexistenz nach dem Tode. Selbst im christlichen Glauben lassen sich Stellen finden, die hierauf zurückzuführen sind. Am Ende des Glaubensbekenntnisses heißt es feierlich: „Ich glaube an die Auferstehung des Fleisches und das ewige Leben."

Es geht auch bei diesen Menhiren von Algund und auch von Latsch im Grunde um die Angst vor dem Tod.

Deshalb demütigte man sich vor dem männlichen, bewaffneten Totengott bei Mondschein und Feuer und bat im Aufgang der Morgensonne um Leben und Wiedergeburt vor dem weiblichen Menhir (dargestellt mit Brüsten und mehrreihiger Kette).

Bei den beilähnlichen Abbildungen auf dem Bildstein 2 von Algund handelt es sich nach meiner Meinung um symbolische Darstellungen von linken und rechten Armen des bewaffneten Totengottes.

Die beidseitige hohe Anzahl der magischen Zahl 12 entsprechenden Arme deutet die Allmacht dieses bewaffneten Gottes über das Leben an, der keiner entfliehen kann. Auch die Symmetrie in der Anordnung an beiden Seiten bestätigt die Symbolik der Arme links und rechts.

Im unteren Bereich, an den Enden der Schäftung, glaubt man deutlich abgewinkelte Ellenbogen zu sehen. Die Klingendarstellungen zeigen an, daß der bewaffnete Totengott alles fleischlich Lebende symbolisch „niederhackt". Ähnlich betrachten wir heute das Symbol des Todes in Form des Totenskelettes mit der Sense.

Unterstützt wird diese Bedeutung durch die senkrechten Dolche zwischen den symbolischen Armdarstellungen (Beile), womit der kommende Tod in Form der fallenden Dolche in zeitlicher Folge durch die unterschiedliche Höhenanordnung der Dolche dargestellt wird. Der oberste Dolch scheint an einer Kette aufgehängt zu sein. Er soll die Allmacht dieses Totengottes über alles irdische Leben veranschaulichen.

Von den liegenden Dolchen symbolisiert der linke, mit der Spitze nach rechts weisend, den Weg ins Jenseits. Die rechten Dolche deuten die Rückkehr aus dem Jenseits, also die Wiedergeburt, an.

Die Darstellung des Wagens zwischen den liegenden Dolchen könnte die „lange Fahrt" im Jenseits andeuten, wie auch die Gürtel der Menhirstatuen das Diesseits nach oben zur Sonne, dem Symbol des Lebens, und das Jenseits nach unten, zur Unterwelt hin trennen. Die weiblichen, mit Brüsten versehenen Menhire stellen Muttergottheiten als Symbol der lebensspendenden Geburt und Wiedergeburt dar.

Sicher gibt es auch andere Deutungen. Der Autorin Elli G. Kriesch wurden nicht nur während ihres Studiums, sondern auch bei Ausgrabungen von Herrn Professor Dr. Konrad Spindler die Grundlagen der Archäologie vermittelt. Sie schreibt, daß zwei dieser Steine noch an ihrer ursprünglichen Stelle am Hang mit den Gravierungen Richtung Sonnenaufgang standen. Ich möchte hinzufügen: Also standen sie auch in Richtung Mondaufgang.

Kriesch erwähnt Frau Annaluisa Pedrotti, die 1993 eine Ausstellung über diese Bildsteine vorbereitete.

Ich verweise in diesem Zusammenhang auf Bildzeichnungen im südlichen Alpental Camonica.

Bei der Abbildung der Stelle von Bagnolo, Val Camonica, sieht man zwei geschäftete Beile, wobei man bei dem unteren ganz deutlich den dikken Wulst der Astgabel als Knieholm sieht, im Gegensatz zu dem Beil darüber, wo dieser Knauf völlig fehlt.

Das obere Beil entspricht den Beildarstellungen auf Bildstein 2 von Algund am ehesten, im Gegensatz zu dem vorher beschriebenen Beiltyp darunter. Man sieht auch hierdurch ganz klar den Willen und die Fähigkeit der frühen Künstler, auch kleinste Details genau darzustellen, wenn sie denn vorhanden waren.

In ihrem Buch berichtet Sibylle von Reden von Menhiren an der Ligurischen Küste.[19] Man spricht hier von der Idee eines göttlichen Paares, da bei der einen Menhirstatue Brüste dargestellt sind. Bei der männlichen Darstellung sieht man einen liegenden Dolch in der Höhe des Genitalbereiches. Dieser Dolch mit Knauf und breiter Klinge hat das gleiche Aussehen wie die Dolchabbildungen auf den vier Bildsteinen von Algund. Der Ursprung dieser Dolchform und der damit verbundene Kult wird mit der Stadt Ur im Zweistromland Mesopotamien angegeben:

---

[19] Reden, Sibylle von: *Die Megalith-Kulturen.*

„Die Urbilder dieser Waffe erscheinen unter den Beigaben in den Königsgräbern von Ur in Mesopotamien. Später fanden sie sich im syrischen Ugarit, Ägypten und Kleinasien. In Mykene übernahm man diese Form etwa ab 1700 v. Chr. und wandelte sie etwas ab. Auf einer der Grabstelen, die über den Schachtgräbern von Mykene standen, ist solch ein Dolch skulpiert. Mit dem mykenischen Handel gelangten die Dolche bis nach England und selbst in das abgelegene Camonica-Tal in den Alpen, wo sie vielfach auf Felsbildern zu sehen sind.

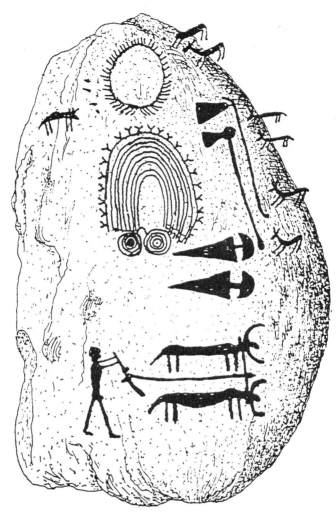

Stele von Bagnolo, Val Camonica, Höhe: 1,30 Meter, Breite: 0,80 Meter

Die Darstellung des Rindergespanns mit Pflug und Bauer, ferner das Sonnensymbol, lassen an Fruchtbarkeitssymbole denken. Unter dem Sonnensymbol glaubt man ein Kollier mit zwei Spiralen zu erkennen. Es kann sich hierbei aber auch um den engen langen Gang vom Diesseits zum Jenseits handeln, der von Scheintoten erlebt und geschildert wurde. Bei den Spiralen soll es sich um Brustdarstellungen handeln. Die liegenden Dolchdarstellungen, die auch hier den Totenkult bezeugen, sind wohl identisch mit denen auf Vinschgauer Menhiren und andererorts. Sie bezeugen einerseits den weitläufigen Handel und andererseits eine jüngere Entstehungszeit, zumindest dieser Dolchdarstellungen an sich. Die beiden Beildarstellungen zeigen deutlich die unterschiedlichen Konstruktionen. Bei dem oberen Beil könnte es sich um den Typ handeln, der auf Bildstein 2 von Algund zwölfmal vertreten ist.

Massi di Cemmo 2, Capo di Ponte, Parco Nationale delle Incisioni Rupestri, Val Camonica

Es handelt sich hier um einen Felsstein von etwa 2 Metern Höhe, der offenbar zum Totenkult gehört. Das Sonnensymbol und die Beildarstellung stehen hoch über allem anderen. Die vielen wilden Tiere und Hunde zeigen die Jagd an, der kultische Handlungen vorausgingen. Die Darstellung des Flachwagengespanns sowie der Dolche weisen auf ihr Entstehungsland Mesopotamien hin.

Die ligurischen Menhire sind nach der Form ihrer Dolche jedenfalls bronzezeitlich, und noch später mögen die sehr primitiven Bildsteine des Etschtales in Südtirol entstanden sein, auf denen ebenfalls zahlreiche Dolche eingraviert sind. Unter den Südtiroler Menhiren gibt es auch weibliche mit Brüsten und mehrreihiger Kette, die zusammen mit den männlichen gefunden wurden."[20]

Ich sehe mich mit dieser Datierung der Steine von Algund in meiner Annahme bestätigt und möchte in diesem Zusammenhang darauf hinweisen, daß nach meiner Meinung die Bezeichnung der abgebildeten Dolche auf den Bildsteinen von Algund und im Val Camonica, desgleichen die der im Remedellograb gefundenen und von Spindler erwähnten metallischen Dolchklinge als „Remedello-Dolche" irreführend ist. Es wird so fälschlich der Eindruck erweckt, daß das Ursprungsgebiet der Dolche das Gebiet der Remedollo-Kultur bei Brescia in der Poebene sei und nicht das Zweistromland Mesepotamien mit der Stadt Ur.

Ein zeitgleiches Erscheinen der Bildsteine von Algund bzw. Latsch und ihrer Darstellungen zur Lebenszeit von Ötzi ist hier nicht mehr gegeben. Die von Spindler deswegen vermutete südliche Einflußnahme auf Ötzi entfällt deshalb auch hier völlig.

Bei dem großen Menhir von Algund findet man unterhalb der Gürtellinie einen vierrädrigen Wagen, der offenbar von zwei Rindern gezogen wird.

Auch auf dem beträchtlich älteren Menhir von Latsch findet man auf der linken Seite, oberhalb des flachliegenden Dolches, das Hinterteil eines Wagens, dessen Ladefläche und beiden Räder man von oben, in vertikaler Betrachtungsrichtung, anschaut. Der Vorderwagen und eventuell das Gespann befanden sich offenbar auf der linken, abgeschlagenen Seite. Hier kann man also ebenfalls von einem vierrädrigen Wagen ausgehen.

Auch im Val Camonica, auf dem Massi di Cemmo, n. 2 sieht man unten links die Darstellung eines vierrädrigen Wagens, der von zwei Rindern gezogen wird. Dabei kann es sich natürlich, wie bei den vorher beschriebenen Wagendarstellungen, lediglich um die Errungenschaft eines neuen Gebrauchsgegenstandes handeln. Es muß aber nicht in jedem Fall so sein.

---

[20] Reden, Sibylle von: *Die Megalith-Kulturen.* - S. 145 f.

Es kann sich hier und z. B. bei der Darstellung auf dem Stein von Latsch um ein wichtiges Ereignis mit kultischem Hintergrund gehandelt haben, bei dem das Wagengespann eine wichtige Rolle gespielt hat, so daß man sich veranlaßt sah, es auf dem Menhir zu verewigen.

Auch wenn es gewagt erscheint, möchte ich es einmal dahingestellt lassen, ob es sich hier bei der Wagendarstellung auf dem Stein von Latsch um den Wagen handelt, den ich in meinem Traum im Sommer 1990 selbst geschoben habe.

Jedenfalls kommt man beim Anblick des eingravierten Wagengespannes auf dem Stein von Algund und der Teilansicht eines Wagens auf dem Stein von Latsch in Verbindung mit meinem Traumerlebnis ganz von selbst auf diesen Gedanken. Es würde auch sehr gut zu der Theorie von Spindler passen, wonach das Bezugsdorf von Ötzi im Vinschgau liegen müsse, wenn nicht gewisse Ungereimtheiten dagegen sprechen würden.

Nach Hickisch und Spieckermann soll Ötzi mit einem Wagen ins Ötztal gebracht worden sein.

Wenn man diese These weiter ausmalt, und das wird ja wohl erlaubt sein, könnte sich dieses Ereignis bis in den Vinschgau herumgesprochen haben. Ötzi selbst könnte auf seinen Streifzügen im Schnalstal bzw. im Vinschgau dort seine Geschichte erzählt haben. Dies mag in völliger Verzweiflung geschehen sein, als ihn seine Leute nicht wieder aufnehmen wollten und bevor er sich zu seinem Freitod entschloß.

Er wird diesen Entschluß dort mitgeteilt haben. Nur das Erscheinen der Menhire steht zeitlich nicht im Einklang mit dem Ereignis, wenn man den C14-Daten von Ötzi glauben darf.

Da jedoch der „Heilige Stein von Latsch" zwar nicht so alt ist wie Ötzi, aber wesentlich älter als der große Bildstein 2 von Algund, hätte man hier in Latsch lediglich einige hundert Jahre dieses große kultische Ereignis der Herbeischaffung Ötzis auf dem hölzernen Wagen und seine sensationelle Geschichte, die mit seinem Freitod endete, in Form der mündlichen Überlieferung wachhalten müssen, um es, mit dem Aufkommen der Kultur der Statuenmenhire in diesem Gebiet, in Stein zu verewigen. Für die damalige ereignislose Zeit, in der Ötzi lebte, erscheint eine solche mündliche Weitergabe durchaus logisch. Die kultischen Aspekte des Ötzi-Auftrags unterstreichen diese Hypothese und machen sie noch plausibler.

Auch der Dichter Homer war beim Verfassen seiner Ilias und Odyssee auf circa 600 Jahre mündliche Überlieferung angewiesen.

Wenn man diese Hypothese noch etwas weiter beleuchtet und die Kopfdarstellung mit Mütze in etwa der Mitte des Steins von Latsch betrachtet, über der ein Dolch schwebt, könnte man Ötzis Gesicht unter seiner Pelzmütze sehen. Der schwebende Dolch deutet den Freitod dieser Person an. Die Punkte in der Mütze zeigen an, daß es sich hier unmißverständlich um eine Kopfbedeckung aus Fell handelt. Hierbei könnte man sich fragen, wer, außer Ötzi, hier im warmen Vinschgau eine solche Kopfbedeckung getragen haben mag.

So eine Fellmütze verliert ihren Sinn und Zweck im winterlich warmen Vinschgau, es sei denn, man befindet sich - wie Ötzi - auf einem kurzen Streifzug. Es würde sich an dieser These auch nichts ändern, wenn man Ötzi über den Brennerpaß oder aus Richtung Westen in dieses Gebiet gebracht hätte.

Links neben der Kopfdarstellung mit Mütze sehe ich auf dem Bildstein von Latsch eine Frauengestalt. Hierbei könnte es sich um die Frau von Ötzi handeln, die von Hickisch und Spieckermann mit dem Namen Mirdima bezeichnet wird.

Der Bildstein von Latsch, der älter ist als die Menhire von Algund, wurde für seine Sekundärnutzung vor langer Zeit an drei Seiten als Altarplatte für die Bühelkirche in Latsch zurechtgestutzt. So fehlen wichtige Bildteile für die Gesamtbeurteilung.

Wie bei diesem Bildstein hat man auch bei anderen Statuenmenhiren in der beginnenden Phase des Christentums diesen heidnischen Göttersymbolen das Haupt abgeschlagen. (Als weiteren Beweis für diese These kann man den großen Statuenmenhir 2 und den kleinen weiblichen Stein 1 mit Brüsten und mehrreihiger Kette von Algund anführen.) Dies geschah keinesfalls aus reiner Zerstörungswut der damaligen Christen, sondern erschien ihnen nötig, um so denjenigen Menschen die Entmachtung dieser „Götter in Stein" zu versinnbildlichen, die wahrscheinlich noch Jahrhunderte nach der Kreuzigung Christi sich vor diesen Menhirstatuen demütigten. In der Bretagne wurden 700 Jahre nach Christus keine Kreuze aufgestellt. Danach erhielten sie ihren Platz auf alten Menhiren. Noch heute werden dort Kreuze auf menhirartigen Sockeln errichtet. Man findet sie in der Bretagne an vielen Orten.

Auf dem „Heiligen Stein von Latsch" lassen sich nicht nur der Wagen, Figuren, Gesichter und ein Tier erkennen, sondern auch Werkzeuge und Waffen, zum Beispiel Dolche. Diese Bilder sollen zu unterschiedlichen Zeiten aufgebracht und farbig ausgelegt worden sein. Auch bei diesem Menhir sieht man unter dem abgehauenen Haupt einen hängenden Dolch, der, wie bei dem großen Menhir von Algund, die Allmacht dieses Gottes über alles Lebende darstellt.

Der Stein wird ebenfalls von einem Gürtel in Form einer Girlande umfaßt, wodurch der obere, zur Sonne gerichtete Teil das Diesseits und der unterhalb des Gürtels befindliche Rest, einschließlich des abgehauenen Teils, das Jenseits versinnbildlicht.

Angesichts der Dolchdarstellungen, insbesondere des Dolches unten rechts, der vom gleichen Typ ist und damit dem gleichen Kult entstammt wie die Dolche auf den Algunder Steinen und auf den beiden Ligurischen Menhiren, kann man auch hier von einem bewaffneten Gott des Totenkultes ausgehen, wobei es so aussieht, daß die Rückseite die weibliche Gottheit darstellt, die mit der abstrakten Brustsymbolik der stilisierten „Sonnen" das Lebensspendende verkörpert.

Anhand dieser beiden sonnenähnlichen Brustsymbole, die, auch im Abstand zum abgeschlagenen Kopf gesehen, richtig plaziert sind, und im Vergleich mit der linken Seite des Menhirs, kann man auch in etwa ermessen, wieviel Gestein rechts von ihnen entfernt worden ist.

Die Rückseite des „Heiligen Steins von Latsch" könnte die weibliche Gottheit als Symbol der Geburt bzw. Wiedergeburt darstellen. So gesehen beinhaltet sie den gleichen Sinn und erfüllte wohl den gleichen Zweck wie der kleine, ebenfalls enthauptete weibliche Menhir mit Brüsten und Kette in Algund. So gesehen kann man hier also von einem Doppelmenhir sprechen.

Die vielen vertikalen und die drei horizontalen Linien auf der Rückseite des Statuenmenhirs von Latsch könnten die millimetergenauen Nähte darstellen, wie wir sie von Ötzis Kleidung kennen, mit denen die vielen schmalen Materialstreifen zu einem Gewand zusammengefügt wurden.

Die beiden sich kreuzenden Linien zwischen beiden Brüsten, als Sonnensymbole dargestellt, könnten Abnäher und Träger des Gewandes sein.

Beim späteren Zurechtstutzen des Menhirs zum Altarstein wurde auch im oberen Bereich auf der ganzen Breite so viel Material weggeschlagen, daß nicht nur die Schultern fehlen, sondern auch der angedeutete Kopf, bei dem es sich um einen Januskopf gehandelt haben könnte.

Wenn man einen männlichen und einen weiblichen Menhir nebeneinander vorfindet, spricht man von der Idee eines göttlichen Paares.

So gesehen darf man bei dem Doppelmenhir von Latsch mit seinen beiden unterschiedlichen Götterdarstellungen wohl auch von der Idee eines solchen Götterpaares, in einem Stein vereinigt, sprechen. Diese Kuriosität dürfte wegen ihrer Einmaligkeit eine Sensation sein.

Im Prospekt des Museums von Latsch finde ich eine Kurzbeschreibung dieses Steins, die da lautet: „In den Marmorblock sind Wünsche und Symbole dieser frühen Menschen eingeritzt: Waffen und Jagdglück und immerkehrende Jugend." Wenn man „immerkehrende Jugend" mit Wiedergeburt, also mit Reinkarnation übersetzt, trifft dies nicht nur im Blick auf meine Interpretation den Nagel auf den Kopf.

Im gemütlichen, kunstreichen Latsch mit seinen Kirchen und seinem Museum bildet das Glanzstück der Spitalkirche ein Flügelaltar, der um 1520 von dem Kaufbeurer Bildhauer Jörg Lederer geschaffen wurde. Daß viele Kunstwerke aus dem schwäbisch-alemannischen Raum in den Vinschgau gelangten, wird auf die guten Beziehungen des Benediktinerklosters Marienberg nach Südwestdeutschland zurückgeführt, die über den bequemen Reschenpaß sehr gut möglich waren.

Für die Römer stellte diese Strecke durch den Vinschgau und über den Reschenpaß die wichtigste Verbindung nach Augsburg dar.

Ein weiterer, kaum beachteter säulenartiger Menhir steht an der Kaser im Niedertal, auf dem Wege von der Martin-Busch-Hütte nach dem Ort Vent.

Auf diesem Stein, wie auch auf allen anderen Menhiren des Nordens, findet man keine Darstellungen.

Wenn ich aber länger auf den oberen Bereich des Menhirs schaue, glaube ich das Antlitz eines Fuchses mit stark verwitterten Ohren zu sehen.

Solche Menhire setzen eine geordnete Besiedlung des Gebietes voraus, gefügt in festen Strukturen!

Da die Menhire von Algund und Latsch im Gegensatz zu Spindlers Ausführungen noch nicht zur Lebenszeit von Ötzi aufgestellt waren, kann man in den Gebieten von Algund und Latsch, also im Vinschgau seiner Zeit, die Existenz von fest strukturierten Dorfgemeinschaften, wie sie von Spindler angenommen werden, nicht mehr als selbstverständliche Voraussetzung ansehen. Da in diesen Gebieten lediglich vereinzelte prähistorische Funde getätigt wurden, kann man für die Zeit Ötzis lediglich von einer losen, vereinzelten Besiedlung ohne feste Strukturen ausgehen. Dagegen kann dieser säulenartige Menhir an der Kaser sehr alt sein. Er kann aus vorgeschichtlicher Zeit stammen und als Beweis für eine kleine geordnete Dorfgemeinschaft gelten, denn, wie bereits geschildert, stellten die Menhire auch in der Form als Säule die Urform des Steinkultes dar.

Während meines Aufenthaltes im Vinschgau Mitte Mai 1997 erfuhr ich aus zuverlässiger Quelle von einem angeblichen Treffen, das auf dem Schloß Juval stattgefunden haben soll.

Da seit längerer Zeit bekannt ist, daß auf dem Gelände des Schlosses alte Scherben und andere Gegenstände gefunden wurden, die aus prähistorischen Zeiten stammen können, die aber bis jetzt noch nicht wissenschaftlich untersucht wurden, hätten sich Wissenschaftler mit dem Eigentümer des Schlosses, Herrn Reinhold Messner, vor kurzer Zeit dort zu einer Besprechung zusammengefunden, wobei vereinbart worden sein soll, daß diese Scherbenfunde nun untersucht werden dürfen. Man vermute auf dem Schloßgelände mit seiner exponierten Lage und dem guten Überblick den früheren Standort eines prähistorischen Dorfes und ziehe in Erwägung, daß es sich hierbei um das Bezugsdorf von Ötzi handeln könnte.

Auf Anfrage wurde mir vom „Office Reinhold Messner" die Zustimmung zur Untersuchung der prähistorischen Funde von Schloß Juval bestätigt. Die vorher erwähnte Zusammenkunft auf Schloß Juval wurde nicht dementiert.

Schloß Juval

Eigentum des Extrembergsteigers Reinhold Messner

Vier Bilder verdeutlichen:

Das Schloß liegt hoch auf steilem Fels direkt am Eingang zum Schnalstal.

Mehrere prähistorische Funde auf dem Gelände, die von Wissenschaftlern zur Zeit untersucht werden, beweisen hier die Anwesenheit von Menschen in verschiedenen vorgeschichtlichen Zeiträumen.

Die exponierte Lage dieses Felsens mit der weiträumigen Umsicht wird seit eh und je Menschen veranlaßt haben, sich hier aufzuhalten, um Feinde sehr früh erblicken zu können.

Auch Ötzi mag dieses Gelände gut gekannt haben.

Für die Belange eines steinzeitlichen Dorfes mit Getreideanbau und Viehwirtschaft inklusive Stallhaltung hingegen erscheint mir dieses Gelände ungeeignet.

Unteres Schnalstal (Val Senales)
Blick südöstlich von Karthaus über Katharinaberg, Bildmitte, bis in den Vinschgau.
Ebenso wie das Gebiet des Schlosses Juval sich als steinzeitlicher Beobachtungspunkt darstellt, könnte auch zum Beispiel Katharinaberg einen ähnlichen steinzeitlichen Zweck erfüllt haben.

Ich glaube, man geht zu Recht davon aus, daß hier eine steinzeitliche Besiedlung gestanden hat. Ich bin aber auch sicher, daß fast zu allen Zeiten der Vinschgauer Besiedlung dieser Punkt wegen seiner guten Aussicht in den Vinschgau und das Schnalstal besiedelt war.

Daß es sich hier speziell um Ötzis Bezugsdorf handeln soll, glaube ich dagegen nicht. Das schließt nicht aus, daß Ötzi hin und wieder einmal an diesem Ort geweilt haben mag.

Auf diesem steilen Berg wird man sicher kein Korn geerntet und gedroschen haben. In Ötzis Fellbekleidung fand man aber zwei gedroschene Körner. Außerdem wäre seine Fellbekleidung selbst im Winter an dieser Stelle fehl am Platze.

Darüber hinaus wurden auch an einigen anderen Stellen im Vinschgau und auch im Ötztal und Venter Tal alte Funde getätigt.

Als ich Mitte Mai das Schloß Juval besuchte, in dem Reinhold Messner mehrere Kunstsammlungen untergebracht hat, sah ich mit Bewunderung und Erstaunen eine umfangreiche Tibetika-Sammlung, die mit viel Gefühl und Sachverstand zusammengefügt wurde. In fast jedem Raum findet man zahlreiche fernöstliche Kultgegenstände. Diese östlichen Religionen basieren bekanntlich auf der Reinkarnationslehre.

Interessant finde ich die Tatsache, daß hier am Eingang zum Schnalstal von Herrn Reinhold Messner eine diesbezügliche Sammlung erstellt wurde und ich fast am anderen Ende des Schnalstals eine Reinkarnation aus der Steinzeit erlebt habe. So gesehen machte mich dieser Schloßbesuch sehr nachdenklich.

War wieder alles nur Zufall, akausale Synchronizität?

Die Führerin des Schlosses erklärte sehr detailliert und sachverständig mit bewundernswerter Genauigkeit alle Einzelheiten und Kostbarkeiten des Schlosses. Ich kenne sonst nirgendwo in Europa eine derartige umfangreiche Sammlung.

Auch abgesehen davon erwies sich dieser Schloßbesuch als sehr interessant und lohnenswert. Eine Besichtigung des Schlosses ist daher auch Leuten zu empfehlen, die sich weniger für die fernöstliche Kultur interessieren als für die Baulichkeiten und die schöne Aussicht.

In diesem Zusammenhang wird auch im Rahmen eines Spiels ein angenommenes spitzwinkliges Dreieck interessant, das entsteht, wenn man zu einer gedachten Geraden, die vom Eingang des Schnalstals bzw. von Schloß Juval über Katharinaberg, Karthaus bis zur Ötzi-Fundstelle verläuft, eine sich kreuzende Gerade von Latsch aus in Richtung Karthaus und als Verlängerung über das Pfossental zeichnet. Hierbei entsteht ein ähnliches Dreieck, wie es die drei Funddeponien der Ötzi-Fundstelle bilden.

Außerdem stellt diese Gerade von Latsch bis Karthaus in der Länge in etwa die gleiche Strecke dar, wie es die Luftlinie zwischen der Ötzi-Fundstelle und dem Ort Vent bildet (Skizze 5).

Wenn man bedenkt, daß sich viele Stellen im Schnalstal, erst recht Katharinaberg und Karthaus, durch ihre Lage als Plätze steinzeitlicher Dörfer, die von Ötzi bei seinen Streifzügen im Schnalstal angesteuert worden sein können, geradezu anbieten, könnten zum Beispiel von hier die beiden Einkörner stammen, die man im Fell seiner Kleidung fand.

Interessant ist die untere Seite a-b des oberen Dreiecks, wo der Eckpunkt a die Ötzi-Fundstelle bildet. Auf dieser unteren Seite liegt der zerstörte Megalithbau. Könnte es sein, daß der Eckpunkt b sowie das sich östlich anschließende kleine Dreieck und noch etwas weiter noch Geheimnisse beinhalten?

Diese Konstellation der beiden Dreiecke entspricht auch in der Nord-Südachse Vent-Karthaus dem geschilderten Ablauf der Ötzi-Biographie von Hickisch und Spieckermann. Ötzi wurde zunächst aus Richtung Sölden ins Gebiet von Vent gebracht, um anschließend in den Sommermonaten am Alpenhauptkamm zu wohnen und seiner ihm zugedachten Aufgabe nachzugehen. Von hier aus unternahm er in späteren Jahren seine Streifzüge ins Schnalstal, die ihm sicher auch in die von mir vermuteten steinzeitlichen Besiedlungen von Karthaus, Katharinaberg und zum hochgelegenen Platz des heutigen Schlosses Juval führten und dort kurz verweilen ließen. Es kann ihn auch einmal bei seinen Erkundungsgängen aus dem Gebiet von Karthaus über den Salurnkamm bis nach Latsch getrieben haben. Sicher hat er in diesen Gebieten von seinem einmaligen Auftrag am Alpenhauptkamm und in seiner Verzweiflung von seinem geplanten göttlichen Opfertod berichtet. So erscheint es mir nicht abwegig, sondern verständlich, wenn man seine Geschichte auf dem Stein aus Laaser-Marmor verewigt vorfindet.

Zu den Eckpunkten b beider Dreiecke möchte ich bemerken, daß sich ohne weiteres bei dem oberen, nördlich gelegenen Dreieck noch eine Sache verbergen kann, da auch bei dem unteren Dreieck im Eckpunkt b sich durch den erst im Jahre 1983 von Reinhold Messner getätigten Kauf des Schlosses Juval die Beherbergung seiner Tibetika-Sammlung als möglicher und denkbarer Hinweis auf die Reinkarnationstheorie abzeichnete. Dazu kommt demnächst das Untersuchungsergebnis der dort getätigten Scherbenfunde, die sehr wahrscheinlich eine steinzeitliche Besiedelung des heutigen Schloßgebietes bestätigen werden.

Dagegen halte ich steinzeitlichen Ackerbau, verbunden mit Großviehzucht, speziell auf dem Gebiet des Schlosses und der darunter befindlichen kleineren Terrassen, für unwahrscheinlich. Ob die mehrere Hektar große, westlich vom Schloß gelegene Hochfläche, die heute von aufstehenden Bäumen völlig befreit ist, zur Lebenszeit Ötzis schon landwirtschaftlich, wie z.B. durch Getreideanbau, genutzt wurde, ist bisher nicht bewiesen und kann deshalb stark bezweifelt werden.

Bitte beachten Sie in diesem Zusammenhang meinen Nachtrag auf Seite 270f.!

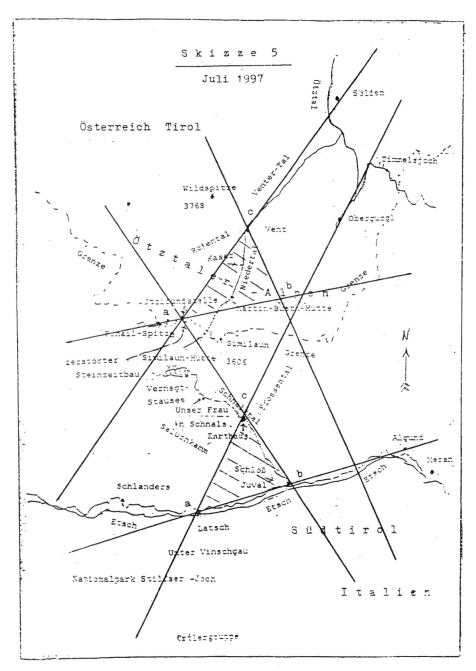

Skizze 5: Spitzwinkelige Dreiecke

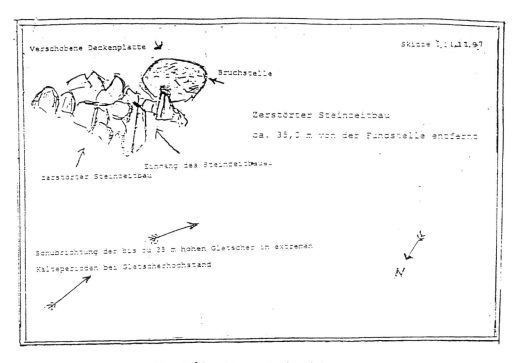

Skizze 1 : Zerstörter Steinzeitbau

Da ich am 12.05.1997 meine Reisevorbereitungen plante, vertiefte ich mich in das Algunder Informationsheft „Ihr Urlaubsberater", herausgegeben vom Tourismusbüro Algund. Erstaunt entdeckte ich auf der Seite 15 eine Altersangabe von annähernd 3.000 Jahren bezüglich der in Algund/Plars gefundenen vier Menhire:

„Menhire - Diese Kultsteine stammen aus der ligurisch-illyrischen Besiedlung und reichen an die 3.000 Jahre zurück. Die in Algund gefundenen Menhire befinden sich im städtischen Museum von Meran. Genaue Nachbildungen stehen auf dem Platz vor dem Touristenbüro."

Diese Angaben bezüglich Alter und Herkunft decken sich genau mit meinen in diesem Buch geäußerten Ansichten und mit dem, was Sibylle von Reden in ihrem Buch über die Algunder Menhire berichtet.

Mit Befremden nehme ich als *Tatsache* zur Kenntnis, daß zwar die Leitung des Meraner Museums und des Algunder Tourismusbüros genaue Kenntnis vom Alter und der entsprechenden Kulturzugehörigkeit der vier Menhire von Algund (Plars) hat, der leitende Mitarbeiter in der Ötzi-Sache jedoch allen Ernstes ein um bis zu 2.300 Jahre höheres Alter dieser Algunder Menhire in Erwägung zieht. So hoch kann der Alpenhauptkammübergang am Brenner nun wirklich nicht sein, daß sich dieses „Meraner Wissen" nicht bis nach Innsbruck herumgesprochen hätte.

Leider muß ich feststellen, daß auch in der Wiederauflage des Buches „Der Mann im Eis", also in der aktualisierten und erweiterten Taschenbuchausgabe von September 1995, W. Goldmann Verlag München, von Herrn Professor Dr. Konrad Spindler keine Berichtigung seiner falschen Betrachtungsweise bezüglich einer Verknüpfung der Algunder Menhire mit dem Ötzi-Fund vorgenommen wurde.

Am 15.05.1997 bestätigte mir ein Gelehrter des Städtischen Museums Meran, daß schon seit einigen Jahren, etwa seit 1992, das Alter aller Algunder Menhire mit annähernd 3.000 Jahren feststehe.

Kein Mensch ist fehlerfrei. Da es mir in der Ötzi-Sache um die Wahrheitsfindung geht, sehe ich mich lediglich deshalb veranlaßt, auf diesen Fehler hinzuweisen.

Da Spindler in seinem Buch sehr eingehend auf neun Seiten über die vier Algunder Steine berichtet und hierbei auch den Stein von Latsch erwähnt, wobei er eindringlich darauf hinweist, daß *der* Künstler, der diese

Darstellung auf den Algunder Steinen schuf, nur Remedello-Dolche und Remedello-Beile nach Art des Ötzi-Beils kannte und nur diese zum Vorbild für seine Darstellungen wählte, wird dies unberechtigt als Beweis dafür angeführt, daß im Vinschgau *zu Lebzeiten Ötzis* in „wünschenswerter Deutlichkeit" eine zeitgleiche, wohletablierte Besiedlung mit festgefügten Strukturen vorhanden war.

Da ich bereits bei der ersten Lektüre dieser neun Seiten der festen Überzeugung war, daß das so nicht richtig sein kann, habe ich mich sehr genau mit diesem Fachgebiet beschäftigt und fand auch prompt meine Ansichten bestätigt. Deshalb war ich um so erstaunter und wohl verständlich verärgert, als ich mich im Mai 1997 im Algunder Informationsheft „Ihr Urlaubsberater" wie selbstverständlich erneut mit meinen Ansichten bestätigt sah.

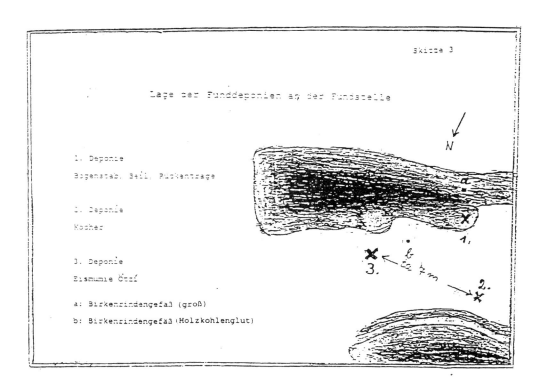

Skizze 3: Funddeponien an der Fundstelle

Mit dem Alter der Algunder Steine von 3.000 Jahren und der Erkenntnis, daß der Stein von Latsch frühestens aus der beginnenden Bronzezeit stammt, bricht die von Spindler so mühevoll errichtete Beweiskonstruktion zusammen, obwohl sie den Hauptpfeiler der von ihm behaupteten südlichen Einflußnahme auf Ötzi bzw. dessen südlicher Herkunft bilden sollte.

Diese vier Algunder Menhire befinden sich seit zwei Jahren nicht mehr in dem alten Bau des Städtischen Museums von Meran, worin jetzt eine Schule untergebracht wurde, sondern in einem kleinen schloßähnlichen Gebäude, das sich zwei Häuser weiter oberhalb vom alten Museum in derselben Straße befindet.

Als die Menhirstatuen von Algund entstanden, lag Ötzi mit seinen Gegenständen, gemessen an den C14-Daten, bereits bis zu etwa 2.300 Jahre unter Eis!

Nach Ausführung des Magazins GEO Nr. 10 vom Oktober 1996 glaubt die Wissenschaftlerin Annaluisa Pedrotti von der Abteilung für Philologie und Geschichte der Universität Trient, die sich auch auf die Erforschung der Kupferzeit in der Region Bozen, Meran, Vinschgau spezialisiert hat, nicht, daß Ötzi direkt zur Remedello-Kultur gehört, da nach neuesten Einschätzungen die Menhire in dem besagten Gebiet wesentlich jünger seien. Sie nennt eine andere Kultur, die Isera La Toretta-Kultur, etwa 20 Kilometer südlich von Trient, die wegen deren Mobilität und des hohen Anteils an Holzgefäßen eine mögliche Verbindung zu Ötzi darstellt. Diese Gruppe würde auch exakt in die Zeit des Gletschermannes passen. Sie weist Parallelen zu Funden in Graubünden in der Schweiz auf. Ich glaube deshalb, diese Leute könnten als Handelsreisende die beiden Birkenrindengefäße aus Versehen an der Fundstelle zurückgelassen haben.[21] Diese Behälter können natürlich auch von Ötzi stammen. Es spricht aber auch viel dagegen.

In meinem Traum habe ich solche Behälter leider nicht wahrgenommen. Diese schnellen mobilen Gruppen bauten ganz sicher keine Megalithbauten. Es handelt sich bei diesen Leuten sehr wahrscheinlich um typische Händler. Die ihnen nachgesagte Schnelligkeit und Mobilität spricht dafür.

---

[21] Vgl. GEO 10/1996, S. 88; ferner: Kriesch, Elli G.: *Der Gletschermann und seine Welt.* - S. 187

Der Megalithbau von Ötzi zeigt dagegen gerade für den Sommer Seßhaftigkeit an, wo Händler im Alpengebiet immer unterwegs gewesen sind, denn im Winter war kein alpenübergreifender Verkehr und damit kein solcher Handel möglich. Da half auch keine Schnelligkeit und Mobilität. Gegen die Theorie, Ötzi sei Händler gewesen, spricht einmal seine Fellbekleidung, die im Sommer in den Tälern zu warm gewesen wäre, zum anderen wurde keine Handelsware bei ihm gefunden.

Man kennt bis jetzt weder einen stichhaltigen Beweis für eine Zugehörigkeit Ötzis zu den lediglich vermuteten Strukturen eines Dorfes im Vinschgau noch Anzeichen für eine direkte südliche Einflußnahme in bezug auf Ötzi.

Es gibt aber Anhaltspunkte, die auf einen Kontakt zu einem oder auch mehreren Dörfern hinweisen. Sollten sie nicht im Norden liegen, müßten sie im Süden, im Schnalstal, gesucht werden. Für einen solchen Kontakt spricht die Fellkleidung. Sie läßt auf Arbeiten von Fachleuten schließen. Auch die sauberen Nähte bei der Herstellung der Kleidungsstücke beweisen beste **Kürschnerarbeit.**

Einen weiteren Beweis für einen solchen Kontakt stellen die beiden im Fell von Ötzis Kleidung gefundenen Getreidekörner einer Kulturpflanze dar. Die Bruchstelle des Einkorns zeigt an, daß es gedroschen wurde.

Das besagt keinesfalls, daß Ötzi beim Dreschen mitgeholfen hat, wie von Spindler vermutet wird. Ötzi hätte dabei sicher seine Fellkleidung als zu warm empfunden und sie im Haus abgelegt. Somit bleibt nur die Möglichkeit, daß er beim Dreschen kurz zugeschaut hat, sonst hätten die Körner nicht ins Fell gelangen können.

Ich warte gespannt auf die Dinge, die man eventuell trotz extremer Gletschereinwirkung unter den gebrochenen und verschobenen Steinen des Steinzeitbaues am Alpenhauptkamm finden wird. Vielleicht geben sie auch Auskunft über die Herkunft des Gletschermannes. Sie würden eventuell auch eine erneute Möglichkeit bieten, mit der C14-Methode ein genaueres Alter zu bestimmen.

Es kann aber auch sein, daß durch Gletschereinwirkung Gegenstände unauffindbar verlagert wurden. Der Gletscherschub und Druck wird die Deckensteine nicht nur verschoben, sondern auch zerstört haben. Selbst die vordere große Deckenplatte, die rechts vom Eingang liegt, ist dadurch gebrochen.

In seinem Buch „Auf den Spuren der Großen Steine" bemerkt Fernand Niel dazu:

„Vielleicht benutzte man die Sprengkraft des Eises, durch die, wie wir uns überzeugen konnten, schon mancher Deckenstein eines Dolmen zerstört wurde."[22]

Die Wissenschaftlerin Elli G. Kriesch beschreibt sehr ausführlich und allgemeinverständlich den Vorgang der C14-Datierung, der sogenannten Radiokarbonmethode und der Dendrochronologie. Meine Kurzfassung lautet:

„Es existiert auf der Erde radioaktiver Kohlenstoff C 14, der in gleicher Weise wie C12 von Pflanzen aufgenommen wird und über die Nahrungskette in die Körper der Lebewesen, wie der Tiere und Menschen gelangt. Mit dem Tod eines Lebewesen endet die C14-Aufnahme. Die gespeicherten C14-Isotope zerfallen mit einer Halbwertzeit von etwa 5.730 Jahren. Bei konstantem Verhältnis von C14 und C12 läßt sich die verbliebene Strahlungsintensität messen. Man erhält so die etwaige Zeitangabe der verflossenen Jahre seit Absterben des Lebewesens.

Eine zusätzliche Vergleichsmethode bildet die Dendrochronologie, wo sich der jährlich schwankende Anteil an C14 an den Jahresringen der Bäume ablesen läßt."[23]

Kriesch weist in diesem Zusammenhang auf die unterschiedlichen Ergebnisse der Datierungen bei dem Gletschermann hin, die sich gleich bei den ersten Messungen ergaben. So haben C14-Messungen an Gräsern seines Grasumhanges in zwei Labors, und zwar in Paris und Uppsala, einen Datierungsspielraum von 2616 bis 2866 v. Chr. ergeben.

Dagegen haben wenige Wochen später Proben von Gewebe und Knochen aus der linken Hüfte der Mumie, die in Oxford und Zürich analysiert wurden, eine Datierungsspanne von 3350 bis 3120 v. Chr. erbracht.

Man hielt sich bei den Wissenschaftlern des Symposiums der Arbeitsgemeinschaft Alpen im Juni 1992 mit Erklärungen dieser Abweichungen

---

[22] Niel, Fernand: *Auf den Spuren der Großen Steine*, München 1977. - S. 269
[23] Vgl. Kriesch, Elli G.: *Der Gletschermann und seine Welt*. - S. 65

zurück. Einige Wissenschaftler machen u. a. den hohen Pilzbefall der Mumie, der nach der Bergung durch Erwärmung im Gerichtsmedizinischen Institut eintrat, für die hohen C14-Werte verantwortlich.

Es wäre also sehr nützlich, wenn man in den Steinzeitbauresten weiteres Material finden würde, das sich für Meßzwecke eignet.

Welchen Sinn und Zweck hatte dieser Megalithbau, der sicherlich nur einige Monate im Sommer genutzt werden konnte?

Es handelt sich hier wohl um den höchstgelegensten Steinzeitbau in Europa, noch dazu in einem zeitweise vergletscherten Gebiet. Es wäre nichts Besonderes, stände dieser Megalitbau in Frankreich, in der Bretagne, im Massif Central oder in den Pyrenäen.

So fragt man zunächst nach dem praktischen Nutzen dieses aus unbehauenen Steinen errichteten Baues. (Siehe Kapitel V, Bilddokumentation, Bild vom Eingang des Baues, ferner die Bilder vom zerstörten Megalithbau.)

Die Zerstörung dieses Baues ist offensichtlich auf Gletschereinwirkung in großen Kälteperioden zurückzuführen, worauf ich noch im einzelnen zurückkommen werde.

In der Sommerzeit wurde dieses Gebiet bekanntlich von Händlern begangen. Für einen Zwischenhalt bei einer solchen Alpenhauptkammüberquerung hätte es nur bei plötzlicher Wetterverschlechterung einen plausiblen Grund gegeben. Man würde bei guter, beständiger Witterung ganz gewiß zügig seinen Weg ins sichere Tal fortgesetzt haben. Dies trifft sowohl für die Nordsüd- als auch für die Südnordüberquerung des Kamms zu.

Wenn man sich frühmorgens bei Sonnenaufgang im Tal auf den Weg macht, kommt man nach der Alpenhauptkammüberquerung allemal nachmittags im anderen, schützenden Tal an.

Man kann wohl annehmen, daß solche Kammüberquerungen nur bei günstiger Witterung durchgeführt wurden. Deshalb scheint es eher unwahrscheinlich, daß man einen solchen aufwendigen Steinbau nur für die Eventualität eines plötzlich aufkommenden schlechten Wetters errichtet hat, damit Händler, die damals rein zufällig vorbeikamen, darin Schutz fanden.

Um aus schweren unbehauenen Steinen, die an Ort und Stelle genug herumlagen, diesen Bau zu errichten, waren viele Leute erforderlich. Dies läßt zwangsläufig auf Siedlungen im südlichen Schnalstal und/oder im Venter Tal schließen.

Diese Leute müßten obendrein ein großes Interesse daran gehabt haben, daß dieser Bau existiert, was bei dem vorgetragenen Beispiel mit dem vom schlechten Wetter überraschten und damit schutzsuchenden Händler nicht der Fall gewesen sein wird. Als Behausung für Hirten wäre er erst recht in dieser vereisten Höhe von über 3.200 Metern undenkbar und überflüssig, da sich Weidegründe nur unterhalb von 2.500 Metern anboten.

Wäre Ötzi Hirte gewesen, hätte man ihm solch einen festen Bau, wenn er überhaupt für einen umherziehenden Hirten angebracht gewesen wäre, unterhalb von 2.500 Metern Höhe errichtet. Das Gleiche trifft in etwa auch für den steinzeitlichen Jäger zu.

Solch ein Bau, stünde er unterhalb von 2.500 Metern Seehöhe, würde Hirten und Jägern sicheren Schutz vor großen, wilden Tieren bieten. Der Bau hat also in dieser Höhe von 3.200 Metern keinen logischen, praktischen Sinn aus unserer heutigen, vernunftbezogenen Denkrichtung, es sei denn, man beabsichtigte, daß ein Mensch speziell in dieser großen Höhe und an diesem Ort sich über längere Zeit in den Sommermonaten aufhalten sollte und deshalb Schutz vor Witterungseinflüssen und wilden Tieren benötigte.

Es bedurfte zumindest einer kleinen Gruppe mit gleicher Gesinnung und Willensrichtung, um in diesen Höhen so etwas zu erstellen. Die hierzu erforderlichen gewaltigen Anstrengungen haben also einer starken Triebfeder vieler Menschen bedurft. Diese Willenskräfte wurden bei anderen Megalithbauten auch nur durch kultische, religiöse Belange freigesetzt, also durch ähnliche Beweggründe wie bei Bauten unserer Kirchen und Dome, wo die Kraft des Glaubens die Menschen zu solchen großen Taten befähigte. Erst auf dem Hintergrund solcher Überlegungen wird die Existenz dieses Baues logisch und erklärlich. Außerdem müssen die Leute solche Megalithbauten gekannt haben, obwohl sie wahrscheinlich ihre Hütten in den Tälern aus Holz erbauten.

Diese Kenntnisse von Megalithbauten weisen nach Norden und, örtlich gesehen, ins nordöstlich gelegene Niedertal, wo heute noch ein Menhir am Wegesrand steht und damit auch weiter in Richtung Venter- und Ötztal.

Wie schon gesagt, solch ein Menhir setzt immer die Existenz von festgefügten Strukturen innerhalb einer Dorfgemeinschaft voraus. Es wird natürlich sehr schwer sein, im Venter- oder Ötztal eine Steinzeitsiedlung zu finden, da beide Täler durch überaus häufige und starke Murenabgänge verschüttet wurden.

Diese Tatsache an sich kann aber nicht die Existenz eines solchen Dorfes ausschließen. Befand sich hier im Niedertal, wo das Metall an der Erdoberfläche liegt, oder auch im Venter Tal, die Stelle, wo Kupfer verhüttet wurde?

Der hohe Arsengehalt im Haar und in den Gewebeproben von Ötzi lassen an einen häufigen Kontakt zu solchen Metallgewinnungs- und Verarbeitungsprozessen denken und sehr wahrscheinlich werden. Damit wäre auch die Herkunft seines Beils mit der für seine Zeit sehr unwahrscheinlichen Kupferklinge mit Randleisten leichter erklärbar. Auch Hickisch und Spieckermann berichten in ihrem Buch ja von Kupfergewinnung in diesem Gebiet.

Unter einem steinzeitlichen Dorf darf man keine heutige dörfliche Größenordnung sehen, da es damals bei weitem nicht gleichzeitig so viele Menschen auf Erden gab wie jetzt. Selbst in der Stadt Troja VI, die von Homer in seiner Ilias besungen wird, konnte man in weniger als zwei Minuten von einem Ende zum anderen gehen. Ein normaler Läufer soll die Strecke in 25 Sekunden durchlaufen haben.

Bei einem solchen Gebirgsdorf in der Steinzeit vor 5.300 Jahren trifft man also gegenüber einer weit jüngeren Stadt wie Troja VI in der Zeit von etwa 1700 bis 1250 v. Chr. wohl erst recht auf wesentlich kleinere Verhältnisse.

Blick von Südwest über den entleerten Vernagtstausee auf den verschneiten Alpenhauptkamm und den Ort Vernagt, Schnalstal

Die Nummern 1 bis 6 auf dem Foto bedeuten folgendes:

1 = Fundstelle vom Mann im Eis vom Hauslabjoch
2 = Schneekamm, Tisenjoch
3 = Similaunhütte, Niederjoch
4 = Lage des Jahrhunderte alten Häuschens, die Urzelle der Spechtenhauser Siedlung und Vorfahre des Bauernhauses Oberbretter. Es stellt eines der ältesten Häuser, wenn nicht gar das älteste im Schnalstal dar.
5 = Gasthof und Pension Edelweiß in Vernagt (1700 m) Spechtenhauser.
6 = der heutige Weg zur Similaunhütte, Alpenhauptkamm mit Niederjoch, Tisenjoch und Hauslabjoch

Dieses Bild veranschaulicht den Weg, den Ötzi vom Alpenhauptkamm ins Schnalstal und zurück nahm.

Dieses Jahrhunderte alte, guterhaltene Häuschen in Vernagt (1700 m), unterhalb der Similaunhütte und der Ötzifundstelle gelegen, soll das älteste, zumindest aber eines der ältesten Häuser des Schnalstals sein. Es stellt die Urzelle der Spechtenhauser Siedlung (Gasthof und Pension Edelweiß) dar und ist Vorfahre des Bauernhauses Oberbretter.

Durch seine Bauart und Größe bietet sich hier ein anschauliches Beispiel, wie und in welcher Größe in frühen Zeiten der Besiedlung hier Häuser gebaut wurden.

Durch die kleinen Fenster im Giebel und rechts über dem Geländer wurde wintertags allzu starker Wärmeverlust verhindert.

Der untere Sockelbereich aus Bruchstein verschafft dem Haus nicht nur sicheren Stand, sondern schützt es auch vor Nässe, Schnee und Eis. Es ist ein historisches Schmuckstück.

In den steinzeitlichen Anfängen des Hausbaues fehlten diese wichtigen hohen Steinsockel, wie man aus den umseitigen Aufnahmen ersehen kann.

Die steinzeitlichen Musterhäuser in den verschiedensten Bauarten veranschaulichen, wie vor ca. 6000 Jahren gebaut wurde, als die Menschen zu Ackerbau und Viehzucht übergingen und deshalb seßhaft wurden.

Die beidseitige schräge Giebelverstrebung unterhalb des Daches über den kleinen Fenstern, die den senkrechten Giebelstock stützt, ist auch bei den nachfolgenden steinzeitlichen Haustypen 4 und 5 im Prinzip wiederzufinden.

Capo di Ponte   Val Camonica

Archedromo-Rivivere la Preistoria
Erstes Dorf dieser Art in Italien

Realisiert von dem Archäologen
Dr. Ausilio Priuli

Rekonstruktionen verschiedener,
ca. 6000 Jahre alter Haustypen,
die zu einem Steinzeitdorf zusam-
mengestellt wurden

Bild a
Haustyp Nr. 1 wurde in Blockhaus-
bauweise erstellt und mit Stroh
gedeckt.

Bild b
Innenansicht; an der Wand hängt
ein Beil mit Knieholmschäftung.

Bild c
Aufgang zum Obergeschoß als be-
hauener Baumstamm

Bild a

Bild b

Bild c

Bild a zeigt den Haustyp 2, auf Pfählen errichtet, Wände und Dach bestehen aus Schilfmatten. Dieser Haustyp wird überwiegend an Seen und Flüssen gestanden haben.

Bild b zeigt den Innenraum mit Schafwolle am Boden. Die hängenden Gefäße ließen sich leicht kippen und verhinderten den Zugang durch Tiere.

Bild c verdeutlicht das Befestigungsprinzip der mit Tiersehnen und geflochtenen Gräsern gebundenen Leitersprossen und Gestelle.

Bild a

Bild b

Bild c

Bild a veranschaulicht den Haustyp 3.
Hier handelt es sich um eine sehr leichte, luftige Konstruktion aus warmen Gegenden, deren Wände durch das Flechtwerk aber sehr stabil sind.
Auf Bild b sieht man unter anderem auch zwei Gefäße der Kulturgruppe "Vasi a bocca quadrata" mit ihren quadratischen Mündungen über runden Böden (4300 bis 3500 v. Chr., Norditalien).

Auf Bild c erkennt man links das untere Schlafzimmer. Der Boden wurde mit Fellen ausgelegt. Ein zweites Schlafgemach befindet sich direkt darüber im Obergeschoß.

Bild b

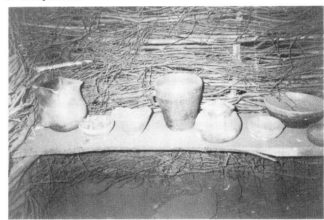

Bild a

Bild c

a

Bild a
Haustyp 4 wurde in fachwerkähnlicher Bauweise erstellt. Die Felder der Wände wurden mit senkrechten dünnen Hölzern und leichter Querverflechtung versehen, die mit Lehm verbunden wurden.

b

Bild b
Hier dokumentiert Haustyp 5 eine andere Fachwerkkonstruktion, bestehend aus einer größeren Anzahl von Balken, deren Felder mit einem Stroh- oder Heu-/Lehmgemisch ausgefüllt wurden.

Interessant ist die beidseitige schräge Verstrebung des mittleren senkrechten Giebelpfostens bei Haustyp 4 und 5, die Ähnlichkeit hat mit der beidseitigen Schrägverstrebung des senkrechten Giebelpfostens vom jahrhundertealten Häuschen aus dem Schnalstal in Vernagt.

c

Bild c zeigt den Brennofen des Museumsdorfes von Capo di Ponte, Val Camonica.

Es handelte sich meistens um eine Gemeinschaft einer Großfamilie oder von mehreren Familien und guten Bekannten, also um Clans. Das mag zur damaligen Zeit im Vinschgau genauso gewesen sein wie im Venter- und Ötztal.

Was die Größenordnung eines steinzeitlichen Dorfes betrifft, so finden sich bei Spindler genaue Angaben. Kurz zusammengefaßt lautet das so:

„Am Rande eines jungsteinzeitlichen Dorfes, etwas westlich von der Ortsmitte von Talheim, fand man 1983 in einem Massengrab die Skelette von 34 Menschen. Man geht davon aus, daß es sich hier um einen grausigen Massenmord an der vollständigen Bewohnerschaft eines ganzen Dorfes handelt."[24]

Hier hat man jedenfalls eine etwaige Größenordnung eines kleinen steinzeitlichen Dorfes. Es gab aber auch wesentlich größere Dörfer mit 200 bis 300 Menschen. Viel größer als das Dorf bei Talheim werden auch hier im Gebirge die Dorfgemeinschaften zu Ötzis Zeiten nicht gewesen sein.

Heute lassen sich solche kleinen steinzeitlichen Populationen nur schwer entdecken. Dies trifft ganz besonders dann zu, wenn sie verschüttet worden sind, wie man es im Venter- und Ötztal voraussetzen kann. Reißende Bäche, die ihr Bett laufend verlagerten, rissen außerdem wahrscheinlich wichtige Beweisstücke, wenn nicht sogar von ganzen Dörfern aus der ehemaligen Steinzeit, mit sich.

Wir neigen viel zu sehr dazu, gegenwartsbezogene Verhältnisse auf die Steinzeit zu übertragen. Professor Dr. Konrad Spindler von der Universität Innsbruck und der Österreicher Dr. Markus Egg vom Römisch-Germanischen Zentralmuseum Mainz kommen bei der Berufsfeststellung von Ötzi zu der Ansicht, Ötzi sei sehr wahrscheinlich Hirte gewesen und habe ähnlich gehandelt wie heutzutage, wo im Rahmen einer Transhumance über 3.000 Schafe und Ziegen vom Schnalstal aus über die Joche des Alpenhauptkamms in die Hochweidegründe des Nieder-, Rofener- und Venter Tals getrieben werden. Zu Ötzis Zeiten solle es noch eine größere Anzahl Tiere gewesen sein. Im Herbst wird dann das Gleiche in umgekehrter Richtung durchgeführt, nachdem man die Tiere mühselig wieder zusammengetrieben hat. Man legt also für die Steinzeit Dorfgrößen mit anteiligen Personenzah-

---

[24] Vgl. Spindler, Konrad: *Der Mann im Eis*. - S. 332

len zugrunde, wie sie heute zutreffend sind, Urlauber nicht mitgerechnet. Es gab zudem auch mit Sicherheit wesentlich weniger Dörfer in dem Gebiet als heute. Wie viele steinzeitliche Dörfer es dort gegeben hat und wie viele Menschen damals dort lebten, ist völlig unbekannt. Alle eventuellen steinzeitlichen Dörfer im unteren Vinschgau und Schnalstal werden meines Erachtens zu Ötzis Zeiten zusammengenommen niemals annähernd so viele Menschen beherbergt haben, wie es nach Angaben von Spindler und Egg Schafe und Ziegen gegeben hat.

Außerdem bot sich für den Vinschgau, insbesondere im Gebiet von Latsch, das südliche Martelltal mit seinen Hochweidegründen als nahes Ausweichgebiet an. Hätten die Weidegründe im Vinschgau einmal nicht ausgereicht, hätte man bequem hierhin ausweichen können, ohne daß man die fast 30 km entfernten Täler nördlich vom Alpenhauptkamm hätte aufsuchen müssen.

In den meisten steinzeitlichen Dörfern wurden seit etwa 4000 v. Chr. kontinuierlich Ackerbau und Viehzucht betrieben, was neben der Jagd, der jeder Mann immer noch nebenher nachging, als eine der hauptsächlichen Nahrungsmittelbeschaffungen angesehen werden kann.

Da fragt man sich, was damals die wenigen Dorfbewohner mit den vielen Schafen und Ziegen gemacht haben, deren Zahl ja so groß gewesen sein soll, daß die in den Tälern und Hängen durch Brandrodung gewonnenen Weideflächen bei weitem nicht ausgereicht haben sollen.

Als besonders erschwerend würde die Tatsache hinzukommen, daß viele Tiere im Winter mit Heu versorgt werden müßten. Es ist noch nicht erwiesen, daß zur damaligen Zeit schon Heu gemacht wurde. Es ändert auch wenig, wenn ein Teil der Schafe und Ziegen im Herbst geschlachtet und die restlichen Tiere, plus Rinder und Schweine, mit grünen Zweigen gefüttert wurden. Außerdem waren die Schafe und Ziegen in so großen Höhen ein sehr leichtes Opfer der wilden Tiere, die im Gegensatz zu heute, was ich ausdrücklich betone, in überaus großer Anzahl eine dauernde, kaum zu verhindernde Gefahr für eine so große Herde bedeuteten. Selbst mehrere, mit Bögen bewaffnete Hirten, unterstützt von Hunden, wären bei Tag und besonders bei Nacht nicht in der Lage gewesen, solche großen Herden sicher zu beschützen. Riesige Verluste an Schafen und Ziegen wären entstanden, da die wilden Tiere wie Bären, Wolfsrudel und Füchse von der Herde geradezu angelockt worden wären. Die Herdentiere driften in diesen Höhen weiter auseinander als auf Weiden im Flachland. Ich bezweifle deshalb, daß es zur damaligen Zeit eine derart starke Hochweidewirtschaft gegeben hat, die vom Schnalstal bzw. vom Vinschgau aus betrieben worden sein soll.

Seit 1969 wurden in den Alpengebieten die in Alpenmooren konservierten Blütenpollen untersucht. So wurde auch in der weiteren und näheren Umgebung des Venter Tals, in einem Hochmoor im Rofener Gebiet, außerdem im Raum Obergurgl, anhand von C14-datieren Blütenstaubkörnern festgestellt, daß in diesen Gebieten bereits seit 6.000 Jahren Weidewirtschaft auf 2.300 Metern Seehöhe betrieben worden sein soll. Man glaubt, der Mensch habe damals den Baumbestand in diesen Höhen durch Brandrodung vernichtet.

Daß solche Brandrodungen besonders im Hochgebirge sommertags rein zufällig von Blitzen ausgelöst werden können, wird nicht in Erwägung gezogen. Solche Brandrodungen hätte man sicher erst an den meisten Hängen im Vinschgau durchgeführt. Wie dem auch sei, kann diese Feststellung anhand der Pollenanalyse kein stichhaltiger Beweis dafür sein, daß nur vom Schnalstal aus die Hochweidewirtschaft betrieben wurde. Ich sehe darin eher eine Bestätigung, daß es zu Ötzis Zeiten eine Besiedlung dieses Gebietes im Venter Tal mit Nieder- und Rofental und im Ötztal gegeben haben muß, wenn auch in kleinem Maßstab.

Speziell hier könnten die Menschen als bäuerliche Tätigkeit nur die Vieh- und Weidewirtschaft betrieben haben, so wie es in vielen Bergtälern heute noch ohne gleichzeitige Ackerbauwirtschaft gehandhabt wird. Dagegen spricht nicht das Geringste.

Auch das äsende Wild wird nach einer Brandrodung in diesen Höhen verstärkt den Neuwuchs von hochwachsenden Pflanzen verhindert haben.

Wenn man außerdem bedenkt, daß diese Leute, gerade in der beginnenden Kupferzeit, von den Metallvorkommen in diesem Gebiet angelockt worden sein könnten, wird deutlich, daß durch die Metallgewinnung und Weiterverarbeitung und die damit verbundenen hohen Gewinne sich Leute bereit fanden, in diesen einsamen Tälern die winterliche Herausforderung anzunehmen.

Ich halte es schlichtweg für unwissenschaftlich, wenn man sich bei selbsterfundenen Hypothesen, die bisher durch nichts bewiesen sind, der

Prinzipienreiterei befleißigt. So tut Spindler kund: „Prinzipiell gehen wir davon aus, daß der Mann vom Hauslabjoch im Jahr seines Todes den Sommer mit einer Kleinviehherde abseits der Heimatsiedlung verbracht hat."[25]

Ironie und Verdikt von Autoritäten waren in dieser Art von Diskussionen noch nie schlüssige Argumente.

Dabei ist es sicher zu verstehen, daß aus archäologischer Sicht des Fachmanns bei einem Fund wie Ötzi immer nach der der Fundstelle nächstgelegenen, steinzeitlichen Siedlung als Bezugsdorf gesucht wird. Das schließt aber nicht ein, daß es sich dabei um den einzig richtigen Ort handeln muß.

Dagegen hat man nach dem Ötzi-Fund bei einer systematischen Suche nach Steinzeitrelikten im Venter Tal unter der Leitung von Univ. Dozent Dr. Walter Leitner vom Institut für Ur- und Frühgeschichte der Universität Innsbruck erfolgreich gesucht. Gleich zu Beginn wurde man knapp oberhalb von Vent, am Eingang zum Niedertal beim „Hohlen Stein" (2.050 Meter) fündig. Von hier bis zur Ötzi-Fundstelle beträgt die Luftlinie etwa 12 Kilometer.

Dem Spiegel TV-Film „Der Ötzi", ferner dem Blatt des Springer-Verlages Wien New York „The Man in the Ice, Volume 2" und dem Fachblatt Archäologie Österreichs 4/2 1993, 2. Halbjahr und 6/2 1995, 2. Halbjahr, entnehme ich folgende Hinweise von Professor Dr. Walter Leitner:

Nach einer ersten Begehung des Gebietes durch Leitner am 25. und 26. August 1992 von Vent durch das Niedertal zum Alpenhauptkamm und zurück und einer zweiten Begehung, die am 19. Mai 1993 durch Leitner und Frau Dr. Romana Fornwagner (Forschungsinstitut für Alpine Vorzeit, Innsbruck) erfolgte, wobei der mittlere und obere Ötztalbereich sowie das Venter Tal begangen wurden, stellte sich bereits am 5. Juni 1993 am „Hohlen Stein" der Erfolg ein.

Bei diesem mächtigen Felsblock handelt es sich um einen etwa 4 Meter hohen Stein, der an mehreren Seiten weit überhängt. Solche dachartigen

---

[25] Spindler, Konrad: *Der Mann im Eis*. - S. 330

Menhir an der Kaser, an dem Wege vor dem Ort Vent zur Martin-Busch-Hütte

Foto: W. Leitner. Der "Hohle Stein" im Niedertal, knapp oberhalb von Vent, in 2050 m Höhe. Bei einer archäologischen Sondage unter Leitung von Prof. Dr. Walter Leitner von der Universität Innsbruck wurden im Sommer 1993 an allen vier Seiten des Felsens Schnitte angelegt, die auf dem Foto gut zu sehen sind. Hier fand man Brandhorizonte und Silexartefakte aus dem 6. Jahrtausend v. Chr. Weitere Grabungen außerhalb der Trauflinie des Felsens erbrachten einen hohen Anteil an weiteren Silexartefakten.

Blick von Süden auf den Ort Vent und Umgebung. Der rechte Weg führt ins Niedertal und der linke ins Rofental.
Im Sommer 1994 fand man im Rahmen einer weiteren Begehung des näheren Gebietes am Eingang des Rofentals in 1950 m Höhe Oberflächenfunde von Silexartefakten. Da der Wanderweg ins Rofental über die Fundstelle führt, wurden die oberen Schichten eines mittelsteinzeitlichen Lagerplatzes kontinierlich freigetreten.

Überhänge wurden von Steinzeitmenschen als Unterschlupfe und Refugien benutzt.

Bei den Untersuchungen im Rahmen einer Oberflächensondage legte man hier bei diesen Überhängen (und darüber hinaus) vier Suchschnitte an, wobei man knapp unterhalb der abgestochenen Rasenplatten in 10-15 Zentimeter Tiefe Brandränder mit archäologischen Einschlüssen fand. Umfangreiche Funde wie aufschlußreiche Silexartefakte wurden getätigt. Darunter finden sich drei Feuersteinklingen, die aus dem 6. und 5. Jahrtausend v. Chr. stammen können. Sie sind also weit älter als Ötzi.

Leitner berichtet:

„Das Silexmaterial war von vielen verschiedenen Farbtönen geprägt und wahrscheinlich vom südlichen Kalkalpenraum eingebracht worden. Die Gerätetypen selbst lassen noch keine genauere Datierung zu, da Leitformen ausständig sind. Größe und Machart der Lamellen sprechen jedoch am ehesten für eine mesolithische Kulturperiode. Damit sind die frühesten Spuren menschlichen Aufenthalts im Ötztal bzw. im gesamten Oberinntal erstmals entdeckt.

Die Grabungen werden 1994 in größerem Umfang fortgesetzt. Ältere Kulturschichten sowie bauliche Strukturen sind zu erwarten."[26]

Auch an der Kaser, auf etwa halbem Wege von Vent zur Martin-Busch-Hütte, fanden Untersuchungen statt. Leitner beschreibt sie wie folgt:

„Die Arbeiten umfaßten eine Oberflächensondage an nicht weniger als 26 Stellen. Es waren vornehmlich Areale unter schützenden Felswänden, Findlingen, auf Hügelkuppen und markanten Felsvorsprüngen sowie auf Hangterrassen im Bereich von Hochmooren. Einen Untersuchungsschwerpunkt bildete das Areal der sogenannten „Kaser" im Niedertal auf ca. halber Wegstrecke zwischen Vent und der Martin-Busch-Hütte. Diese nur schwach abschüssig verlaufende Weidehochfläche ist heute noch Sammelpunkt für den jährlichen Almauf- und -abtrieb. Von Gras überwachsene Steinsetzungen lassen von ihrer Struktur her auf alte Stallungen schließen, deren Alter niemand genau kennt. Auch machen eine nie gefrierende Quelle, ein steinerner Thron, eine imposante

---

[26] Leitner, Walter: *Eine steinzeitliche Jägerstation im hinteren Ötztal*, in: Archäologie Österreichs 4/2 1993 (Erster Fundbericht). - S. 12

Steinsäule und eine kleine Kapelle den Ort etwas mystisch. Der Sage nach stand hier das alte Dorf Vent, und noch vor wenigen Jahrzehnten war die Kaser Ziel von Wallfahrern aus der näheren Umgebung. Eine große Felssturzhalde fächert sich heute über das Weidegebiet. Viele dieser großen Felsbrocken zeigen relativ frische Brüche und waren vielleicht Anlaß für die Auflassung der alten Baulichkeiten. Die Schutzwände alter, von Flechten überwachsenen großen Felsbrüchen, aber auch weitere indizielle Stellen, wie Felsnischen, Geländemulden und kleine Kuppen auf der Kaser waren Ziel unserer Sondagen, brachten aber leider nicht den erwarteten Erfolg."[27]

Dagegen brachten weitere Grabungen am „Hohlen Stein" außerhalb der Trauflinie einen hohen Anteil an Silexartefakten zutage, wobei sich ein klarer mikrolithischer Trapezhorizont herausstellte, der als Leitform bezüglich des 6. Jahrtausends v. Chr. angesehen wird. Es handelt sich bei dem „Hohlen Stein" um eine sehr häufig genutzte mesolithische „Jägerstation", an der der steinzeitliche Transitweg der Händler vorbeiführte.

Schon im Sommer 1994 konnten in rund 500 Metern Luftlinie vom „Hohlen Stein" entfernt, am Eingang des Rofentales, in circa 1.950 Metern Höhe Oberflächenfunde von Silexartefakten getätigt werden.

Da über diese Stelle der Wanderweg ins Rofental führt, wurden hier die schützenden Schichten kontinuierlich weggetreten. Wie Leitner weiter berichtet, setzten sich die dabei an den Tag geförderten Funde aus Lamellen, Pfeilspitzen, Kratzern, Trapezen und Restnuklei zusammen. Bei dem Rohstoffmaterial handelt es sich um Hornstein und Radiolarit, sowohl aus östlichen als auch aus südlichen Lagern der Alpen. Es handelt sich auch um jenes Feuersteinmaterial, das weit später von Ötzi benutzt wurde und aus den Silexlagerstätten des Monte Lessini stammt.

Bei weiteren Grabungen an dieser Fundstelle am Eingang des Rofentales wurde eine Feuerstelle angeschnitten. In den verkohlten Schichten wurde eine auffällige Anhäufung von Bergkristallartefakten festgestellt. Wahrscheinlich hat man das Material erhitzt, um es besser verarbeiten zu können.

---

[27] Leitner, Walter: *Der „Hohle Stein" - eine steinzeitliche Jägerstation im hinteren Ötztal, Tirol*, in: The Man in the Ice, Wien/New York. - S. 233

Leitner kommt zu dem Rückschluß, daß es sich bei dieser Freilandstation vielleicht um einen Silexumschlagplatz im Sinne einer kleineren Verschleißstelle für „Silexbedarf" während der Jagdperiode gehandelt habe:

„Am Zusammenlauf zweier Hochgebirgstäler (Nieder- und dem Rofenertal), wo sich die Jägergruppen vor und wohl auch nach erfolgter Jagd versammelten, würde eine entsprechende Station zweckdienlich erscheinen. Für den zeitlichen Horizont des 6. Jahrtausends v. Chr. können in erster Linie die mirkolithischen Trapezformen herangezogen werden."[28]

Da man hier von Jäger*gruppen* ausgehen muß, kann man wohl auch folgerichtig von Personenanhang*gruppen* ausgehen, die aus Frauen, Kindern und alten Leuten bestanden und zu den Jägern gehörten. Sie werden in der näheren Umgebung gelebt haben.

Wenn im 6. Jahrtausend v. Chr. das Gebiet bei Vent schon so intensiv für die Jagd genutzt wurde, dann mag das zumindest auch für den Ausgang des 4. Jahrtausends, in dem Ötzi lebte, zutreffend gewesen sein. Seit Beginn des 4. Jahrtausends wurden die Menschen seßhaft. Es war die Zeit der Landnahme: Sie bauten Häuser. Viele Jahrhunderte vergingen bis zur Zeit Ötzis, so daß damals auch in diesem Gebiet kleine Steinzeitsiedlungen sehr wahrscheinlich werden. Händler werden das Silexmaterial, das aus den Lagerstätten des Monte Lessini östlich vom Gardasee stammt, vor sehr vielen Jahren vor Ötzi hierher gebracht haben, um damit den Bedarf der mittelsteinzeitlichen Jäger zu decken. Zu Ötzis Zeiten wird das nicht anders gewesen sein. Es führte hier ein jahrtausendealter Handelsweg durchs Schnalstal, Niedertal, Venter Tal und weiter durch das Ötztal ins Inntal bis ins heutige Allgäu.

Das Ötztal und das anschließende Venter Tal waren also erwiesenermaßen schon im 6. Jahrtausend, und damit weit vor Ötzi, zumindest ein Handelsweg quer durchs Alpengebiet. Dabei, und auch später zu Ötzis Zeiten, sind den Händlern sicher nicht die erzhaltigen Steine und Erzausbisse in dieser Gegend verborgen geblieben.

---

[28] Leitner, Walter: *Eine mesolithische Freilandstation im Rofental*, in: Archäologie Österreichs 6/2 1995. - S. 223

Zu Beginn der Kupferzeit mögen Händler anfangs unbewußt in der Rolle als Prospektoren dieses Wissen weiter nach Norden getragen und damit Leute begeistert haben, hier im Alpengebiet Kupfer zu gewinnen und zu verarbeiten. Denn auch die Händler sahen später darin neue Geschäfte, wenn sie die begehrten Fertigprodukte aus Kupfer ankauften und in südlichen Gebieten wieder verkauften. Als man im nördlichen Alpengebiet die Kupfergewinnung und seine Weiterverarbeitung um ca. 3500 v. Chr. übernahm, nachdem das hierfür erforderliche Wissen aus dem Orient zu uns gekommen war, wo man schon seit mindestens 4300 Jahren v. Chr. Kupfer verarbeitete, drängte es diese Leute ganz natürlich auch in einsame Alpentäler mit Kupfererzvorkommen.

Im Neolithikum muß nicht nur mit ausgedehntem Fernhandel, sondern auch mit Stammes- und Kulturwanderungen gerechnet werden. Es ist doch vorstellbar, daß Ötzi so ins Alpengebiet gelangte. Es spricht bisher nichts gegen diese Hypothese.

Auch die Fähigkeit, Randleistenbeile herzustellen, spricht eher für einen Ursprung im Norden. Denn zu Ötzis Zeiten wurden hochwertige Kupfergegenstände vom Norden her über die Alpen in den Süden gehandelt, wo sie sehr begehrt waren.

Außerdem sprechen gentechnische Untersuchungsergebnisse für eine Abstammung Ötzis aus dem Nordeuropäischen Raum bis hin ins Alpengebiet.

Die perfekte Kürschnerarbeit seiner Fellbekleidung, wie zum Beispiel die Nähte im Überwendlingsstich, deren Genauigkeit einen glauben läßt, es sei Maschinenarbeit, spricht eher gegen eine Abstammung aus dem südlichen Raum des Alpenvorlandes, weil man in der warmen südlichen Gegend solche Fellbekleidung kaum nötig gehabt hätte. Solche Fähigkeiten, wie sie zur Herstellung dieser hochwertigen Fellbekleidung erforderlich waren, erwirbt man nicht von einen Tag auf den anderen. Sie haben sicher eine gut fundierte Basis, die man nur haben kann, wenn man sich häufig mit der Herstellung und Verarbeitung solcher Materialien beschäftigt. Auch die Fähigkeit und der Wille, Megalithbauten zu errichten, spricht für Leute, die ihren Ursprung eher im Westen bzw. Nordwesten hatten. Das könnte wiederum auch die nördliche Herkunft des Gletschermannes bestätigen, die durch die DNS-Analyse noch unterstrichen wird.

Ötzi allein hätte den Steinzeitbau aus großen unbehauenen Steinen nicht errichten können. Folglich mußte eine größere Menschengruppe mit ihm gekommen sein.

Die ersten Megalithbauten wurden in der ersten Hälfte des 5. Jahrtausends an der Atlantikküste errichtet. Die Bretagne, von den Galliern „Armor, das Land auf dem Meer" genannt, spielte dabei eine herausragende Rolle.

Der Tumulus von Dissignac westlich von Saint Nazaire und der am besten erhaltene Grabhügel, der Tumulus von Kercado bei Carnac, gelten als Beweise für die erste große ansehnliche Architektur, die man je in Europa zustande gebracht hat. Der Cromlech des Tumuli von Kercado wird von den ältesten Menhiren gebildet. Dem Tumulus von Dissignac mit seinen zwei Eingängen wird ein Alter von ungefähr 6.000 Jahren vor den Galliern zugesprochen, was ich bezweifele. Der Tumulus von Kercado bei Carnac wurde mit Hilfe der Radiokarbonmethode auf die Zeit von 4500 bis 4800 v. Chr. datiert.

Andere Dolmen dieses armorikanischen Gebietes um Carnac sind etwas jünger, wie der Dolmen des „Pierres Plates" mit seiner Entstehung um 3000 vor Christus. Der „Table des Marchands" (Tafel der Händler) wird mit einem Alter zwischen 4500 bis 3500 v. Chr. angegeben. Der Dolmen von Kermario zwischen 4500 und 4000 v. Chr. liegt im Südwesten der Steinalleen von Kermario. Er kann damit bis zu 1400 Jahre älter sein als Ötzi. Der Dolmen des „Pierres Plates" paßt in etwa in Ötzis Zeit. Auch diese letzten beiden Dolmen wurden als rein megalithische Konstruktion aus unbehauenen Steinen erbaut, wie der Megalithbau am Hauslabjoch. Jedoch zeigt sich ein großer Unterschied bei einem weiteren Vergleich, wobei sich beim Megalithbau vom Hauslabjoch ein anderer Sinn und Zweck abzeichnet.

Die armorikanischen Tumuli und Langdolmen haben sehr enge und niedrige Eingänge bzw. Ausgänge, die den Übergang zwischen der Welt der Lebenden und der Toten, also zwischen dem Diesseits und Jenseits symbolisch ermöglichen.

Die Theorie von der Wiedergeburt wird durch die Anordnung und Richtungsgebung der Eingänge und Flure, die hier *alle* sorgfältig nach Südost weisen, unterstrichen. Denn diese südöstliche Richtungsorientierung zu der aufgehenden Sonne zur Zeit der Wintersonnenwende, vom dem Punkt also, wo sie täglich stärker beginnt, der winterlichen Zeit neues Leben und Gedeihen folgen zu lassen, sollte so den Verstorbenen in den Dolmen ebenfalls zu neuem Leben verhelfen. Ich kann mir aber auch gut vorstellen, daß hier in der Bretagne zu diesem Zeitpunkt Zeremonien in den Dolmen abgehalten wurden. Unabhängig davon weisen Eingänge von steinzeitlichen Steinbauten in den südöstlichen Pyrenäen auch in südöstliche Richtung.

Die armorikanischen Menhire zeigen sich in vier andersartigen Funktionen, über deren Sinn erheblich gestritten wird. Sicher ist, daß es sich bei allen Menhiren um religiöse Monumente handelt.

Die Steinreihen von Carnac mit ihren circa 4.000 Menhiren, die heute noch stehen, stellen nur einen kleinen Abglanz der einstigen Vollkommenheit dar.

Sie sind mit einem Alter von etwa 3000 Jahren v. Chr. wesentlich jünger als die meisten dortigen Dolmen. Heute erstrecken sich die Steinreihen über eine Länge von circa 4 Kilometern. In ihrer damaligen Vollständigkeit sollen sie ein Gebiet von gar 8 Kilometern Länge beansprucht haben. Diese Steinreihen wurden schon mehrfach unterschiedlich gedeutet.

Zur Zeit gehen Vermutungen dahingehend, daß diese Alignements in bezug auf Sonnenwende, Tag- und Nachtgleiche, Landwirtschaft und Viehzucht stehen. Ich habe da eine andere Hypothese anzubieten:

Da die granitigen, unbehauenen Menhire im mittleren Gebiet ihrer Aufstellung eine Höhe von 4 Metern und vereinzelt bis zu 7 Metern erlangen und die in Fortsetzung von hier vorhandenen Menhiren in beiden Richtungen allmählich immer kleiner werden, wobei die letzten Steine, die noch stehen, gerade noch 60 Zentimeter Höhe erreichen, könnte es sich bei dieser Großanlage um eine symbolische Darstellung des Werdens und Vergehens der Menhire (Menschenleben) und ihrer Clans (Steinreihen) handeln, wobei das Alignement der längsten Steine den Zenit des Lebens darstellen könnte. Die Alignements der kleinen Menhire, die fortlaufend durch größere Menhire abgelöst werden, versinnbildlichen die Entstehung der fleischlichen menschlichen Körper aus dem Schoß der Mutter Erde. Vom Mittelfeld der großen Steine in fallender Höhe zeigt sich symbolisch der allmähliche Zerfall des irdischen Körpers und seines Eingangs zurück in den Schoß der Mutter Erde, das Totenreich. Nur die Seelen existieren weiter.

Hier handelt es sich wahrscheinlich um eine Heilslehre, die diese Taten ermöglichte, denn nur sie vermochte solche Anstrengungen zu bewerkstelligen, indem jeder Einzelne seine Arbeiten an den Kultanlagen als seinen Zugang zu einem ewigen erhöhten Leben ansah. Die Megalithgräber betrachteten die Menschen als den Schoß der Erdenmutter des Totenreiches, aus dem sie sich in mystischer Wiedergeburt Unsterblichkeit versprachen.

Im Gebiet des Morbihan bei Carnac findet man die größten Menhire der Welt, wie den wieder aufgerichteten Giganten du Manio bei Kerlescan mit 6,45 Metern Höhe und den größten aller Menhire, den granitigen „Feenstein" „le Grand Menhire Brisé" mit einer Länge von 20 Metern und einem Gewicht von etwa 342 Tonnen, der umgestürzt und in vier Stücke zerbrochen, auf der Erde liegt, direkt neben dem „Table des Marchands" bei Locmariaquer.

Ganz besonders muß das Museum de Préhistoire J. Miln et Z Le Rouzic - 10, Place de la Chapelle - in F-56340 Carnac hervorgehoben werden. Ein Besuch vervollständigt erst den Eindruck, den man durch Betrachten der unwahrscheinlich vielen Zeugen aus der Megalith-Kultur in diesem Gebiet von Carnac erhält, da hier reichhaltiges Ausgrabungsmaterial aus den meisten Dolmen ausgestellt wurde. Aber auch aus der Epoque Romaine wurden hier viele schöne Gegenstände zur Ausstellung gebracht. Ein Besuch dieses Museums wird zum unvergeßlichen Erlebnis und ist auch deshalb zu empfehlen.

Hier in der Bretagne wird jedem Zweifler sehr gut demonstriert, zu welchen unglaublichen Leistungen und Fähigkeiten Menschen gelangen, wenn sie aus kultischen religiösen Motiven handeln. So wird auch der Megalithbau am Hauslabjoch und Ötzis Aufenthalt dort verständlich.

In ihrem Buch „Die Megalith-Kulturen" verweist Sibylle von Reden auf den Zusammenhang zwischen religiöser Motivation und architektonischen Leistungen:

Bild 1 zeigt den Dolmen
de Kermario (Carnac),
der am südwestlichen
Rand des Alignements de
Kermario liegt.
Die Zeit seiner Entste-
hung liegt zwischen
4500 und 4000 v. Chr.

Bild 2 zeigt die Rück-
seite des Dolmens de
Kermario.

Bild 3 zeigt den grü-
nen Hügel Saint Michel
in Carnac, bei dem es
sich um den größten
Tumulus handelt, der je
gebaut wurde.
Auf dem Tumulus befin-
det sich heute eine Kirche,
die ihm den Namen gab.

Auf dem Tumulus steht
ein Kreuz, das auf einem
hohen Steinsockel thront.

Erst ab etwa 700 n. Chr.
wurden in der Bretagne Kreuze in dieser Art aufgestellt.

1

Bild 1 zeigt die Quadrilatère du Manio (Carnac) mit einer Länge von ca. 45 Metern und einer Breite von ca. 10 Metern. Sie wird von vielen kleinen Menhiren gebildet. Die östliche Umfriedung ist abgerundet. Hier handelt es sich um eine Kultfläche bzw. um eine Grabanlage.

2

Bilder 2 und 3 zeigen die Steinreihen von Kermario (Carnac). Sie stellen u.a. die Reste der prähistorischen Gesamtanlage der Alignements du Menec, Kermario und Kerlescan (Carnac) dar, von deren ursprünglicher Gesamtlänge von etwa 8 km noch etwa 4 km mit ca. 4000 Menhiren bestehen. Die Gesamtrichtung verläuft etwa von Südwest nach Nordost.

3

1

Bild 1 und 2 zeigen den Grand Menhir Brisé von Locmariaquer, der nur einige Meter entfernt vom Tumulus d'Er Grah und des Table des Marchand, in vier Stücke zerbrochen, am Boden liegt.
Mit seiner Länge von 20 Metern und seinem Gewicht von 342 Tonnen stellt er den größten aller Menhire dar.
Er erreicht zwar nicht die Höhe der ägyptischen Obeliske, übertrifft sie aber bei weitem an Gewicht. Er hat beinahe das doppelte Gewicht des Obelisken der Cleopatra, der bekanntlich nach London "entführt" wurde.

Bild 3 zeigt den wiederaufgerichteten "Gigant du Manio" mit einer Höhe von 6,45 Metern.

3

2

Bild 1: Tumulus d'Er-Grah stellt einen 140 Meter langen und 50 Meter breiten Dolmen dar, der fast ganz zerstört ist.

Bild 2: Table des Marchand (Tisch der Händler) steht südlich vom d'Er-Grah in Locmariaquer. Vor einiger Zeit sah er wie ein Riesentisch aus, da der Tumulus fast in halber Höhe fehlte. Die Tischplatte, 2 Meter dick, 4 Meter breit und 7 Meter lang, stand in 3 Meter Höhe nur auf wenigen Standsteinen. Der Rest des Tumulus wurde wieder völlig hergestellt.

Bild 3 zeigt das eingravierte Beil auf der Unterseite der Tafelplatte.

Bild 4 zeigt den spitzbogigen hinteren Stein, der die Tafelplatte in nordwestlicher Richtung stützt. Auf ihm findet man u.a. mehrere Darstellungen von Hackenstäben.

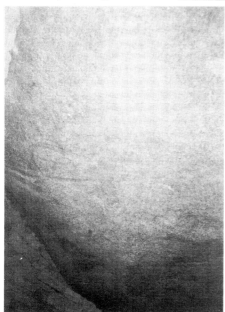

Bild 1: Der Dolmen von Kercado (Carnac) liegt in der Schloßanlage von Kercado. Sein Alter nach der C 14-Methode beläuft sich auf 4800 bis 4500 vor Christus (4670 v. Chr.). Die Kammer mißt 2,90 Meter Länge, 3,20 Meter Breite und 2,50 Meter Höhe. Der Tumulus hat einen Cromlech aus Menhiren. Zum Tumulus gehört ein Malstein (Menhir indicateur) im östlichen Teil und der Menhir, der in der Mitte auf dem Tumulus steht.

Bild 2 zeigt den Deckstein mit einer Zeichnung, die ähnlich erscheint wie die Darstellung auf dem Deckstein von Dissignac.

Bild 3 zeigt den Deckstein vom Gang her.

Bild 4 gibt einen Eindruck vom Zugang zur Kammer des Tumulus.

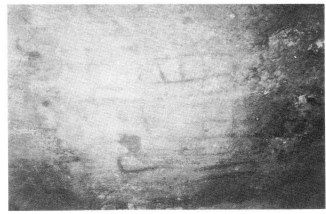

Bild 1: Tumulus von Dissignac, westlich von Saint Nazaire, hat zwei Kammern, zwei niedrige Gänge, die den Übergang zwischen der Welt der Lebenden und der Toten ermöglichte. Die Eingänge der Flure zeigen genau in Richtung der aufgehenden Sonne bei Wintersonnenwende.

Bild 2: Der Deckstein der westlichen Kammer (links) zeigt ein Beil und eine ähnliche Darstellung wie auf dem Deckstein des Tumulus von Kercado (Carnac).

Bild 4: Stein in pahlerischer Architektur, worauf sich Darstellungen befinden (östliche Kammer).

Bild 3: Die bienenkorbartige Innenraumdecke ist typisch für diese alten Tumuli, hat sich aber in der Bretagne als Konstruktionsprinzip nicht gehalten.

Bild 1 zeigt den Eingang des Dolmen du Mané Lud am Nordrand von Locmariaquer.
Die Deckenplatte, 0,5 m dick, 9 m lang und 5 m breit, deckt die viereckige Kammer ab. Eine den ganzen Raum füllende Bodenplatte liegt vor einen Spitzstein mit einem Schiffsmotiv; siehe hierzu Bild 2.

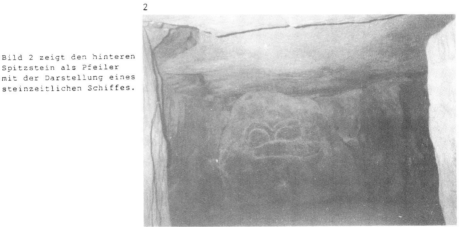

Bild 2 zeigt den hinteren Spitzstein als Pfeiler mit der Darstellung eines steinzeitlichen Schiffes.

Bild 3 zeigt die gebrochene Deckenplatte mit einer Länge von 9 Metern.

Bild 1: Dolmen des Pierres Plates südwestlich bei Locmariaquer. Länge 20 Meter. Es handelt sich hier um einen gekrümmten Langdolmen im offenen Winkel (Ellenbogengrab), der 3000 v. Chr. entstand. Im Innenwinkel zweigt ein Raum nach Westen ab. Auch im hinteren Teil wurde ein Raum abgeteilt.

Bild 2: Decksteine des Pierres Plates, die früher durch einen runden Erdhügel abgedeckt waren.

Bild 3 und 4 zeigen Ideogramme als Wandzeichnungen.

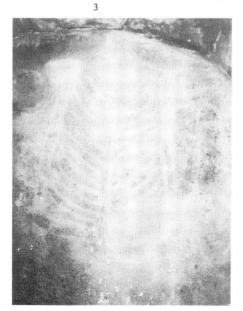

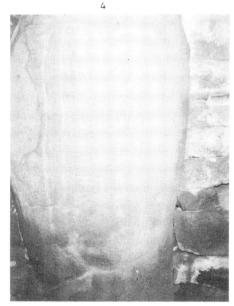

„Es kann kaum bezweifelt werden, daß die älteste monumentale Steinarchitektur Europas die Frucht einer Religion war, die ihre Anhänger zu gigantischen Anstrengungen im Dienste der Toten anspornte. In einigen ihrer Grundzüge mag die neue Lehre uralten Vorstellungen entsprochen haben. Die Idee des 'lebenden Leichnams' und eines mütterlichen Prinzips, mit dem die Erwartung einer Regeneration verbunden war, bestand in diesem Bereich schon seit unendlich langer Zeit. Die neue Heilsbotschaft aber bot wahrscheinlich eine viel konkretere Jenseitshoffnung, ein festgelegtes System von Vorkehrungen und Riten, die ewiges Leben garantierten, und in denen das dauerhafte Haus für Verstorbene eine Hauptrolle spielte."[29]

Überall, so auch in der Bretagne, findet man sehr viele Hinweise auf die besondere kultische Bedeutung des Beils. So sieht man auch in vielen Tumuli Beildarstellungen, und zwar meistens auf dem Deckstein, also über den Köpfen der Betrachter. An den Wänden der Tumuli sowie einiger Dolmen zeigen sich hier in der Bretagne verschiedene Darstellungen und unterschiedliche Motive als Ideogramme.

Am Ostende des „Fertre Allongé" von Manio bei Carnac wurden bei Ausgrabungen eines Menhirs fünf große Beilklingen gefunden, die aufrecht, mit der Schneide nach oben, in der Erde standen. Neben dem Menhir fand man eine große Platte von 3,6 Meter Länge, 1,90 Meter Breite und einer Dicke von 1 Meter, auf der man eine große Stielaxt eingemeißelt findet.

Viele solcher Beispiele, auch aus anderen Ländern, verdeutlichen den hohen kultischen Wert und Sinn, den das Steinzeitbeil beinhaltete.

Um so unverständlicher ist es mir, wie man das Beil des Ötzi lediglich als einen für seine Zeit fortschrittlichen Gebrauchsgegenstand zu deuten versucht.

Mit Sicherheit beweist dieses Beil einen kultischen Hintergrund und den religiösen Auftrag seines Eigentümers. Dies wird durch seinen gleichzeitigen Besitz des kleinen primitiven Dolches noch stark unterstrichen. Würde es sich, wie schon an anderer Stelle dieses Buches erwähnt, bei dem Beil um einen normalen Gegenstand des täglichen Gebrauchs handeln, hätte Ötzi sicher auch einen Dolch mit Kupferklinge besessen. Da außerdem die

---

[29] Reden, Sibylle von: *Die Megalith-Kulturen.* - S. 220

Kupferklinge seines Beils kaum Gebrauchsspuren zeigt, wird auch hierdurch der kultische religiöse Sinn des Gegenstandes und des Auftrages seines Besitzers verdeutlicht.

Zur Zeit Ötzis blühte auch bereits auf Malta und Gozo eine beeindruckende Megalith-Kultur. Unter dem Einfluß der Glockenbecher-Kultur verbreitete sich der Brauch unter anderem vereinzelt bis ins Alpengebiet. So sind die Megalith-Kulturanlage und der Platz der Begräbnisse von Aosta mit einer Entstehungszeit um 2700 vor Chr. zu nennen.

Im schweizerischen Wallis, im Rhonetal, wurde in Sitten-Petit-Chasseur unter anderem ein Megalithgrab freigelegt, vor dem zwei Stelen standen.

Die an Ort und Stelle am Alpenhauptkamm liegenden großen Steine und Steinplatten aus einer Mittelmoräne boten sich geradezu für die Erstellung eines Steinbaues an. Da bleibt nur die Frage, warum man in diesen unwirtlichen Höhen einen solchen Steinbau errichtet hatte, der obendrein nur in den Sommermonaten benutzt werden konnte.

Genau dieser Punkt läßt sich nicht mit unserem rationellen, gegenwartsbezogenen Denken und seinen Erklärungsmustern entschlüsseln. Ohne uns die Mühe zu machen, uns ein klares Bild der damaligen Kulte und rituellen Bräuche zu verschaffen, reden wir in einer unfaßbaren Art und Weise über die wirklichen Gegebenheiten hinweg, indem man nur von den täglichen, praktischen Dingen wie dem Betreiben von Ackerbau und Viehzucht, der Jagd und der Herstellung von Waffen und anderen Gegenständen spricht und berichtet.

Ich gewinne immer stärker den Eindruck, daß so manchen Zeitgenossen die Kulthandlungen der Steinzeitleute peinlich berühren, da sie wesentlich stärker das damalige Leben beeinflußten, als es ihnen recht zu sein scheint.

Es ist schon erstaunlich und beängstigend, wie ich meine, mit welcher Mühe und Ausdauer man versucht, ob bewußt oder unbewußt, kultische und rituelle Bräuche aus dem Leben des Gletschermannes zu verbannen. Fakten, die auf solche steinzeitliche Aktivitäten deuten, pflegt man sehr phantasievoll mit gegenwartsbezogenen Erklärungsmustern entschärfen zu wollen. Warum geschieht das? Angst vor der Inquisition, indem man von der großen Vergangenheit des Heidentums berichtet, wird es doch wohl in der heutigen

Zeit nicht sein. Oder befürchtet man, die Fundstelle könne gar ein Wallfahrtsort werden? Wohl kaum. Oder geschieht es aus Unkenntnis?

Sibylle von Reden sagt zu dieser einseitigen Betrachtungsweise vieler Zeitgenossen ein klares Wort:

„Wer diese Male nur als Zeugnisse von Gesellschaftsstrukturen betrachtet, die voneinander unabhängig an verschiedenen Orten mehr oder weniger gleichzeitig entstanden sind, vergißt, daß der Mensch zu allen Zeiten durch irrationale Motive zu seinen größten Anstrengungen inspiriert wurde. Der namhafte britische Archäologe Christopher Hawkes wies 1974 (ANTIQUITY XLVIII) seine Kollegen mit Recht auf die bedenkliche Vernachlässigung und Unterbewertung religiöser Aspekte der Vorgeschichte durch die Forschung der letzten 20 Jahre hin und betonte, daß '....im Geist des Menschen der Frühzeit das Materielle und das Übernatürliche noch nicht getrennt waren', und daß auch der prähistorische 'Handel' stark religiös motiviert war."[30]

Immerhin gelang der Durchbruch zu einer sachlichen Beschäftigung mit urzeitlichen Funden erst ungefähr Mitte des 19. Jahrhunderts in Frankreich. Also ist das wissenschaftliche Studium auf diesem Gebiet erst etwa 150 Jahre alt.

Der schwedische Bischof Usscher berechnete im 17. Jahrhundert das Alter der Menschheit nach den Genealogien der Söhne Adams, so wie im Buche Genesis davon berichtet wird. Er kam zu dem Ergebnis, daß Gott im Jahre 4004 v. Chr. die Welt erschaffen habe. Danach ging ein Bibelforscher noch einer genaueren Datierung nach, mit dem Ergebnis, daß der Schöpfungsakt genau am 23. Oktober um 9.00 Uhr morgens im selben Jahr stattgefunden hatte.

Bis ins 19. Jahrhundert blieb dieser bischöfliche Kalender für die Christen maßgebend. Spekulationen darüber, ob die Menschen länger auf Erden existierten, wurden als vermessen angesehen. Gewisse Sekten halten den bischöflichen Kalender heute noch in Ehren.[31]

---

[30] Reden, Sibylle von: *Die Megalith-Kulturen.* - S. 24
[31] Vgl. Reden, Sibylle von, a.a.O., S. 11

All das wird uns in unserer heutigen aufgeklärten Zeit nicht daran hindern, ohne Wenn und Aber die große kultische Bedeutung der Megalithbauten hervorzuheben.

Wenn man sich also am Alpenhauptkamm in der damaligen Jungsteinzeit veranlaßt sah, in solchen Höhen in Eis und Schnee einen Megalithbau aus unbehauenen Steinen zu errichten, die, wie gesagt, an der Stelle reichlich vorhanden waren, impliziert dies mit Sicherheit einen kultischen Hintergrund.

Bauten für kultische Zwecke wurden in der Zeit der Megalith-Kulturen nun einmal als Steinbauten errichtet, womit auch dem kultischen Status des Gletschermannes, der hier im Sommer diesen Steinbau bewohnte, entsprochen wurde.

Die damaligen Leute hätten einen solchen Bau für keinen anderen praktischen Zweck errichtet. Dies mag auch zutreffend sein für die Unterbringung ihres Mannes, der nach ihrer Meinung mit besonderem Status ausgestattet war.

Man wird natürlich wieder versuchen, diese Sicht der Dinge zu zerreden.

Jedenfalls hat man den Bau in günstiger Lage direkt an einer Übergangsmöglichkeit des Hauptkamms angelegt. Damit war dieser Bau auch wegemäßig gut zu erreichen.

Ich befürchte, daß man ohne stärkere Berücksichtigung kultischer Belange in der Ötzi-Biographie kaum der Wahrheit näher kommen wird. Man wird wohl kaum den Hergang und die Umstände aufklären können, die mit dem Leben von Ötzi zu tun hatten, insbesondere diejenigen, die zu seinem frühen Tode geführt haben.

Der Tod in den Bergen ist auch heute nichts Ungewöhnliches. Trotz modernster Ausrüstung verunglücken im Durchschnitt 200 Bergsteiger jährlich. Sie kommen aber in den seltensten Fällen durch Erfrieren zu Tode.

Ein Steinzeitmann wie Ötzi, der es gewohnt war, im Hochgebirge unter Minustemperaturen bei Wind und Wetter zu überleben, hätte sich so nicht verhalten, wie er es kurz vor seinem Tode praktizierte, wenn er nicht mit Absicht seinem Leben ein Ende setzen wollte.

Unabhängig von der Existenz des Steinbaues in seiner unmittelbaren Nähe, hätte er diese Art von Ruhehaltung nicht eingenommen. Anstatt sich auf den gefrorenen Boden zu legen, hätte er, um etwas ruhen zu können, sich höchstens in die Hocke gesetzt. Denn er wußte genau, daß er, wenn er sich auf dem vereisten Boden ausstrecken würde, in kürzester Zeit am Boden festfrieren würde. Siehe Skizzen 1, S. 158, 2, S. 97 u. 5, S. 157.

Auch der zu erwartende Schmerz, der sich, hervorgerufen durch gebrochene Rippen, beim Einnehmen einer flachen Seiten- oder Rückenlage einstellt, hätte ihn eher zu einer hockenden Ruhestellung veranlaßt. Auch sein Cape hätte ihm in der hockenden Ruhestellung guten Witterungsschutz geboten und ihn vor allzu großem Wärmeverlust bewahrt. Abgesehen davon, kommt jetzt die Existenz des von mir gefundenen Steinzeitbaues dazu, worin er wettergeschützt hätte ruhen können.

Da er sich außerhalb seiner Behausung, jedoch in deren unmittelbaren Nähe, auf den vereisten Boden oder gar mittags in den von der Sonne des ausgehenden Sommers aufgetauten nassen Untergrund gelegt hat, unterstreicht aufs schärfste die Suizidtheorie. Allein die unmittelbare Nähe der Fundstelle zu seiner Behausung läßt wohl keinen Zweifel mehr aufkommen, daß es hier nicht um einen „Zufallstod" gehen kann.

Auch die, zu seinem Körper zwischen 80 und 60 Zentimetern erhöhten Deponien 1 und 2 seiner abgelegten Gegenstände, die zusammen mit seinem ruhenden Körper als dritte Deponie die Form eines spitzwinkligen Dreiecks bildete, unterstreicht dies unmißverständlich. Das Dreieck hatte damals sicher kultische Bedeutung. Die ordentliche Ablage des Beils und der Rückentrage, ferner der in einer steilen Felsrinne schräg angelehnte Bogenstab, lassen seine wohlüberlegte Handlungsweise erkennen.

Angesichts der Tatsache, daß er diese Gegenstände korrekt abgelegt hat, sehe ich keinen logischen Grund, warum er nicht auch den Köcher dort bei der ersten Deponie abgelegt hat, wenn er, wie Spindler schildert, völlig ermattet Ruhe gesucht habe. Siehe Skizze 3, S. 161.

Da der Tragegurt des Köchers fehlte, konnte er ihn nicht über seiner Schulter getragen haben. Würde er ihn in der Hand getragen haben, hätte er ihn bei der ersten Deponie abgelegt. Sollte er den Köcher auf seiner Trage transportiert haben, hätte er ihn gewiß darauf belassen, es sei denn, er wollte mit Absicht durch die etwa sieben Meter entfernte Ablage dieses Köchers eine zweite Deponie schaffen, die zusammen mit der ersten und seinem Körper als dritte Deponie diese Dreieckposition bilden sollte.

Wenn er der Nachwelt auf diese Art keine Hinweise übermitteln wollte, hätte er alle Gegenstände direkt neben seinem Körper abgelegt oder sie in seiner Behausung gelassen.

Um seinen Status zu unterstreichen, hat er absichtlich einen halbfertigen Bogen und unbrauchbare Pfeile abgelegt. Durch die steile Schrägstellung des grob behandelten Bogenstabes schaffte er die Möglichkeit, daß dieser Gegenstand in späteren Zeiten bei niedrigem Eisstand als erster die Aufmerksamkeit vorübergehender Leute erwecken konnte, da er während einer Wärmeperiode zuerst aus dem Eis ragen würde. Die grobe Bearbeitung hätte sicher jedem Betrachter klar vor Augen geführt, daß es sich hier um einen von Menschenhand bearbeiteten Holzstab handelt. Dieser Fund sollte zu weiteren Nachforschungen anregen.

Hätte Ötzi beabsichtigt, den Bogenstab und seine Pfeile zu vervollständigen, würde er gewiß in der Deckung der Felsrinne daran gearbeitet haben. Weil er dies nicht im Sinn hatte, wurde auch kein Bearbeitungsabfall in Form von Holzspänen gefunden.

Außerdem erweist sich die mitgeführte Leine als Bogensehne viel zu dick. Sie paßt nicht in die schmale Kerbe am Ende der Pfeilschäfte. Daß Bögen ohne Sehne ihren kultischen Sinn hatten, ersieht man aus einem Hinweis von Kriesch:

„In Felthurns im Eisacktal hat man in der Umgebung von Gräbern das Fragment einer Stele mit Darstellungen eines Bogens ohne Sehne, einer Pfeilspitze, eines Dolches und eines Beils, wahrscheinlich mit flacher Klinge, in einem Steinkreis entdeckt."[32]

Ferner sollte die erhöhte Lage der deponierten Gegenstände dazu beitragen, daß diese Sachen bereits gefunden werden können, *bevor* sein Körper aus der sicheren Konservierung des Eises auftaucht und auftaut. So sollte der Zerfall seines Körpers möglichst lange verhindert werden, damit er der Nachwelt erhalten blieb.

Hätte er nicht an Freitod und die Konservierung seines Körpers gedacht, hätte er sich an jeder anderen Stelle, so auch in seiner Steinbehausung, zum Schlafen legen können.

---

[32] Kriesch, Elli G.: *Der Gletschermann und seine Welt.* - S. 187

Seit Ötzis Tod soll es nach Ansicht der Glaziologen trotz einiger Wärmeperioden nie mehr so warm gewesen sein, daß ein kurzzeitiges Ausapern der Mumie möglich gewesen wäre.

Selbst nach dem niedrigsten Eisstand bei seiner Auffindung am 19. September 1991 mußten nach Angaben von Spindler etwa 10 Monate später bei Nachgrabungen bereits 600 Tonnen Eis und Schnee beseitigt werden, um die Mulde völlig freizulegen.

Im Jahr danach soll diese Mulde bereits wieder randvoll mit Schnee und Eis gewesen sein. Auch wenn zu Ötzis Lebzeiten eine endende Wärmeperiode geherrscht hat, so wird auch damals nur während einer kurzen Zeitspanne diese Mulde einen so niedrigen Eisstand aufgewiesen haben, wie zum Zeitpunkt seiner Auffindung am 19. September 1991 bis zu seiner Bergung. Siehe Skizze 2, S. 97.

Durch die warmen Witterungsverhältnisse kann sie auch damals in der Steinzeit niemals ganz eisfrei bzw. eiswasserfrei gewesen sein, da die tieferen Lagen der Felsmulde, besonders im Gebiet des Fundplatzes, abflußlos sind. Bei warmer Witterung füllt das Schmelzwasser des höhergelegenen nördlichen Schneefeldes diese leicht wannenartige Mulde so weit auf, daß der Gletschermann bei seiner Entdeckung durch das Ehepaar Simon nur mit dem höherliegenden Kopf und Oberkörper aus dem Eis bzw. Eiswasser herausragte. Also bleiben hier Fragen offen.

Bezüglich der archäologischen Untersuchungsproblematik der Fundstelle im Juli 1992 berichtet Spindler:

„Das Enteisen, insbesondere der basalen Teile der Felsmulde, gestalteten sich in den tieferen Lagen, die abflußlos sind, besonders schwierig. Als Folge des makellosen, heißen Bergwetters füllten beträchtliche Mengen an Schmelzwasser von dem nördlich anschließenden, höher gelegenen Schneefeld die Felsrinne ständig wieder an. Ein Teil dieses Wassers ließ sich zwar in Plastikröhren sammeln und über das Ausgrabungsgelände hinwegleiten, zusätzlich mußte aber an der Westseite ein Kanal in den, die Mulde nach Südosten begrenzenden, Felssims geschlagen werden, damit auch das Bodenwasser abfließen konnte.

Schnee und Eis konnten mithin im Verlauf dieser zweiten Nachgrabung völlig aus der Felsrinne entfernt werden. Damit war wohl jener Zustand wiederhergestellt worden, den der Mann vor über 5.000 Jahren vorgefunden hatte, als er in der Mulde Schutz suchte. Die südöstliche Begrenzung ragt rund zweieinhalb Meter, die nordwestliche etwa drei Meter vom Boden der Rinne empor. Auf dem unregelmäßig geformten Grund liegen zahlreiche, unterschiedlich große Felsblöcke in lockerer Anordnung herum. Ein besonders großer Felsblock lagert im westlichen Teil am Südrand der Felsrinne. An ihn schließt sich eine kleinere niedrigere Felsplatte an. Auf diesen beiden Steinen ausgestreckt, mit den Beinen auf dem kleinen, mit Oberkörper und Kopf auf dem großen, dem 'Mumienstein', hatte der Mann vom Hauslabjoch den Tod gefunden."[33]

Wieso schreibt Spindler, daß, nachdem Schnee und Eis bei der zweiten Nachgrabung völlig aus der Felsrinne beseitigt waren, wohl jener Zustand wieder hergestellt worden sei, den der Mann vor über 5.000 Jahren vorgefunden habe?

Wer hatte damals den Schnee oder zumindest das Eis beseitigt, das bei Sommerhitze als Wasser diese wannenartige Rinne, damals genauso wenig wie heute, verlassen konnte und deshalb auch beim witterungsbedingten, außergewöhnlichen Zeitpunkt der Auffindung am 19. September 1991 logischerweise vorhanden war?

Damals wurde keine Abflußrinne in den Fels gehauen. Also mußte das Eis und Eiswasser von Hand beseitigt werden, das nicht über die etwas erhöht liegende nordöstliche Abflußmöglichkeit auf natürlichem Wege abfließen konnte?

Mit Sicherheit kannte Ötzi diese Stelle genau. Er wußte also, was er machte, wenn er sich denn dort hingelegt hat.

Wie aber war der Untergrund, auf dem er starb? War er ebenerdig oder war er es nicht?

Da er bei seiner Auffindung mit völlig geradem Rückgrat vorgefunden wurde, müßte er bis zum Eintreten der Gefrierstarre auf einer ebenen Fläche gelegen haben. Dies wäre in dieser Mulde sehr gut denkbar, da dort das von der Mittagssonne aufgetaute Schmelzwasser nicht vollständig ablaufen kann und danach zu einer waagerechten Eisfläche gefriert. Ötzi soll aber mit dem Oberkörper auf einem größeren Stein und mit beiden Beinen auf einem

---

[33] Spindler, Konrad: *Der Mann im Eis*. - S. 105 f.

kleineren Stein, der tief unter Eis liegt, anfangs in linksseitiger Lage, im Laufe der Zeit vom Eis in die Bauchlage gedreht, rein zufällig im Schlaf erfroren sein.

Wäre er tatsächlich in dieser seitlichen Liegeposition erstarrt, wären sein Rückgrat und seine Beine dann gerade wie ein Brett? Wohl kaum!

Selbst angenommen, die Mulde, und damit der kleinere Stein, wäre vom Eis soweit frei gewesen, würde immer noch eine Seitenlage mit völlig geradem Rückgrat und geraden ausgestreckten Beinen eine unnatürliche, sogar qualvolle und daher unwahrscheinliche Ruhestellung darstellen. Er hätte trotz Schmerzen, hervorgerufen durch seine gebrochenen Rippen, das völlig Unmögliche vollbringen müssen. Er hätte bis zum Eintritt der Gefrierstarre seines Körpers gerade wie ein Brett ausharren müssen. Diese Absurdität läßt wohl jedem Leser die Naivität der bisherigen Theorie der Todesursache Ötzis, wonach er in dieser Lage rein zufällig erfroren sein soll, plausibel werden. Da er sich wohl nicht selbst ins Eiswasser gelegt hat, fragt man sich: Wer hat folgerichtig den toten Gletschermann unter Eis gebracht? Wurde er von seinen Leuten, gerade auf dem ebenen Eisboden liegend, tot aufgefunden?

Nur wenn man ihn mit geradem Rückgrat, bedingt durch eine ebene Lage bei Eintritt seines Todes, hart gefroren *nachträglich* auf die beiden Steine gelegt hat, nachdem man an dieser Stelle, wo man am 19. September 1991 Ötzi fand, das Eis bzw. den Schnee oder das Eiswasser soweit beseitigte, daß man ihn hier kontinuierlich unter Eis oder Schnee bringen konnte, nur dann wird die Tatsache seiner verhältnismäßig tiefen Lage, mit völlig geradem Rückgrat erklärbar.

Auch die aus Gesetzmäßigkeiten der Klimaschwankungen resultierende Periodenlänge der nachfolgenden Kälte mag den Steinzeitleuten bekannt gewesen sein, da sie auf uralte Klimaerfahrungen zurückgreifen konnten. In den nordwestlichen Regionen Europas und in den Alpengebieten ging die Vereisung der letzten Eiszeit erst gegen 8300 v. Chr. zurück.

Wäre Ötzi verfolgt worden und hätte er keinen Freitod beabsichtigt, würde er niemals, auch nicht bei völliger Übermüdung, wie Spindler meint, seine Waffen, vor allem sein funktionstüchtiges Beil, einfach fallen gelassen haben, sondern hätte es fest in der Hand gehalten.

Eine weitere Merkwürdigkeit spricht gegen die Hypothese, ihm seien sein Bogen und seine Pfeile abhanden gekommen oder gestohlen worden. Wie ist dann der Umstand zu erklären, daß er zwar seinen Bogen samt Pfeilen verlor, aber nicht den alten verschlissenen Köcher? Warum führte er anschließend unter anderem darin zwei Pfeile mit sich, die erwiesenermaßen teils von einem Rechtshänder und teils von einem Linkshänder gefertigt wurden? Er hätte gewiß mit seinem Bogen und seinen Pfeilen auch den Köcher verloren. Würde man sie ihm geraubt haben, hätte man ihm auch den Köcher und das wertvolle Beil entwendet.

Die Birkenrindengefäße wollen gar nicht ins Gesamtbild des Gletschermannes passen. Sie wurden sicher von anderen Leuten zu späterer Zeit hier vergessen.

Wären es seine Gefäße gewesen, hätte er beide bei der ersten Deponie abgestellt oder im Steinzeitbau belassen. Keinesfalls würde er den größeren Behälter auf dem erhöhten Felssims, oberhalb der ersten Deponie dem Winde ausgesetzt, abgestellt haben.

Der Glutbehälter, das kleinere hölzerne Gefäß, wäre auch nicht nötig gewesen, da er in seinem Gürteltäschchen aus Kalbsleder alles, was für ein steinzeitliches Feuerzeug erforderlich ist, mit sich führte.

Wenn er nicht den Freitod gewollt hätte, hätte er, aus dem Tal kommend, auf seiner Rückentrage ausreichend Brennmaterial mitgeführt und den Glutbehälter, wenn es denn *seiner* gewesen sein sollte, dicht bei seinem Körper verwahrt.

Das zweite Birkenrindengefäß erübrigt sich als Tragegerät durch das Vorhandensein des Fellsacks auf der Rückentrage, worin er weiß Gott hätte mehr transportieren können, als es ihm beim Klettern im Hochgebirge wohl recht gewesen wäre. Den von Spindler vermuteten Flüssigkeitsvorrat in diesem größeren Birkenrindengefäß halte ich für äußerst unwahrscheinlich und den Gedanken daran für wirklichkeitsfremd. Wasser, oder auch eine andere Flüssigkeit, hätte den Behälter auf Dauer nicht nur durch sein hohes Gewicht beschädigt, sondern wäre in diesen frostigen Höhen schnellstens gefroren. Bei Plustemperaturen hätte er den mit Flüssigkeit gefüllten Behälter ganz vorsichtig in der Hand tragen müssen, damit sie nicht überschwappt, was in solchem Gelände nur sehr schwer zu bewerkstelligen wäre. Außerdem gab es genug Schnee zum Auftauen, und unterhalb von 2.500 Metern findet man im Sommer auch heute noch reichlich Rinnsale.

Da würde sich dieses große Birkenrindengefäß schon mehr zum Sammeln von Beeren und zum Transport von Körnern eignen.

Renate Spieckermann hält es für möglich, daß beide Birkenrindengefäße von Ötzis Leuten nach seinem Tode zurückgelassen wurden. Frau Christine Neuhaus aus Witten ist der Ansicht, daß mit dem großen Birkenrindengefäß die von mir beschriebene künstlich geschaffene Mulde im Eis bzw. im Eiswasser geschöpft wurde. Es handelt sich bei Birkenrindengefäßen um ideale Behältnisse für den Transport von leichten Sammelgütern im Gebirge, weil sie, im Gegensatz zu Tongefäßen, ein weit geringeres Eigengewicht besitzen und außerdem fast unzerbrechlich sind. Aber solche Sammelgüter wurden an der Fundstelle nicht gefunden.

Bei Nachuntersuchungen an der Fundstelle im Juli 1992 wurde im Eiswasser unter anderem ein Fingernagel gefunden. In seinem linken Schuh konnten drei Zehennägel geborgen werden, als man im Institut das Restmaterial des Schuhes untersuchte.

Anhand der Harris'lines haben Innsbrucker Anthropologen hochinteressante Feststellungen getätigt. Nach ihren Untersuchungen muß auf den Gletschermann während seines 12. und 17. Lebensjahres eine Vielzahl von Streßsituationen eingewirkt haben, wie im Spiegel TV-Film „Der Ötzi" zu erfahren ist.

Weitere Streßsituationen müßte er wenige Monate vor seinem Tode erlebt haben, wie Spindler zu berichten weiß. Er schließt auf ein Desaster, was Ötzi bis unmittelbar vor seinem Tod erlebt haben müsse.

Die Untersuchung des Fingernagels wurde von Dr. Luigi Capasso in Italien durchgeführt und erbrachte an Hand vorgefundener dreier „Beau Streifen" im Nagel folgendes Ergebnis: Der Gletschermann hatte in den letzten fünf Monaten drei schwierige Ereignisse durchzustehen. Dies soll etwa im vierten, dritten und zweiten Monat vor dem Tod gewesen sein, wobei der letzte Streß, mit etwa zweiwöchiger Dauer, am größten gewesen sein soll.

Wäre Ötzi als Hirte auf einer Transhumance gewesen, hätte er den ersten Streß schon vor oder beim Viehauftrieb erlebt und im nächsten Monat fortlaufend, bis hin zum beginnenden Viehabtrieb. Das würde wohl sicher nicht zu dem beschaulichen Beruf eines Hirten passen.

Im weiteren Verlauf seiner Berichte nennt Spindler nur noch das schon erwähnte Desaster zum Zeitpunkt des Viehabtriebs und direkt danach. Der Ursprung des Desasters müsse in seinem Heimatdorf im Vinschgau liegen. Danach sei er zum Hauslabjoch gegangen bzw. geflüchtet, um sich in Sicherheit zu bringen.

Hier paßt wohl etwas nicht richtig zusammen. Denn der letzte, zweiwöchige Streß soll nach Auskunft von Dr. Capasso bereits zwei Monate vor dem Tod stattgefunden haben.

Also hatte Ötzi vor seinem Tod noch mehr als eineinhalb Monate streßfrei gelebt. Er hätte in dieser Zeit sehr gut seinen Bogen und seine Pfeile vervollständigen können, was er somit bewußt unterließ!

Nach der Hypothese von Spindler kam er aber bereits nach „einigen Tagen oder Wochen vielleicht" nach dem Desaster am Hauslabjoch um. Auch hier sehe ich keine stimmige Grundlage.

Bei Ötzi ließen sich an Hand der erstellten Harris'lines Verdickungen der Beinknochen feststellen, die sich zwar auf natürlichem Wege über längere Zeit allmählich zurückbilden und so auf eine Vielzahl von Belastungen in Notzeiten und dramatischen Streßsituationen hinweisen, speziell in seiner Jugendzeit von seinem 15. bis hin zu seinem 17. Lebensjahr.

Ob es einigen Leuten paßt oder nicht, läßt sich sowohl für das Untersuchungsergebnis anhand der Harris'lines als auch für das Ergebnis der Fingernageluntersuchung eine zeitlich passende, logische Grundlage herauslesen.

Hiernach wurde er im 12. und 17. Lebensjahr auf seine spätere Aufgabe als Homumiro nach unserem heutigen Verständnis brutal vorbereitet und anschließend auf einem hölzernen Wagen ins Alpengebiet transportiert. Wenige Monate vor seinem Tod soll Ötzi unter Streß durch Unstimmigkeiten mit den Leuten aus seinem Dorf im Venter- bzw. Niederthal gelitten haben. Einige Wochen vor seinem Ende soll er sich in sein Schicksal gefügt und seinen Freitod beschlossen haben. Dazu Hickisch/Spieckernann: „Bevor das physische Ende tatsächlich eintrat, war Gris schon lange über seinen Tod hinaus."[34]

Der auslösende Faktor für seinen Selbstmord, den er schon längst beschlossen hatte, war sein Erlebnis vor dem „Höhleneingang" als er feststellte, daß seine Frau bereit war, *vor* ihm den Freitod zu suchen.

So wie für den Steinzeitbau gab es auch für fast alle seine Gegenstände eine kultische, rituelle Bedeutung. Das Beil hatte damals in der Steinzeit und auch weit später immer eine sakrale, kultische Bedeutung. Es unterstreicht die Würde und den Rang des Mannes, ähnlich wie bei uns noch vor circa 60 Jahren der Schleppsäbel, den man zur Uniform trug.

Dieses High-Tech-Produkt der damaligen Zeit symbolisierte seinen ihm zugestandenen göttlichen Status oder einfach seine Würde, desgleichen, wie ich meine, die meisten strichbündelartigen Tätowierungen an seinem Körper. Hier handelt es sich um die ältesten Tätowierungen, die je bei einer Mumie gefunden wurden. Ich halte es für sehr gewagt, solche Zeichen lediglich mit therapeutischen Eingriffen, wie zum Beispiel als Mittel gegen Rheuma und Gicht, erklären zu wollen. Das ändert auch nichts, wenn man, wie Spindler, auf eine ca. 2.900 Jahre jüngere Mumie aus Sibirien verweist, die nahe der Wirbelsäule punktartige Male aufweist, die von den damaligen Wissenschaftlern lediglich als therapeutische Maßnahmen gedeutet wurden.

Auch der Schmuck um Ötzis Hals spricht eher für eine kultische Rolle seines Trägers. Dieser Schmuck bestand aus Troddel, Quaste und einem flachen weißen Stein aus Dolomit. Außerdem hatten Schamanen oft entschärfte Jagdwaffen in ihrem Besitz. Auch Ötzi besaß keine einsatzfähigen Jagdwaffen. Deshalb muß seine Tätigkeit nicht direkt der eines Schamanen entsprochen haben. Sie kann aber in abgewandelter Form der eines Schamanen ähnlich gewesen sein, über die Spindler schreibt:

„Deshalb sollen auch entschärfte Jagdwaffen zum Fundus des Schamanen gehören. Darüber hinaus scheint aber die Tätigkeit bedeutend vielschichtiger zu sein. Sie reicht tief hinab in die Gründe der Menschen- und Tierseele und umfaßt in vielfältiger Weise die Sphäre geisterhafter Erscheinungen auf verschiedenen transzendentalen Ebenen."[35]

---

[34] Hickisch, Burkhard; Spieckermann, Renate: *Ich war Ötzi*. - S. 224
[35] Spindler, Konrad: *Der Mann im Eis*. - S. 176

Es gab sicher viele verschiedene Arten des Schamanentums. Gewiß gab es auch Fälle, wo man Spezialaufträge an ganz bestimmte Personen vergab und sie möglichst hoch auf Bergen einquartierte, damit sie, der damaligen Vorstellung entsprechend, in der Höhe intensiveren Kontakt zu bestimmten Göttern suchen konnten. Nicht von ungefähr bezeichneten z. B. auch die Menschen der Antike den Berg Olymp mit 2.918 Metern Seehöhe als Sitz ihrer Götter.

Beim Monotheismus ist es der Himmel, wo der Herrgott seinen Sitz hat. Es handelt sich also nicht nur um den Mythos einer kleinen steinzeitlichen Gruppe, die Hilfe und Beistand von oben erbat. Bis in unsere Zeit hat sich daran nicht viel geändert.

Da so viele verschiedene Anhaltspunkte bei dem Gletschermann Ötzi für eine derartig gelagerte Aufgabe sprechen, sollte man entsprechende Darlegungen von Autoren in diese Richtung ernsthaft prüfen und berücksichtigen. Wie man zu übersinnlichen Fähigkeiten im allgemeinen und zu den Aussagen von Hickisch und Spieckermann im besonderen steht, muß jeder selbst wissen. Man sollte jedoch zur Kenntnis nehmen, daß Kripo und Staatsanwaltschaft vieler Länder in sehr schwierigen und aussichtslos erscheinenden Fällen auf die Mithilfe von Personen mit übersinnlichen Fähigkeiten oft mit Erfolg zurückgegriffen haben. Hätten die ermittelnden Beamten lediglich nach rein logischen Argumenten gesucht, wäre der Aktion der Erfolg verwehrt geblieben.

Falsches Konkurrenzdenken begünstigt nicht nur Fehler in der Wahrheitssuche, sondern vereitelt auch meistens den Gesamterfolg.

Erkenntnisse aus Publikationen mit „grenzwissenschaftlichem" Ansatz werden nur schwerlich einer unvoreingenommenen Leserschaft mit einem größeren Blickwinkel verloren gehen können. Dieser Gesichtspunkt veranlaßte auch mich, meine Traumerlebnisse in mein Buch einzubeziehen.

Ich halte es für sehr bemerkenswert und natürlich, daß sich die Handlung aus meinen Träumen ganz logisch und nahtlos in die Darlegungen von Hickisch und Spieckermann einfügen läßt. Der so oft zitierte Zufall scheidet hier wohl aus; nicht nur weil er sich hier als überflüssig erweist, sondern vor allem, weil es sich bei meinen Schilderungen um erlebte, besser gesagt, wiedererlebte *Tatsachen* aus einem früheren Leben handelt und es bei den entsprechenden Passagen im vorher erwähnten Buch dann ebenso sein wird bzw. sein muß. Darum sollte man auch von offizieller Stelle diese Übereinstimmung als Beweis für die Echtheit beider Aussagen werten und hierbei von geschilderten *Tatsachen* ausgehen.

Ich habe nie Kontakte zur Esoterik gehabt, noch mich damit näher beschäftigt. Erst im Jahre 1996 wurde ich durch meine Traumerlebnisse darauf aufmerksam. Auch danach habe ich keine solchen Kontakte gepflegt.

Ich wundere mich immer wieder, daß ich auf diese Weise Geschehnisse aus der Zeit vor über 5.000 Jahren wahrgenommen habe, mit denen mir die Auffindung des Handlungsortes gelang. Hierdurch habe ich verstehen gelernt, wieso das möglich ist. Mir gibt dieses Erlebnis zudem die absolute Gewißheit, die ich nie mehr missen möchte und die mich sehr glücklich macht, daß mit dem Sterben meines Körpers für mich nicht alles endet. Mir wurde die Angst vor dem Zeitpunkt genommen, wo mein Körper seine Funktion einstellt.

Ich kenne auch die Ansicht einiger Mediziner, die Schilderungen Wiedererweckter über das Jenseits als Trugbilder bezeichnen, weil auch ohne Anzeichen von existierenden Gehirnströmen im Gehirnstamm bestimmte Ebenen weiterfunktionieren können. Auch ich habe bis Juli 1996, vor meiner Erkenntnis am Hauslabjoch, so gedacht. Als ich meine im Traum erlebte Welt dort in der Gegenwart vorfand, wurde mir klar, warum die gleichen Mediziner für Bewußtseinsenergien von Personen, die schon seit Jahrzehnten und länger tot sind, keine Erklärung finden.

Seele ist Geist und damit Energie. Energie ist umwandelbar, geht aber niemals verloren. Dies setzt für mich die immerwährende Existenz und Funktion der Seele vor und nach dem Sterben des materiellen Körpers voraus.

Da dies von einigen Wissenschaftlern angezweifelt, ja sogar bestritten wird, frage ich die Physiker und Atheisten Stefen Hawking und Richard Dawkins und den Neurobiologen Wolf Singer, Direktor des Frankfurter Max-Planck-Institutes für Hirnforschung, der als Mitglied der Päpstlichen Akademie wohl als Atheist nicht in Verdacht steht, wie es ohne Seelenleben auch nach dem Körpertod auf rein biologisch technischem Weg möglich sein soll, solche wirklichkeitsspezifischen Wahrnehmungen aus der Steinzeit, in deren Handlung ich selbst aktiv mitgewirkt habe und Teile meines Körpers gesehen habe, erleben bzw. wiedererleben konnte.

Ich stelle auch deshalb diese Frage, weil viele Biologen, so anscheinend auch die vorher erwähnten Herren, mit der Evolution des menschlichen Erbgutes auch die Psyche erklären wollen.

Genforscher behaupten, die Seele entspringe letztlich den langen Fäden, die aus Zellen extrahiert werden. Nach dieser Logik, die ich für eine Pseudoxie halte, hätte ich meine Traumerlebnisse aus der Steinzeit nur auf dem Vererbungswege, also über die Gene wahrnehmen können, und das bei einem Zeitraum von über mehr als 5.000 Jahren!

Wenn man so gesehen eine Generation mit 25 Jahren bewertet, ergibt das seit Ötzi bis jetzt nur etwas mehr als 200 Generationen. Theoretisch hätten wir aber, und zwar jeder von uns, in lediglich 1.000 verflossenen Jahren 2^{40} Vorfahren, wenn jegliche Verwandtschaft fehlen würde. Wenn man aber weiter berücksichtigt, daß alle Geninformationen der einzelnen Generationen innerhalb der Zeit von über 5.000 Jahren sich laufend untereinander vermischt haben, also von Generation zu Generation weitergegeben wurden, müßten eigentlich nicht nur alle, oder, vorsichtig formuliert, fast alle heutigen Menschen die gleichen Traumbilder erleben wie ich, sondern es müßte auch jeder von jedem einzelnen früheren Generationenmitglied alle Erlebnisse wahrnehmen können.

Das kann wohl deshalb schon nicht sein, weil ich mit meinem jetzigen Ich-Gefühl, mit Ursache und Wirkung, aktiv an der Handlung beteiligt war und mein Bein und meinen Unterarm samt Hand im Traum gesehen habe. Außerdem würde die dafür erforderliche unvorstellbar hohe Speicherkapazität, das wird wohl niemand bestreiten wollen, unsere Gene bei weitem überfordern. Ein Gen ist der milliardenste Teil eines Millimeters! Trotzdem werden auf jedem Gen-Band etwa 3 Milliarden Informationen gespeichert.

Wenn man die Existenz der Überseele in Form eines Informationsspeichers und als Auftraggeber und Überbringer dieser Informationen verneinen wollte, oder sie nicht existieren würde, wäre zusätzlich noch der Auslösungsfaktor dieser Traumerlebnisse innerhalb der Gene zu erklären, der tätig werden müßte, weit bevor sich Ereignisse, wie zum Beispiel der Ötzi-Fund, einstellen. Andernfalls hätte ich nicht ca. ein Jahr vor dem Ötzi-Fund diese Traumerlebnisse haben können.

Ich kann auch den speziellen Ausführungen von Erich von Däniken in seinem Buch „Erscheinungen" nicht folgen, die Außerirdische ins Spiel bringen.[36] Da müßten aber Milliarden Außerirdische nichts anderes zu tun haben, als für Abermilliarden Erdenmenschen seit eh und je mit überlichtschnellen Verbindungen im Unter- oder Überbewußtsein „Schwingungen" herzustellen! Meine Meinung über diesen einen Punkt bedeutet in keiner Weise eine Wertung aller anderen Hypothesen Dänikens, den ich sehr bewundere.

So kommt wohl jeder zu der Erkenntnis, daß alle Versuche, die Existenz der immateriellen Seele und Überseele, und deren Verhalten und Funktion mit der Existenz und Funktion materieller Produkte (und seien es „Außerirdische") erklären zu wollen, zum Scheitern verurteilt sein müssen.

Ich habe nicht nur Träume gehabt, die tatsächlich stattgefundene Ereignisse aus der Vergangenheit widerspiegelten, sondern auch solche, die mich zukünftige Ereignisse weit vorher erleben ließen.

So habe ich vor zwei Jahren, also im Jahre 1995, eine Fahrt durch eine mir völlig unbekannte, markante Stadt im Traum erlebt, wobei ich nicht erkennen konnte, um welche eigentümliche Stadt es sich wirklich handelte. Erst im Juli 1997 fahre ich tatsächlich durch diese Stadt, und ich wußte schon weit im voraus, wo ich abbiegen mußte und wo sich bestimmte Gebäude und Stadtteile befinden. Es war zu meinem Erstaunen die französische Hafenstadt Brest!

Solche Traumerlebnisse lassen sich nun sicherlich nicht mit den Genen und auch nicht mit Außerirdischen erklären. Woher sollten die das Wissen haben und den genauen Handlungsablauf kennen von etwas, das sich noch nicht ereignet hat?

Selbst dem größten Zweifler müßte das zu denken geben und ihn zu der Erkenntnis kommen lassen, daß hier eine höhere Kraft mitspielt, für die Vergangenheit, Gegenwart und Zukunft gleichzeitig passieren. Sonst könnte ich von dieser Kraft nicht Geschehnisse aus der Vergangenheit bzw. Zukunft in der jeweiligen von mir erlebten Gegenwart im Traum wahrnehmen. Diese Kraft ist die Überseele im zeitlosen Jenseits, das „Über-Ich", das „Höhere Selbst".

---

[36] Vgl. Däniken, Erich von: *Erscheinungen*, Düsseldorf/Wien 1980. - S. 262

Der Physiker Hans-Peter Dürr, Direktor am Münchener Max-Planck-Institut für Physik und Astrophysik gibt folgende Betrachtungsperspektive zu bedenken: „Man kann unter einem Mikroskop die Linie der Schallplatte betrachten und trotzdem nicht verstehen, daß diese Rille eine Symphonie beinhaltet, zwar in der Form, aber nicht in der Substanz."[37]

Einige Wissenschaftler wägen sich in der Lage, ab dem „letzten" Urknall vor ungefähr 15 Milliarden Jahren, in groben Umrissen den gesamten Entwicklungsablauf, der ohne Geisthilfe zu unserer heutigen Welt geführt haben soll, zu rekonstruieren.

Dabei kommen Kosmologen und Biologen zu der Erkenntnis, daß eine ungeheure Anzahl, und damit eine fast unendliche Reihung von *Zufällen* für diesen Entwicklungsablauf erforderlich waren. Ich meine: Mit dem Zufall kann man fast alles erklären. Sie kennen bereits meine Einstellung gegenüber einer derartigen Anhäufung von „Zufällen".

Wohlgemerkt, hier geht es, im Gegensatz zu der Nichtstofflichkeit der Seele, um die Entstehung und Weiterentwicklung von Materie zu lebender, sich fortpflanzender Materie seit dem letzten Urknall, also um die Entstehung und Weiterentwicklung des Lebens.

Ich würde mir auch gerne erklären lassen, warum unser Leben hier auf Erden nur aus linksdrehenden Molekülketten entstanden ist und besteht, obwohl bei unzähligen Laborversuchen stets rechts- und linksdrehende entstanden.

Links- und rechtsdrehende Moleküle können sich *niemals* miteinander verbinden, weil sie toxisch aufeinander wirken, und sich deshalb gegenseitig auflösen. Aus diesem Grunde wirkt zum Beispiel Penizillin mit seinen rechtsdrehenden Molekülketten tödlich auf Bakterien. Erich von Däniken berichtet darüber in seinem Buch „Beweise"[38] und in seinem Buch „Erscheinungen" eingehend.

Sehen Sie, das Verhalten der Molekülketten ist gewiß kein Zufall!

Wäre es den Forschern auf Anhieb gelungen, nur linksdrehende Molekülketten zu schaffen, würde das für mich auch kein Zufall sein, sondern

---

[37] Vgl. Focus Nr. 52/12.12.96 - S. 147
[38] Däniken, Erich von: *Beweise*, Düsseldorf/Wien 1980

eher ein Wunder, falls es sie geben sollte. Erich von Däniken über den „Zufall":

„Von Wahrscheinlichkeit keine Rede! Die kleinste, überhaupt denkbare *lebende* Einheit besteht aus mindestens 239 Proteinmolekülen. So ein Proteinmolekül setzt sich aber allein bereits aus 20 verschiedenen Aminosäuren zusammen und viele komplizierte Enzyme gehören auch dazu, die sich nicht nur in einer feststehenden Reihenfolge, sondern alle miteinander in linksdrehendem Zustand aneinanderketten müssen. Zufälle über Zufälle.

Die Wahrscheinlichkeit, daß sich die einfachste Zelle nur aus linksdrehenden Aminosäuren bildet, ist mit $1:10^{123}$ errechnet worden."[39]

Die Zahl sähe folgendermaßen aus: Hier ständen 123 Nullen und danach eine 1. Es läßt sich mit einer solchen Massierung von Zufällen keine angeblich hochwissenschaftliche Theorie ‚belegen'.[40]

Letztlich muß das Leben hier auf Erden irgendwie zustande gekommen sein. Nur das „Wie" können wir nicht beantworten.

Natürlich wissen wir auch nicht, ob die von Däniken erwähnte Wahrscheinlichkeitsrechnung so richtig ist. Wenn sie etwas kleiner oder größer sein sollte, ändert das nichts.

Wir bemühen uns standhaft zu ergründen, was vor etwa 5.000 Jahren, also zu Ötzis Zeiten, die Menschen bewegt und geleitet hat, wobei wir schon erhebliche Schwierigkeiten feststellen, glauben aber gleichzeitig zu wissen, wie sich das Leben vor etwa 5 Millionen Jahren weiter entwickelte, und ob die Erde vor fast 5 Milliarden Jahren bzw. das Universum durch den letzten Urknall vor 15 Milliarden entstand.

Wir befinden uns immer noch im Glauben und Denken des 19. Jahrhunderts, wo man der Meinung war, das Leben und die Welt begreifen und erklären zu können, obwohl wir gar nicht dazu in der Lage sind, dies mit unseren geistigen Möglichkeiten hinreichend zu erfassen. Dazu ein treffendes Beispiel von E. von Däniken:

---

[39] a.a.O., S. 269
[40] Vgl. Däniken, Erich von: *Beweise.* - S. 270

„So, wie die Physik allgemein die Existenz der Anti-Materie anerkennt, könnte man für eine ferne Zukunft auch eine Anti-Zeit postulieren, in der zu jeder Normal-Zeit eine Gegen-Zeit abläuft.

Dann gibt es - wie soll man es nur in den Verstand bringen? - keine Vergangenheit, Gegenwart und Zukunft mehr. Erinnerungen an die Zukunft finden heute, jetzt in diesem Augenblick statt! Der Zeitbegriff wird zum subjektiven Ablauf von Bewußtseinszuständen. Falls man in solchem Zusammenhang noch von Bewußtsein sprechen kann."[41]

Die Relativität der Zeit an sich zu begreifen und deren Existenz zu akzeptieren, fällt uns schon schwer genug.

Aber kommen wir doch wieder zum eigentlichen Thema meines Buches zurück.

Auch hier müssen wir uns in die uns eigentümlich erscheinende damalige Welt der Steinzeitmenschen versetzen, bei denen fast alle Handlungen mit kultischen Vorstellungen verbunden waren.

Wie schon berichtet, waren das Materielle und das Übernatürliche noch nicht getrennt. Selbst der prähistorische Handel war stark religiös motiviert. (Siehe meinen vorangegangenen Hinweis auf gleichlautende Aussagen des Archäologen Christopher Hawkes.)

Um den Lesern, die das Buch „Ich war Ötzi" nicht kennen, einen kurzen Überblick zwecks Vergleichsmöglichkeiten zu geben und ihnen meine weiteren Ausführungen verständlich zu machen, sei hier in einer Zusammenfassung das damalige Geschehen am Alpenhauptkamm wiedergegeben, wie es Hickisch und Spieckermann darstellen.

Die Autoren berichten u. a. auch von einer Höhle unterhalb des Berges Similaun, in der sich Ötzi in den Sommermonaten aufhielt. Ob sie damit den verschneiten Steinzeitbau gemeint haben, den ich am 19.07.1996 gefunden habe und der Renate Spieckermann vielleicht ebenfalls als Höhle erschien, oder ob es eine weitere Behausung in Form einer Höhle unterhalb des Berges Similaun gibt, entzieht sich meiner Kenntnis.

Der Gletschermann Ötzi, der in diesem Buch Homumiro genannt wird, soll, wie gesagt, von seinen Leuten mit einem hölzernen Wagen vom Nor-

---

[41] Däniken, Erich von: *Erscheinungen*. - S. 218

den her bis ins Ötztal transportiert worden sein, damit er hier am Alpenhauptkamm während der Sommermonate den Erdenwurm, den Gott des Metalls namens Nebeth, bei guter Laune halten und ihn ablenken konnte, während seine Leute der Erde Kupfererze entnahmen. Dies mag nach meiner Meinung auch an den Hängen des Marzellkamms stattgefunden haben. Die Menschen fürchteten sich, der Erde Kupfer zu entnehmen, da sie glaubten, es gehöre dem Gott Nebeth. Daher mußte ihnen durch psychologische Beeinflussung diese Angst genommen werden.

Daher wurde es von Leuten mit Einfluß in der Gruppe wie dem Schamanen Abokamma, ausführlich geplant, daß Ötzi, der Homumiro, den Bergleuten durch seine Anwesenheit und seine Gebete in der Höhe des Alpenhauptkamms diesen psychologischen Schutz bieten sollte.

Versorgt wurde Ötzi aus dem Venter Tal bzw. Niedertal. Es durfte aber nicht jeder zu ihm. Nur seine Mutter Maria, seine Frau Mirdima und zwei oder drei Jünglinge, die das Versorgungsgut trugen, begaben sich zu ihm. Außerdem besuchte hin und wieder der Schamane Abokamma den Homumiro dort oben, um ihn an seinen Auftrag zu erinnern.

Der Homumiro wird in dem Buch auch Gris, der göttliche Fuchs, genannt, weil er in Anwesenheit anderer eine Fuchsmaske vor sein Gesicht zu nehmen hatte.

Zwölf Jahre lang soll er in den Sommermonaten in einer Höhle unterhalb des Berges Similaun gelebt haben. Im Herbst zog er von dort oben ins Niedertal, in die Hütten der Bergleute, die sich wiederum vorher eine Station tiefer ins Hauptlager zurückgezogen hatten, das in dem Gebiet des heutigen Ortes Vent gelegen haben soll. Die Bergleute wurden durch den Schnee an ihrer Arbeit gehindert. Im Frühjahr, nach der Schneeschmelze, ging es wieder zurück in die Sommerposition.

Als der Homumiro (Ötzi) nach einigen Jahren merkte, daß es den Erdenwurm Nebeth wohl nicht gab, entfernte er sich immer öfter von seinem Platz und machte ausgedehnte Streifzüge. Da ihm Ötztal und Venter Tal durch seine Leute versperrt waren, trieb es ihn immer wieder ins südwestliche Schnalstal.

Er war erbost über seine Leute, die ihn nicht wieder aufnehmen wollten, nachdem er erkannt hatte, daß es den Erdenwurm nicht gab. Er soll gesagt haben: „Den Gott Nebeth gibt es gar nicht, den haben sie erfunden, aber den Gott des Lichtes, Tiobeth, den habe ich gesehen."

Zu diesem Gott entwickelte er ein intensives Verhältnis, was ihn in seiner Einsamkeit tröstete. Seine Leute im Tal, die nach Kupfer schürften, waren dermaßen erbost darüber, daß er seinen Pflichten nicht mehr nachkam, daß sie ihn sogar mit dem Tode bedrohten, falls er zu ihnen zurückkäme. Man legte ihm nahe, er solle den Opfertod in den Bergen suchen. Man versprach ihm ein neues Leben in einer Zeit des Überflusses.

Seine Frau Mirdima, zu der er trotz seiner Einsamkeit keinen körperlichen Kontakt fand, machte sich zunehmend Sorgen. Sie wußte, daß sie als seine Frau auch sein Eigentum war. Damit stand fest, daß sie, falls er den Freitod suchen würde, vor ihm würde sterben müssen. Da sie nun spürte, daß der Tag nicht fern war, wo der Homumiro den Freitod als letzten Ausweg aus seiner Situation suchen würde, versuchte auch sie, sich darauf vorzubereiten:

„MIR-DI-MA empfand die Situation ebenfalls als unerträglich. Auch sie hatte jeglichen Einfluß auf die Gefühle ihres Mannes verloren. Da sie in der körperlichen Welt keinen Zugang mehr zu Gris fand, entschloß sie sich, es von der geistigen Welt aus zu versuchen. Ihr Opfertod war nur insofern freiwillig, als sie den Zeitpunkt wählte. Ansonsten war er Teil des geplanten Ablaufs. MIR-DI-MAs Lebensweg war ausschließlich auf ihren Mann - den späteren HO-MU-MIR-O - zugeschnitten. Sie mußte vor ihm gehen, damit er sterben konnte ‚wie ein König'. Sie starb, um ihrem Geliebten von der Geistigen Welt aus nahe zu sein. Sie wollte ihm Kraft geben, damit er die ihm zugedachte Rolle weiterspielte und das Glück und den Erfolg der MIR-O-MA nicht aufs Spiel setzte. In den Augen der Metallpioniere war das Ziel seines Lebens MIR-O und niemand anders. MIR-DI-MA wußte um die enge Verbindung zwischen Gris und TI-O-BETH. Aus diesem Grund wollte auch sie dem Gott der Oberen Welt durch die Art ihres Todes nahe kommen, um ihn zum Eingreifen zu veranlassen.

TI-O-BETH sollte sich der MIR-O-MA und ihrer Schwierigkeiten mit dem HO-MU-MIR-O erbarmen und seinen Einfluß auf den Eigensinnigen geltend machen. Die tapfere Frau starb den Tod, den auf dem Johannisberg die geopferten Kinder im Genußebenenritual zu Ehren

TI-O-BETHs erlitten. Diesmal kam nur eine Person in Frage, die alles am eigenen Leib miterlebt hatte, um TI-O-BETH auch genau informieren zu können. Wir gehen davon aus, daß es MIR-DI-MAs ‚privater‘ Wunsch war, ausgerechnet den Gott des Lichtes zu erreichen, mit dem die Menschen über ihr Höheres Selbst verbunden waren. Die MIR-O-MA ließen sie gewähren, weil ihnen inzwischen jedes Mittel recht war, um den Prinzen an seine königlichen Pflichten zu erinnern. Außerdem stand der Opfertod des HO-MU-MIR-O bevor. Er machte es notwendig, daß die Frau vor ihm ging."[42]

Das Ende war, daß die Miroma, das sind die Leute, die nach Kupfer schürften, ihn, den Homumiro (Ötzi), tot auffanden. Sie rührten nichts von seinen Gegenständen an, da sie es mit Gris' Seele auf keinen Fall verscherzen wollen und durften. Sie sollen ihn einbalsamiert und 70 Jahre kontinuierlich unter Eis gebracht haben.

Wenn man vor Dingen, die man nicht sehen will, die Augen fest verschießt, wird man sie auch nicht sehen können.

Auch Buchinhalte, die diesem oder jenem Leser aus Unkenntnis nicht seriös genug erscheinen mögen, können durchaus wissenschaftlich verwertbare Wahrheitsgehalte beinhalten, die letztlich entscheidende Puzzlestücke zum Gesamtbild darstellen und den Inhalt des ganzen Bildes erst so verständlich werden lassen. Man darf bei der Suche nach der Wahrheitsfindung nicht die Gegebenheiten *unserer* Zeit zugrunde legen, sondern muß versuchen, sich in die nur schwer zu verstehenden Verhältnisse und Gewohnheiten der Steinzeitmenschen zu versetzen, wobei insbesondere deren kultische Belange und Riten zu berücksichtigen sind.

Während meiner Beschäftigung mit Ötzis Geschichte, wie Hickisch und Spieckermann sie rekonstruiert haben, stellte sich mir die Frage: Kann es sein, daß es sich bei der Frau, die, unter Rauschmittel stehend, mich in meinem Traum in die „Höhle" zog, um die im Buch erwähnte Mirdima, die Ehefrau von Ötzi gehandelt hat?

Dann könnte es auch durchaus sein, daß sie sich kurz vor ihrem Freitod befand, als sie mit mir zusammen war.

---

[42] Hickisch, Burkhard; Spieckermann, Renate: *Ich war Ötzi*. - S. 219

Ötzi kam erst morgens bei strahlendem Sonnenschein zu seiner Behausung zurück. Wo mag er in der Nacht gewesen sein? Gab es noch eine zweite „Höhle", in der er übernachtete, oder kam er von seinen Streifzügen aus dem Schnalstal zurück? Vielleicht hat er in seiner Not versucht, dort bei einer Dorffamilie Anschluß zu finden, und beabsichtigte auf diese Weise einfach abzutauchen. Er könnte dort abgewiesen und verjagt worden sein. Oder er hat sich wieder auf seine Pflichten als Homumiro besonnen und ging zum letzten Mal den steilen Weg vom Schnalstal zum Hauslabjoch empor. Von diesem Streifzug mögen die beiden Einkörner einer Kulturpflanze herrühren, die man im Fell seines Mantels fand. Als er vor seine Behausung trat, sah er, daß sich seine Frau Mirdima und ein ihm bekannter älterer Mann darin befanden. Er hielt sich deshalb in einem gewissen Abstand vom Eingang auf. Als der ihm bekannte Mann den Bau verlassen hatte, seine Kleidung vervollständigte und den Ort ohne Mirdima verließ, wußte er, was seine Frau beabsichtigte. Damit stand auch sein eigener Todeszeitpunkt fest. Deshalb behielt er seine mitgeführten Gegenstände und legte sie nicht in die Höhle. Er wird sich in die Mulde oberhalb des Steinzeitbaues zurückgezogen haben, um den gleichen vorgezeichneten Weg zu gehen, den seine Frau bereits genommen hatte.

Mirdima berauschte sich mit Pilzen, um sich diesen Weg leichter zu machen. Sie hat sich womöglich nach dem Zusammensein mit mir in der „Höhle" umgebracht oder ist umgebracht worden. Wenn dem so sein sollte, dann besteht die berechtigte Annahme, daß *ihre Mumie oder deren Rest sich noch unter den Steinen des von Gletschern zerstörten Megalithbaues befindet.*

Ich halte dies auch deshalb für gut möglich, weil solche Erscheinungen, wie ich sie im Traum hatte, keine Banalitäten aus früheren Leben bewußt werden lassen, sondern meistens ganz markante Geschehnisse, an die man gezielt erinnert werden soll.

Aber wer war ich in der Handlung? Da die Mutter des Homumiro (Ötzi) und die anderen Jünglinge nicht in meinen Traumerlebnissen erschienen, war ich wohl kaum einer von den Jünglingen.

Es kann also nur der Schamane Abokamma gewesen sein, der sich dort oben vergewissern wollte, ob alles nach Plan lief. Er war derjenige, der Einfluß auf den Homumiro hatte.

Ich habe auch daran gedacht, daß ich als Durchreisender, vom Süden kommend, kurz nach Überwinden des Alpenhauptkamms aufgehalten wurde und danach vielleicht bis ins heutige Allgäu weiterziehen wollte.

Gegen die letztere Auslegung spricht jedoch mein Gefühl, daß ich es bei der Frau und dem Mann mit guten Bekannten zu tun hatte. Dieses Gefühl wird durch den Umstand verstärkt, daß mich der mit einem Beil bewaffnete Steinzeitmann Ötzi nicht angegriffen hat. Er nahm auch keine drohende Haltung ein. Ich kann allenfalls mit einem Dolch bewaffnet gewesen sein, den ich aber in meinem Traum nicht an meinem Gürtel vorgefunden habe.

Ferner bestätigt Ötzis Verhaltensweise auch den Einfluß des Schamanen Abokamma, was außerdem durch die Einhaltung seines Abstandes von ca. sieben Metern zu mir unterstrichen wird. Außerdem führte ich kein Gepäck und keine größeren Waffen mit, weder einen Bogen noch ein Beil. Ohne Waffen wäre so ein weiter Weg durchs Alpengebiet bis in den nördlichen Voralpenraum zu gefährlich gewesen. Diese Tatsachen sprechen ganz entschieden gegen einen weiten Weg.

Als Ötzi vor mir stand und ich meine Kleidung vervollständigte, kam in mir, ohne daß ich Angst verspürte, der Wunsch auf, mich zu entfernen. Mich zog es in Richtung des nordöstlichen Tals heimwärts.

Nachdem ich mich talwärts begeben hatte und mich unterhalb vom Ort des Geschehens umwandte und niemanden mehr sah, weder die Frau noch den Mann, verspürte ich erneut den Wunsch, schnell heimzugehen. (Siehe Kapitel V, Bilddokumentation.)

Wie bereits dargestellt, hatte ich das Bedürfnis, meine Beobachtungen meinen Leuten mitzuteilen. Deshalb setzte ich den Weg in Richtung Niedertal, also nach Nordosten, fort. Diese Tatsache spricht für die damalige Existenz einer nahen Besiedlung in Form eines kleines Dorfes, zum Beispiel im Niedertal bzw. im Venter Tal. Es kommt auch das Gebiet der jetzigen Martin-Busch-Hütte in Betracht. Leider erwachte ich aus dem Traum, unmittelbar nachdem ich den Weg fortgesetzt hatte.

Nach Spieckermann und Hickisch soll Mirdima schon als Kind von vier Jahren bis zu der Zeit, wo sie Ötzis Frau wurde, bei dem Schamanen Abokamma gewohnt haben. Dieser Umstand, das besonders tiefgreifende Verhältnis zwischen Mirdima und Abokamma, mag ihn während seines

Rückweges vom Ort des Geschehens in nordöstlicher Richtung zusätzlich stark bewegt haben, so daß er ein großes Verlangen spürte, sich jemandem mitzuteilen.

Wie schon an anderer Stelle in diesem Buch kurz erwähnt, ist die Lage des Steinzeitbaues absolut deckungsgleich mit der Lage der von mir im Traum erlebten „Höhle". Durch die hohe Schneeabdeckung auf dem Bau mußte bei mir während meines Traumerlebnisses der Eindruck einer Höhle entstehen.

Bevor ich im Juli zum Alpenhauptkamm ging, glaubte ich, der „Höhleneingang" sei im Laufe der vergangenen 5.000 Jahre verschüttet oder durch Gletschereis verschlossen worden. Deshalb nahm ich einen Gegenstand mit, der an dem einen Ende als Beil und am anderen als Pickel ausgebildet ist, um eventuell nach dem Eingang suchen zu können. Vorher habe ich mich bei dem Wittener Diplom-Geologen Dr. Hans-Helmut Schultze-Westrum erkundigt, ohne auf das Ötzi-Thema einzugehen, wie man eine verschüttete Höhle oder einen Hohlraum unter Fels oder auch unter ein bis zwei Meter Gletschereis feststellen könne. So erfuhr ich, daß man etwas Derartiges mit einem Hammerschlag-Seis-MIG-Gerät finden kann. Hierbei wird eine Metallplatte dort auf den Boden gelegt, wo man den Hohlraum vermutet. Mit einem schweren Hammer schlägt man auf die Metallplatte und mißt den Weg der zurückgeworfenen Schwingungen des Bodens.

Das Wissen von der Existenz eines solchen Gerätes beruhigte mich insofern, als es jetzt einen Sinn machte, den Ort des eventuell verschütteten oder vereisten Höhleneinganges zu bestimmen. Wenn ich nach Auffinden der Stelle, wo ich die Höhle vermutete, keinen Eingang gefunden hätte, würde ich den zuständigen Geologen und Archäologen immerhin die entsprechende Stelle zwecks weiterer Nachforschungen zeigen können.

Zu meiner Verwunderung hatte ich sogar meinen Pickel vergeblich mitgebracht, den ich mit einer Kette, wie sie Dachdecker benutzen, an meinem Hosengürtel befestigt trug. Dort, wo sich der Höhleneingang befinden mußte, fand ich den Eingang des Steinzeitbaues vor. Der schräge Deckenstein lag gebrochen rechts neben dem Eingangspfosten. Eine weitere mögliche Deckenplatte liegt etwa in gleicher Richtung, etliche Meter entfernt. Der Steinzeitbau war also in der langen Zeit von über 5.000 Jahren zerstört worden.

Da nach Ansicht der Glaziologen in dieser Zeit einige Kälteperioden mit Gletscherhochständen bis zu 25 Metern über der Fundstelle von Ötzi und damit auch über dem Megalithbau, der ja etwas unterhalb dieser Fundstelle liegt, als sicher anzunehmen sind, werden, wie bereits dargelegt, Eisdruck und Gletscherschub den Steinzeitbau zerstört haben.

Da die Mulde, in der Ötzi gefunden wurde, quer zu der Fließrichtung des Gletschers liegt, schob sich dieser Gletscher langsam über die mit einer Eislinse gefüllte Mulde, in der Ötzi lag, hinweg, ohne diese Eislinse wesentlich zu bewegen. Das Gletschereis floß anfangs weiter talwärts in Richtung Nordosten zum Niederjochferner, wo es sich mit dem Eis dieses Gletschers vereinigte.

Als sich das Gletschereis in die nordöstliche Fließrichtung in extremen Kälteperioden so hoch staute, daß der Abfluß des stets nachwachsenden Eises am Hauslabjoch nicht mehr schnell genug möglich war, änderte sich die Fließrichtung des Gletschers in Richtung Südwesten.

So konnte der Gletscher Druck und Schub auf den Megalithbau ausüben, anfangs in nordöstlicher und später in südwestlicher Richtung, wodurch die Deckensteine zerstört und verlagert wurden. Auch einige Steine, die meiner Meinung nach die seitlichen Wände bildeten, wurden verschoben bzw. an der rechten Seite umgeworfen.

So erklärt sich auch die Lage des großen Deckensteins rechts neben dem Eingang des Baues. Er wurde durch das nach Südwesten fließende Eis nach rechts geschoben. Hierbei muß durch die hohe Eislast der Stein längs gebrochen sein. Die zweite Deckenplatte wurde vom Gletscher etliche Meter in Fließrichtung mitgenommen, wie auch Spindler konstatiert:

„Bei extremen Akkumulationen floß der Gletscher vom Hauptkamm über die in der Rinne erstarrte Eislinse hinweg zum Niederjochferner. Die im sanft abfallenden Gelände über der Felsmulde sicher nur mäßige Kriechbewegung des Eises verlief rechtwinkelig zur Senke und hat daher das Bodeneis nicht mitbewegt. In der flachen, windexponierten Sattellage kann die Schnee- und Eisüberdeckung selbst bei Gletscherhochständen kaum mehr als eine Stärke von 20-25 Metern besessen haben."[43]

---

[43] Vgl. Spindler, Konrad: *Der Mann im Eis*. - S. 70 f.

Und:

„Die Fließrichtung der Hauptmasse des Gletschers am Hauslabjoch erfolgte rechtwinkelig zum Verlauf der Felsrinne talwärts nach Südwesten."[44] Siehe Skizze 2, S. 97.

(Siehe auch die von mir angefertigten nachfolgenden Skizzen und Fotos zur Fließrichtung des Gletschers und der daraus resultierenden Zerstörung des unterhalb von der Ötzi-Fundstelle liegenden Steinzeitbaues.)

So lag der Steinzeitmensch dort oben in 3.260 Metern Seehöhe in der gewaltigen Zeitspanne von circa 5.300 Jahren, vom Eis wohlbehütet und konserviert, bis in unsere Zeit.

In wenigen Tagen wurde dann dem, was die Natur für die Nachwelt so lange Zeit sicher verwahrt hatte, durch Dummheit und Ignoranz mehr Schaden zugefügt, als dieser Leiche in der gesamten Lagerzeit unter Eis widerfahren ist.

Nach Ansicht der Archäologin Elli G. Kriesch, der ich mich anschließe, hätte ein Fachmann wie Spindler diesen Toten mit allem, was er am Leibe trug und eventuell noch mit sich führte, sicherlich aus dem Eis sägen lassen. Danach wäre der Eisblock komplett ins Institut nach Innsbruck geflogen worden.

Ich möchte dieses Kapitel mit einem Wort der kritischen und sympathischen Autorin Elli G. Kriesch schließen:

„Vielleicht wäre man mittlerweile etwas klüger, wenn der Mann, mit seiner für die Forschung der Vorgeschichte unschätzbar wertvollen Ausrüstung, nicht unter Umständen geborgen worden wäre, die einem Verbrechen an der Wissenschaft gleichkommen."[45]

Ob Konrad Spindler allerdings dadurch von seinen Hypothesen der südlichen Einflußnahme bzw. einer südlichen Herkunft Ötzis abweichen würde, glaube ich nicht.

Ich habe in Form eines Protokolls alle Schriftstücke und Bilder dieser populärwissenschaftlichen Dokumentation bis zum 23.8.1996 und teils auch

---

[44] a.a..O., S. 223 f.
[45] Kriesch, Elli G.: *Der Gletschermann und seine Welt.* - S. 194

darüber hinaus bei meinem Anwalt und Notar Hans-Rudolf König in Witten hinterlegt bzw. notariell beurkunden lassen.
Einige dieser Schriftstücke, Skizzen und Beweisfotos finden Sie im nachfolgenden Kapitel V.

V. Kapitel

Zusammenstellung:
Skizzen, Dokumente, Berichte
und Bilddokumentation

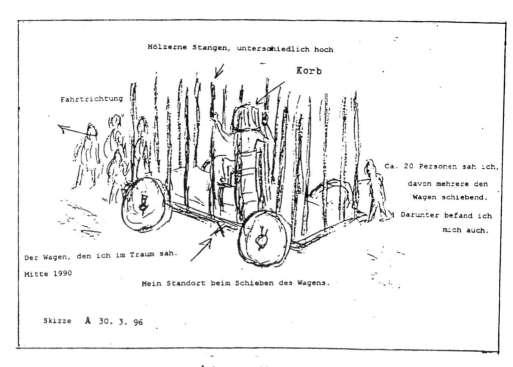

Skizze A : Wagen-Skizze

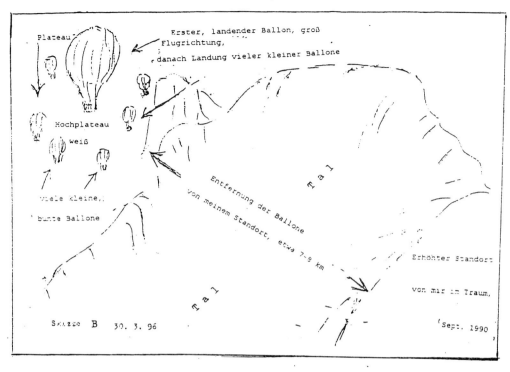

Skizze B   Ballonlandung

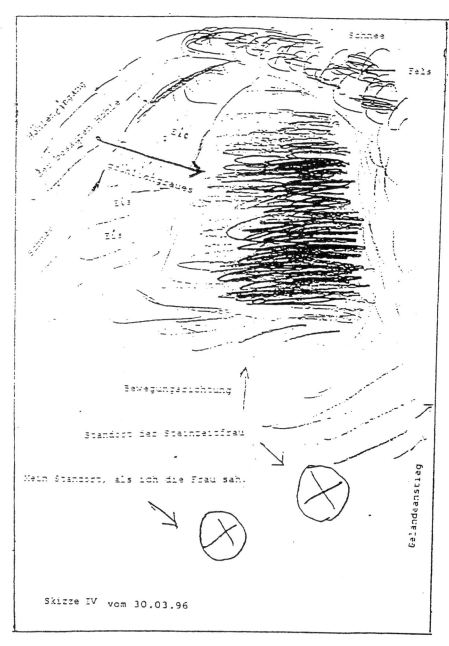

Skizze IV Höhle

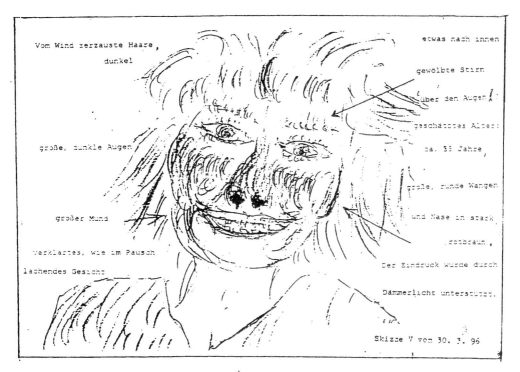

Skizze X vom 30. 3. 96 Steinzeitfrau

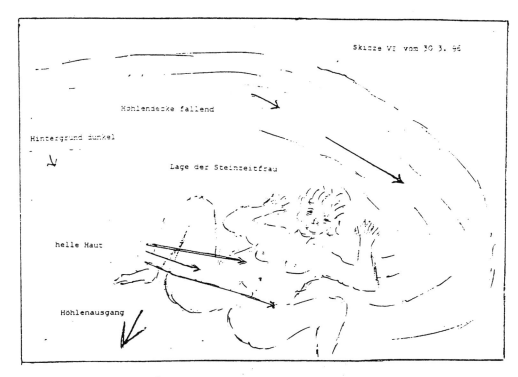

Skizze VI vom 30. 3. 96, in der Höhle

Skizze I - Steinzeitmann Ötzi

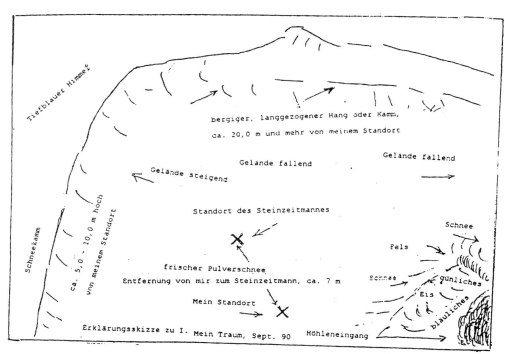

Skizze II

Erklärungsskizze zu I.

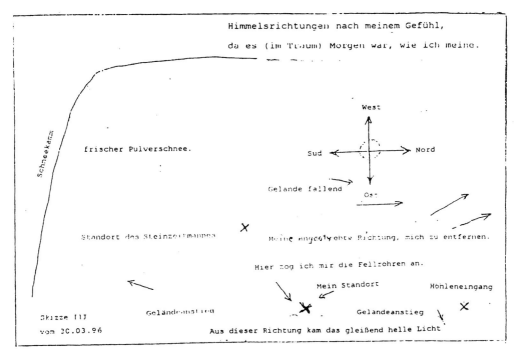

Skizze III a

Erklärungsskizze zu I.

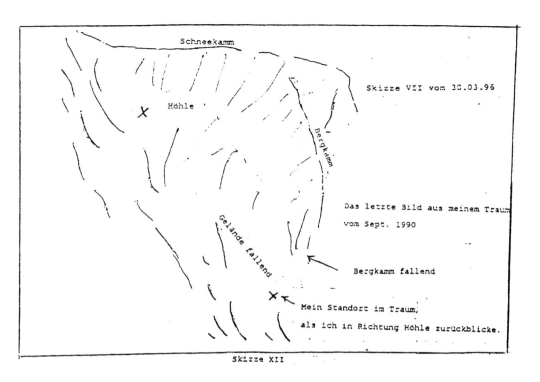

Skizze VIII
vom 30.03.96

Skizze als Ersatz für die Originalkarte beim Notar

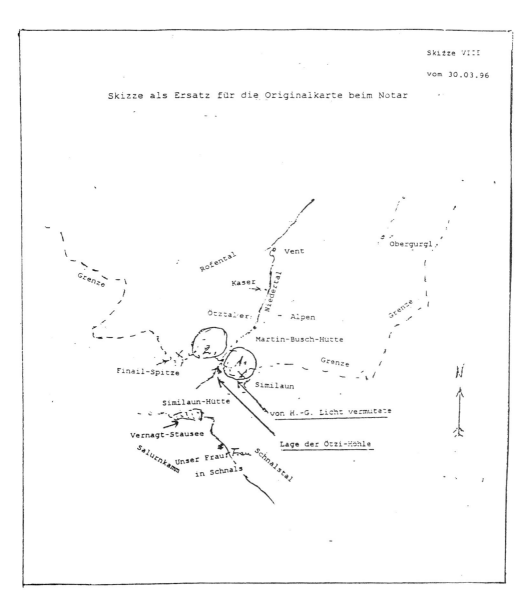

Skizze VIII

Ersatz für die Originalkarte beim Notar

H.G. Licht
Sonnenschein 34
D-58455 Witten

Witten, den 30.04.1996

An das
Fremdenverkehrsamt Vent
Venter Tal i. Ötztal

Vent - Österreich

Sehr geehrte Damen und Herren!

Da ich möglichst bald, etwas Ende Mai/Anfang Juni, den Ort Vent im Venter Tal und das Gebiet um den Ötzifund genauer besichtigen will, ich aber noch nicht in diesen Gebieten war, habe ich folgende Fragen an Sie vom Fremdenverkehrsamt Vent, mit der Bitte, mir diese möglichst bald schriftlich zu beantworten:

Kann man in der Berghütte Neue Samoar-Hütte (Martin-Busch-Hütte) mit ein oder zwei Personen übernachten?

Wenn ja, was kostet das? Muß vorher gebucht werden?

Gleiche Fragen habe ich auch bzgl. der Similaun-Hütte.

Ich bin kein Skifahrer. Ab wann ist die Gegend von Vent zu den Hütten und zum Fundort von Ötzi zu Fuß begehbar?

Wie weit kann ich mit meinem Pkw in Richtung Hütten fahren, und wo kann ich ihn parken, oder muß der Wagen in Vent geparkt werden?

Bitte schicken Sie möglichst genaue Pläne, speziell von dem Gebiet von Vent zu den oben genannten Hütten und vor allem von den Nordhängen des Similaun über Hauslabjoch bis Fineil-Spitze, wenn möglich zusätzlich auch in Form einer Panoramakarte.

Wenn erforderlich, übernehme ich die Unkosten.

Mit freundlichem Gruß

VENT

Familie
H. Licht

Sonnenscheinstr. 34
D-58455 Witten

Vent, am 03.05.1996

Sehr geehrte Familie Licht!

Für Ihre Anfrage dürfen wir uns recht herzlich bedanken. Wir freuen uns, über Ihr Interesse an der Ötztal Arena.

Gerne senden wir Ihnen unseren Sommerprospekt mit dem aktuellen Häuserkatalog zu. Anbei finden Sie auch einen Panoramaplan über das Gebiet Sölden, Hochsölden, Zwieselstein und Vent.

In Ihrem Brief steht, Sie möchten Ende Mai Anfang Juni in Vent Ihren Urlaub verbringen. Zu dieser Zeit blühen auf unseren Venter Wiesen und auf den Höhen herrliche Frühlingsblumen. Auch die meisten Wanderwege sind gut begehbar. Leider sind zu dieser Zeit alle Hütten rund um Vent geschlossen. Die Alpenvereins- und Schutzhütte öffnen Mitte bis Ende Juni - je nach Wetter- und Schneesituation. Die genauen Daten sind leider noch nicht bekannt.

Wenn die Hütten noch nicht geöffnet sind, können Sie in den Winterräumen (in jeder Hütte vorhanden) nächtigen. Die Verpflegung müssen Sie selbst mitbringen. Eine Anmeldung ist nicht notwendig.

Sind die Hütten geöffnet, dann ist es möglich mit zwei oder mehreren Personen in Betten oder Lagern zu nächtigen. Eine Reservierung der Unterkunft ist ratsam. Sie können auf den Hütten Frühstück oder Halbpension buchen oder einfach nur während des Tages einkehren. Im Grunde brauchen Sie keine Verpflegung mitzubringen - außer Sie möchten es.
Dies gilt für alle Hütten im Umkreis von Vent.

Telefonnummern der Hütten:

Martin-Busch Haus, Fam. Scheiber
Tel. des Pächters: 5254 8130

Hochjoch Hospiz, Fam. Wimmler
Tel. des Pächters: 5254 8108

Similaun Hütte, Fam. Pirpamer
Tel. des Besitzers: 5254 8119

Breslauer Hütte, Fam. Scheiber
Tel. des Pächters: 5254 8133

Vernagthütte, Fam. Scheiber
Tel. Pächters: 5254 8128

Brandenburgerhaus, Fam. Gstrein
Tel. des Pächters: 5254 8108

Die Wanderung zur Fundstelle des Ötzi ist bereits ab Mitte Juni möglich - je nach Schneesituation. Bitte fragen Sie kurzfristig und unverbindlich bei der Bergführerstelle Vent - Hr. Scheiber - nach. Die Bergführerstelle weiß am besten über die Situation in den Bergen Bescheid und informiert sie gerne - Tel. 5254 8106.

Sie haben noch Fragen? Unser Freizeit-Beratungs Team berät Sie gerne. Rufen Sie uns einfach an! Tel. 0043 5254/8193 oder Fax 0043 5254/8174.

Tourismusverband
Ötztal Arena
A-6458 Vent

Klotz Bianca

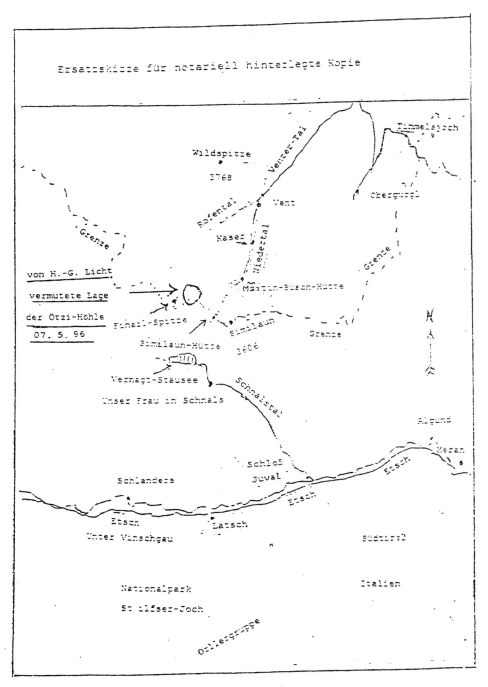

```
H.-G. & H. LICHT
  SONNENSCHEIN 34
  D-58455   WITTEN
  ☎ 0172 - 2303042
```
Witten, den 15.6.1996

An
Axel Springer Verlag AG
Redaktion
Brieffach 3410
20350 Hamburg

Betreff: Ihr Artikel " Ötzi war Italiener" in Bild vom 31.5.

Sehr geehrte Damen und Herren!

In Bild vom 31. 5. 1996 unter der Rubrik Nachrichten las ich Ihren Artikel

" Ö t z i   w a r   I t a l i e n e r "

Da ich mich mit dem Thema Ötzi zur Zeit dokumentarisch und schriftstellerisch beschäftige, bitte ich Sie, mir genaue Angaben über Ihre Informationsquelle mitzuteilen.
Bitte schreiben Sie mir auch ,was man Ihnen im Einzelnen genau übermittelt hat.

Vielen Dank!

Mit freundlichen Grüßen

Hans-Georg Licht

LESERSERVICE

BILD Leserservice · Brieffach 3440 · 20350 Hamburg

Herrn
Hans-Georg Licht
Sonnenschein 34

58455 Witten

Hamburg, 09.07.96
3432/ei

Sehr geehrter Herr Licht,

wir danken Ihnen für Ihren Brief.

Zu dem von Ihnen angesprochenen Bericht „Ötzi war Italiener" liegen uns keine näheren Informationen vor. Dieser Bericht beruhte auf der Meldung einer internationalen Nachrichtenagentur, in der keine weiteren Einzelheiten enthalten waren.

Wir möchten Sie auch darauf hinweisen, daß Agenturmeldungen in unserem rechnergesteuerten Textsystem nur für kurze Zeit gespeichert werden können. Danach müssen sie aus Platzgründen gelöscht werden.

Mit freundlichen Grüßen

Martin Kummer
BILD Leserservice

Tagebuch (Hauslabjoch-Besuch)
für den Zeitraum vom 16.07.1996 bis zum 20.07.1996

1. Tag: 16.07.1996
6.15 Uhr Aufstehen, 7.3o Uhr zum Straßenverkehrsamt, um meinen zweiten Pkw für die Reise zuzulassen.
    Ab 10.oo Uhr Pkw herrichten für die Fahrt, z.B. Ölwechsel.
    Beide Pkw müssen von mir nach Witten überführt werden, da ich den Pkw in Gevelsberg vorbereitet habe.
    Danach Einkäufe für die Reise tätigen.
    Nach 20.oo Uhr packe ich mein Reisegepäck und lade es in den Pkw.
    Um 24.oo Uhr beginne ich die Fahrt Richtung Ötztal, Ziel Vent, da ich nicht zum Schlafen kam.

2. Tag: 17.07.1996
3.oo Uhr auf der A7, Raststätte „Ohrenbach", also vor der Abfahrt Rothenburg ob d. Tauber zwei Stunden geschlafen (Liegesitze). Weiterfahrt 5.oo Uhr.
    8.3o Uhr Ankunft in Ötz. Das Wetter kann nicht besser sein. Klarer Himmel.
    9.3o Uhr Ankunft in Vent. Von hier aus geht es zu Fuß weiter.
    Vorher Geldwechsel, Telefonat nach Spanien, Parkplatzsuche! Dauerparken nur vor dem Ort Vent oder auf dem Parkplatz der Seilbahn zur Stableinalm. Parkgebühr pro Tag 50,00 öS.
    Nachdem ich etwa die halbe Bagage in meinem Wagen zurückgelassen habe, beginne ich um 12.oo Uhr den Aufstieg zur Martin-Busch-Hütte. Die Temperatur beträgt 23 Grad, klarer Himmel. Höhe vom Vent 1900 m, von Martin-Busch-Hütte 2501 m. Der Aufstieg, bei einem Höhenunterschied von über 600 Metern, bei einer Strecke von ca. 8 km von Vent bis zur Martin-Busch-Hütte, ist wesentlich anstrengender und steiler, als ich dachte. Die Pausen werden immer häufiger, anscheinend fehlt der Schlaf. Für die 8 km

Strecke ist die Zeit von 2 1/2 Stunden ausgeschildert. Ich kann das nicht verstehen.

Meine Ankunft mit Gepäck und Ausrüstung, 16.oo Uhr, also vier Stunden bis zur Martin-Busch-Hütte!

Sofort Zimmer 12 bestellt. Hier gibt es nur Vierbettzimmer, immer zwei Betten übereinander. Um 16.3o Uhr aufs untere Bett fallen lassen. Nach einer Stunde beim Aufstehen verspüre ich starke Muskelkrämpfe an der Innenseite des linken Oberschenkels. Durch senkrechtes Stehen und Massage tritt Besserung ein. Ich lege mich wieder aufs Bett, mit der Sorge, ob ich morgen so einfach meinen Marsch fortsetzen kann. Da geht die Tür auf, es kommen zwei Extrembergsteiger mit voller Ausrüstung ins Zimmer und begeben sich ebenfalls in die Betten. Laut Auskunft sind auch sie von Vent gekommen. Es reiche ihnen vollkommen, man solle es anfangs nicht übertreiben. Sie wollten ursprünglich wie ich direkt bis zur Similaun-Hütte. Alter etwa 35 und 40 Jahre.

Um 18.45 Uhr gehe ich in die Gaststätte der Berghütte und esse Kaßler mit Sauerkraut und Kartoffeln, trinke dazu 1/2 l Bier. Danach noch 1/2 l Bier. Dabei habe ich eine interessante Unterhaltung mit einem jungen Holländerpaar an meinem Tisch.

Als die Holländer auf ihr Zimmer gehen, setzt sich ein Mann, Alter ca. 42 Jahre, mit seinem etwa zwölfjährigen Sohn an meinen Tisch. Sie essen Nudeln mit Fleisch, ganz klein geschnitten, und Salat. Da ich beim Zuschauen wieder Hunger bekomme, bestelle ich mir das gleiche Gericht. Dazu aber diesmal 1/2 l Mineralwasser.

Vater und Sohn wollen frühmorgens über den Marzell-Kamm zur Similaunspitze, Höhe 3606 m.

Nachdem er sich nach meinem Schuhwerk erkundigt hat, macht er mir den Vorschlag, mit ihnen den Similaun zu besteigen, was ich dankend ablehne.

Ich erzähle dem Herrn von meinen Schwierigkeiten beim Anmarsch von Vent bis hierhin zur Hütte. Er ist der Meinung, daß das auf den Mangel an Schlaf zurückzuführen sei.

Nachdem dieser Herr sich ins Gästebuch eingetragen hat, verewige auch ich mich unter der Nr. 3388 darin.

Nachts habe ich wieder zweimal Muskelkrämpfe, nachdem ich um 20.45 Uhr schlafen gegangen bin.

Bei gleicher Behandlung wie vorher gibt sich das wieder, und ich schlafe tief ein.

3. Tag: 18.07.1996

Um 7.oo Uhr werde ich wach, habe gut geschlafen. Ich habe gute Kondition, keine Muskelkrämpfe mehr, bin sehr froh!

Nach dem Frühstück, das genau wie das Abendessen sehr reichlich ist, beginne ich um 7.4o Uhr den Abmarsch zum Hauslabjoch bzw. zur Similaun-Hütte, Höhe 3019 Meter. Ich muß also auf einer Strecke von ca. 5 km eine Höhe von über 500 m überwinden. Nach einem Hinweisschild benötigt man dafür 1 1/2 Stunden.

Die Temperatur beträgt +5 Grad. Es weht ein leichter Rückenwind, was sehr angenehm ist.

Der Himmel ist blau, kein Wölkchen zu sehen. Die Wetterbedingungen so, wie ich sie mir nicht besser wünschen kann.

Um 9.1o Uhr habe ich etwa 2 km zurückgelegt. Die Temperatur beträgt nur noch +2 Grad.

Ich habe eine gute Kondition, was mich sehr froh stimmt.

Um 9.55 Uhr mache ich auf einem Geröllfeld Pause. Mein Blick geht auf den Similaun mit seinem erhabenen Gletscher. Er veranlaßt mich zu mehreren Fotos und Betrachtungen durch mein Zoom-Fernglas 8-24x50. Herrlich, diese Aussicht! Ich sehe im oberen Gletscherfeld einen schwarzen Punkt und halte es für möglich, daß dies der Eingang zu einer sich beständig verändernden Höhle im ewigen Eis ist. Sicher sind hier viele Hohlräume im Gletscher, hervorgerufen durch das starke Gefälle.

Oberhalb dieses Gletschers könnte ein Gebiet für meinen Traum in Frage kommen, aber die Entfernungen von Berg zu Berg sind zu groß, und der Schneekamm ist zu lang; wenn man weitergeht, zeigt sich, es ist gar kein Schneekamm.

Sicherheitshalber suche ich aber mit meinem Fernglas die ganze Gegend ab, obwohl ich nach den Luftaufnahmen aus dem Spiegel TV-Film mein vermutetes Gebiet bzgl. meines Traumes in der Gegend des Hauslabjochs zu finden glaube.

Bin um 11.1o Uhr durch ein Schneefeld weitergegangen. Ich wäre sicher in 15 Minuten an der Similaun-Hütte eingetroffen, die ich, schon mehrere Kilometer vorher, rechts am Niederjoch sehen konnte. Ich wollte aber rechts die Felswand hoch, weil ich der irrigen Ansicht war, dort oben sei die Fundstelle vom Mann aus dem Eis. Ich sehe ein Zollwarnschild der Republik Österreich, rechts daneben ein kleines Steinhaus.

Als ich um ca. 13.20 Uhr das darüberliegende Firnfeld erreiche, versuche ich, darüber weiter aufzusteigen. Nach fünf Schritten versinke ich bis zum Gesäß im nassen Firnschnee. Da es mir nicht gelingt, mein rechtes Bein mit Stiefel hochzuziehen (der Stiefel wird durch eine Steinkante in Höhe der Ferse festgehalten), muß ich mit meinen Händen den nassen Schneegraupel vor meinem rechten Bein ausheben, bis ich den Stiefel etwas nach vorn schieben kann. Danach gelingt es mir, mein Bein nach oben zu ziehen.

Ich nehme mir nun vor, das Firnfeld im unteren Bereich nicht mehr zu betreten. Deshalb klettere ich von der Similaun-Hütte weg über die Felsen, um dann nach einiger Zeit nach links hoch zu klettern. Um 14.1o Uhr befinde ich mich auf dem oberen Firnfeld. Ich gehe in Richtung Similaun-Hütte, um, wie ich glaube, zur Fundstelle Ötzis zu gelangen. In Wirklichkeit gehe ich in die entgegengesetzte Richtung. Kurz vor der Similaun-Hütte werde ich von Leuten aufgeklärt, die, nach vergeblichem Suchen nach der Fundstelle des Ötzi, den Rückweg angetreten haben. Ich entschließe mich zur Similaun-Hütte abzusteigen und morgen ganz früh mein Vorhaben durchzuführen.

Um 15.05 Uhr komme ich an der Similaun-Hütte an. Im Zweibettzimmer, Nr. 13, finde ich meine Ruhe, nachdem ich vorher einen 1/2 l Bier, vor der Hütte sitzend, mit Blick nach Süden, getrunken habe. Um 17.oo Uhr lege ich mich aufs Bett.

Ich bin noch nie so hoch geklettert! Es ist ein sehr schönes Erlebnis. Ich war ja auch noch nie hier in dieser Gegend, wo es keine Seilbahnen für Touristen gibt. In früheren Jahren ließ es meine Gesundheit nicht zu, mich in so großen Höhen zu betätigen. Deshalb habe ich auch kein Skilaufen gelernt.

Das letzte Mal begab ich mich mit meiner Familie im Winter von Hintertux aus mit den Liften in eine fast gleiche Höhe wie hier an der Similaun-Hütte.

Mich haben die Berge schon immer fasziniert. Aber starke Kopfschmerzen hielten mich von jeder körperlichen Anstrengung ab. Jetzt, im Alter, hat sich das geändert. Deshalb bin ich sehr froh, mich ohne Kopfschmerzen hier aufhalten zu können.

Um 18.3o Uhr stehe ich auf, mir fehlen die Hüttenschuhe. Da die Bergschuhe im Eingangsbereich bzw. Vorraum abgestellt werden müssen, gehe ich mit drei Paar Strümpfen an den Füßen in die Gaststätte. Was soll ich anders machen? Ich habe nun einmal nicht an dieses Problem gedacht. Ich habe noch nie auf einer Hütte übernachtet.

Vorher, beim Bier auf der Außenterrasse, fragte mich ein älterer Herr in Schlappen, ob er *meine* Sandalen anhätte. Ich verneinte und gab ihm zu verstehen, „so etwas" würde ich nicht anziehen.

Es ist hier sehr starker Andrang, hauptsächlich sind hier Bergsteiger anzutreffen. Alle wollen hier übernachten.

Dementsprechend ist die Hüttengaststätte voll.

Als ich um 19.15 Uhr 1/2 l Bier vom Tresen hole, suche ich einen Sitzplatz.

Da sitzt eine Familie am ersten Tisch links gegenüber vom Tresen. Ohne näher zu schauen, frage ich, ob der Stuhl frei sei.

Der Herr am Tisch sagt „Nein". Da sehe ich auch am Platz mit dem freien Stuhl ein leeres Glas und eine leere Flasche stehen. Der Herr, der mir das sagt, ist, das sehe ich erst jetzt, Reinhold Messner mit seiner Familie.

Ich grüße kurz und finde einen anderen Platz an einem anderen Tisch im linken Zimmer.

Als ich sehe, wie ein anderer Bergsteiger ein Foto von Herrn Messner macht, gehe ich ebenfalls an den Tisch der Familie Messner.

Ich entschuldige mich und gebe ihm zu verstehen, ich hätte ihn nicht sofort erkannt, sonst hätte ich nicht versucht, am Tisch seiner Familie Platz zu nehmen. Danach bitte ich um Zustimmung, ein Foto von ihm machen zu dürfen.

„Ja, aber unauffällig", ist seine Antwort. Ich mache mein Foto und gehe zurück.

Hier sitze ich mit einem sehr netten älteren Ehepaar zusammen. Es stammt aus Frankreich, ca. 200 km nördlich von Paris.

Sie kommen von einer Bergbesteigung des Similaun zurück. Als ich mich darüber wundere, erklären mir die Leute, sie seien gestern von Sölden mit dem Auto bis Vent gefahren und anschließend direkt von Vent bis zur Similaun-Hütte, also 13 km bergauf, gelaufen.

Vor einer Woche habe es geregnet und in großen Höhen geschneit, so hätten sie erst zwei Tage zuvor trainieren können. Als Training seien sie mit dem Mountainbike von Sölden bis Ötz, also ca. 50 km, hin und auch wieder zurück gefahren! Ich bin sprachlos.

Als sich die Frau beide Füße einschließlich Fußgelenke mit breiten Pflasterstreifen beklebt, glaube ich ihnen vollends.

Als ich danach an der Theke meine Rechnung bezahlen will, kommt auch Herr Reinhold Messner und bestellt seine Rechnung für morgen, gegen Mittag. Da komme ich mit ihm ins Gespräch.

Um 22.30 Uhr gehe ich schlafen.

4. Tag: 19.07.1996
Um 7.05 Uhr stehe ich auf. Mein Zimmernachbar hat den Raum schon verlassen.

Um 8.05 Uhr beginne ich mit dem Aufstieg zur Fundstelle des Ötzi.

Um 9.35 Uhr erreiche ich die Fundstelle bzw. das Denkmal zur Erinnerung an den Fund des Eismannes vom 19.09.1991.

Von einem Bergführer der Martin-Busch-Hütte, der eine Jugendgruppe führt, lasse ich mich vor dem Denkmal fotografieren. Die eigentliche Fundstelle liegt ca. 70 Meter nordöstlich vom Denkmal entfernt.

Als ich vor der Ötzi-Fundstelle stehe, sehe ich ganz plötzlich das unmittelbar darunter liegende Tal mit den vereinzelten Steingruppen und Geröllflächen, die jetzt aus dem restlichen Schnee schauen. Es ist das Gebiet, das ich im Traum wahrgenommen und wo ich mich im Traum vom September 1990 aufgehalten habe. Rechts ist der lange Schneekamm, das markante Merkmal aus meinem Traumerlebnis, zu sehen. Nur jetzt, im Juli, ist er niedriger, denn es liegt wesentlich weniger Schnee.

Ich gehe Richtung Fineilspitze auf eine Anhöhe im Bereich zwischen Fineilspitze und Hauslabkogel, wie ich glaube, um mehrere Fotos aus der Höhe zu machen. Ich habe also die Stelle gefunden. Es ist also tatsächlich so, wie ich es seit einiger Zeit glaube. Ich habe tatsächlich im Traum Erlebnisse aus der Steinzeit gehabt, fast unvorstellbar, Erlebnisse aus vorgeschichtlicher Zeit. Nun wird es zur Gewißheit.

Ich gehe unterhalb des Schneekammes in der Talmulde an die Stelle, wo ich dem Steinzeitmann Ötzi gegenüberstand, im Hintergrund der Berg, von dem ich vorher fotografierte. Ich bin von der Gewißheit überwältigt.

Meine Kopfhaut an den Kopfseiten über den Ohren zieht sich zu einer Gänsehaut zusammen bis zum Hinterkopf hin.

Rechts muß die Höhle sein, in der ich mit der Steinzeitfrau war, aber ich sehe keine „Höhle", nur ein Trümmerfeld.

Da sehe ich zwei senkrecht stehende Steine nebeneinander in etwa 1 Meter Abstand.

Richtig, das war im Traum der verschneite und vereiste Eingang der „Höhle". Ja, und dahinter finde ich eine mehrmals gebrochene, etwas nach rechts liegende Steinplatte.

Sie kann nicht nur das Dach über dem Kopf der in der Höhle liegenden Steinzeitfrau sein. Ich bin mir ganz sicher, daß diese anderen Steine ebenfalls Bestandteile der „Höhle" waren.

Mein Gott, es sind ca. 5.300 Jahre vergangen!

Wie viele Erdbeben und Blitzeinschläge hat es hier wohl in den Jahrtausenden gegeben, die diese Höhle zum Einsturz gebracht haben? Oder ist es gar keine natürlich entstandene Höhle? Die Steinzeitmenschen verstanden es doch ausgezeichnet, Steinbehausungen durch geschicktes Aufstapeln von Steinen bzw. Steinplatten zu erstellen.

Sollte es sich hier auch um so ein Gebilde handeln, das, *mit Schnee bedeckt,* mir im Traum *wie eine Höhle erscheinen* mußte? Ja gewiß! Besonders die schräge Steindecke in meiner Skizze VI vom 30.03.96 ist als am Boden liegende, mehrmals gebrochene Platte zu erkennen.

Nicht nur Erdbeben und Blitzeinschläge in unermeßlicher Zahl in der vergangenen Zeit von ca. 5.300 Jahren haben wohl zum Einsturz geführt, sondern ganz sicher auch der hohe Eisdruck und Eisschub, der bei extremen Kälteperioden auf den Steinbau eingewirkt haben muß.

Wie die Glaziologen meinen, könnte in extremen Kälteperioden auf der Ötzi-Fundstelle bis zu 25 m Gletschereis gelegen haben.

Aber auch der in extremen Kälteperioden bis zu 25,0 m hohe Gletscher auf der Ötzi-Fundstelle kann durch Abrutschen die „Höhle", besser gesagt den Steinzeitbau, zerstört oder zu seiner Zerstörung beigetragen haben.

Die rechts neben den Eingangseckpfosten liegende gebrochene Steinplatte könnte als ehemalige Firstplatte über dem Eingang so durch den Schub des Gletschereises verschoben worden sein.

Eine Zerstörung des Unterschlupfes durch Menschenhand ist auch nicht auszuschließen, obwohl man eher geneigt ist, Naturgewalten dafür verantwortlich zu machen.

Der Gedanke, da vor etwa 5.300 Jahren herausgekrochen zu sein, und die Vorstellung, daß vielleicht noch Gegenstände aus der Zeit von Ötzi oder gar von ihm selbst unter den zusammengebrochenen Steinen liegen, vielleicht sogar die Mumie der Steinzeitfrau, die mit mir in der „Höhle" war, verschafft mir erneut eine Gänsehaut.

Ich sehe auch den Weg, auf dem ich mich nach rechts in Richtung Nord bis Nordost entfernen wollte. Alles paßt genau zu den im Traum erlebten Bildern.

Mich treibt es hier weg.

Ich gehe zurück, mache noch mehrere Fotos aus Richtung Südost von der Höhe der Steinhalde.

In meinem Traum lag viel mehr Schnee, mindestens 1-2 m höher. Es waren die Geröllflächen und die meisten Steinhalden mit Schnee bedeckt.

Am Schneekamm links, der höher war, sah ich im Traum Schneewehen zum Ort der „Höhle" hin. Ich bin mir ganz sicher, hier ist der Ort, den ich in meinem Traum vom September 1990 erlebt habe.

Weil die Realität meiner Traumerlebnisse zur Gewißheit geworden ist, ist für die zuständigen Wissenschaftler Eile geboten, hier nach Gegenständen und Indizien zu suchen, ehe es Unbefugte tun. Dies ist besonders dann zu befürchten, wenn ich meine Erlebnisse veröffentlichen werde.

Ich gehe etwa 70 m in Richtung Similaun-Hütte. Ich spüre noch die Gänsehaut an meinem Kopf, obwohl ich außer Sichtweite des Steinzeitbaues bin.

Ich muß mich setzen und mache Pause.

Es kommen mehrere Bergsteiger, die in Kiel zu Hause sind. Sie wollen die Ötzi-Fundstelle aufsuchen. Wir sprechen kurz miteinander.

Um 12.05 Uhr gehe ich zurück zur Similaun-Hütte. Ankunft an der Hütte um 13.20 Uhr. Die Wirtin, die gestern mein Gespräch mit Reinhold Messner mitbekam, versucht von mir etwas zu erfahren.

Rückmarsch Richtung Martin-Busch-Hütte um 14.05 Uhr.

Dabei finde ich auch das Gebiet des letzten Traumbildes von Skizze VII vom 30.03.96, wo ich mich nach Entfernen von dem Steinzeitbau noch mal umdrehe und zurückschaue. Ich bin sehr glücklich, das Gebiet mit allen Details gefunden zu haben. Bis jetzt war der Himmel wolkenfrei. Nun zeigen sich die ersten kleinen Wölkchen.

Mein Glücksempfinden und meine Freude über meinen Erfolg beflügeln mich zu einem schnellen Rückmarsch. Um 15.4o Uhr bin ich an der Martin-Busch-Hütte. Ich gehe ohne Halt weiter. Um 16.5o Uhr bin ich an der Kaser. Hier mache ich halt, esse etwas und tue was gegen meinen Durst. Vorher habe ich auch schon Quellwasser aus der Hand getrunken.

Um 17.05 Uhr gehe ich weiter bis nach Vent. Gegen 17.50 Uhr sehe ich die ersten Häuser von Vent. Um 18.05 Uhr bin ich bei der Post von Vent. Jetzt noch das kleine Stück bis zum Parkplatz.

Um 18.10 Uhr fahre ich vom Parkplatz der Seilbahn von Vent. Der Himmel ist bewölkt. Jetzt wird mir bewußt, welches Glück ich mit dem Wetter hatte.

Ich komme um 18.4o Uhr in Sölden an. An der Aral-Tankstelle kaufe ich mir eine 1,5 l-Flasche Coca Cola. An der Würstchenbude, neben der Tankstelle, esse ich ein halbes Hähnchen. Danach verlasse ich um 19.05 Uhr Sölden in Richtung Fernpaß und bin am 20.07.96, um 2.3o Uhr zu Hause in Witten, überglücklich, in dieser Sache erfolgreich gewesen zu sein, und lege mich mit der absoluten Gewißheit schlafen, vor ca. 5.300 Jahren schon einmal gelebt zu haben und aufgrund meiner einzigartigen Traumerlebnisse mehr Klarheit in die Ötzi-Affäre bringen zu können.

Bilddokumentation

Fotobelege zu meinen Traumerlebnissen
Blatt 1 - 7

Eine Gegenüberstellung von Fotos vom 19.07.1996 und meinen Skizzen vom 30.03.1996 als Beleg für die im Traum erlebte Realität

Fotos und Skizzen wurden erstellt von:
Hans-Georg Licht, Sonnenschein 34, 58455 Witten

Hiermit erkläre ich, Inhaber sämtlicher Abbildungsrechte zu sein.

Hans-Georg Licht   August 1996

BLATT 1
19.07.96

Die Fundstelle des Ötzi ist rot gekennzeichnet.

Das Denkmal ist etwa 70 Meter von der Fundstelle entfernt.

Das Hauslabjoch

Der Schneekamm, von der Ötzifundstelle aus gesehen.
Im Traum sah ich den Schneekamm höher und mit Schneefahnen am Kamm.

Rot eingezeichnet wurde von mir die Lage des Steinzeitbaues (Höhle) und der Ort der Handlung aus meinem Traum.

Zerstörter Eingang des Steinzeitbaues!

Mit Eis und Schnee bedeckt, wirkte der unzerstörte Bau wie eine "Höhle"!

BLATT 2 a
19.07.96

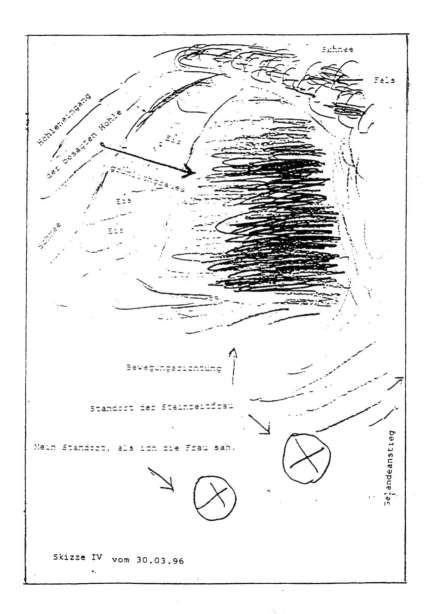

Skizze IV Höhle

BLATT 3
19.07.96

Der Schneekamm am 19.07.96, als der meiste Schnee abgetaut war.
Die meiste Zeit im Jahr sind die Steine im Vordergrund verschneit.
Beim Verlassen der "Höhle" hatte ich diese Blickrichtung.

Nach starkem Schneefall mit Böen und Sturm aus meist südwestlicher Richtung
ist der Schneekamm wesentlich höher und mit Schneewehen (Schneefahnen) vor-
sehen.

BLATT 3 a
19.07.96

Meine beim Anwalt hinterlegte Skizze I vom 30.03.96

Skizze I

Der Schneekamm nach sehr starkem Schneefall
bei Südwestwind bis Westwind

BLATT 4 a

Skizze I

BLATT 4
19.07.96

↙ Berg wie auf meiner Skizze I vom 30.03.96 (S. 237)

Standort des Steinzeitmannes Ötzi

X
Mein Standort

Lage der "Höhle" bzw. des Steinzeitbaues

BLATT 5
19.07.96

Zerstörter
Steinzeitbau

Ich erinnere
mich an diese
markante Fels-
wand.

Verschobene und
gebrochene Decken-
platte vom Eingang

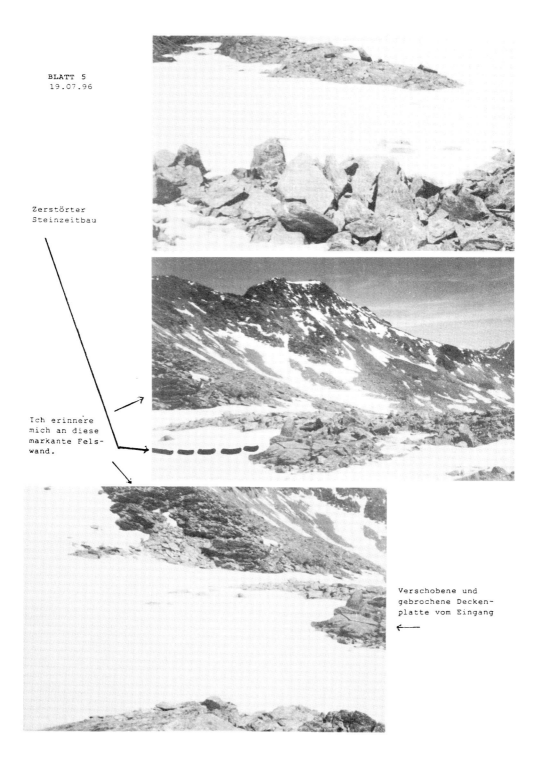

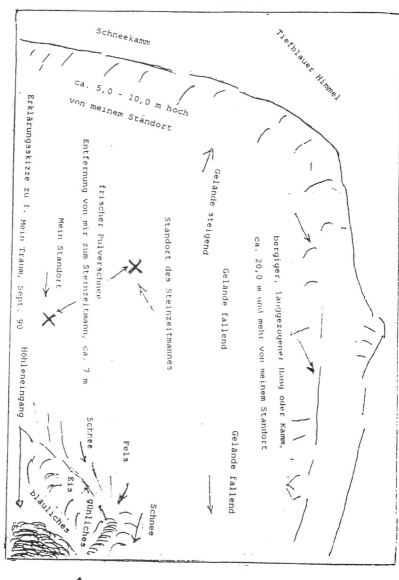

BLATT 6 a

Skizze III vom 30.03.96 zu Skizze I

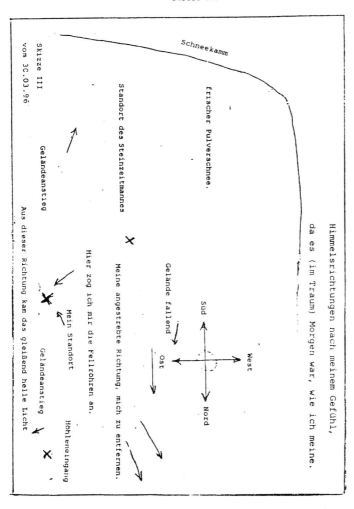

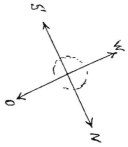

Tatsächliche Himmelsrichtungen von mir am 19.07.96 festgestellt.

BLATT 6
19.07.96

Standort von mir und dem Steinzeitmann

In meinem Traum lag wesentlich mehr Schnee.
Frischer Pulverschnee überdeckte die Geröllfelder und die meisten Steine.

Die roten Linien geben die Richtung an,
in die ich mich zurückziehen wollte.

OBEN

BLATT 7
19.07.96

Die roten Linien geben die Richtung an, in der ich mich im Traum von der "Höhle" aus entfernen wollte.

Dies ist das letzte Bild in meinem Traum. Als ich mich von der "Höhle" entfernt hatte, schaute ich von der rot gekennzeichneten Stelle aus zurück.

BLATT 7 a
Skizze VII vom 30.03.96

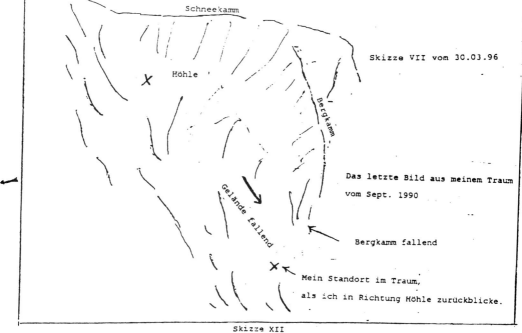

Auf ein Wort
Ötzis Dackel

Lange haben wir nicht mehr von Ötzi berichtet, jenem geheimnisvollen Gebirgswanderer, der in den eisigen Ötztaler Alpen einsam sein Leben aushauchte und 5.000 Jahre später als Gletscherleiche wieder auftauchte. Doch war Ötzi wirklich einsam auf seinem letzten Gang?

Ist es Zufall, daß ein Tiroler Hüttenwirt nahe der Stelle, wo Ötzi vor fünf Jahren auftaute, nun einen ebenfalls tiefgefrorenen, mumifizierten Tierkadaver entdeckte? Weil der Zufall meist keiner ist (dazu gibt es ihn zu häufig), war die Erklärung schnell gefunden. Es muß sich wohl um Ötzis Dackel oder einen anderen kurzbeinigen Hund handeln.

Dem widerspricht der Ötzi-erfahrene Innsbrucker Frühgeschichtler Konrad Spindler, für den das Urvieh vermutlich ein prähistorisches „Murmel aus dem Eis" ist. Nun wollen Wiener Humanbiologen dem Rätsel zu Leibe rücken. Vielleicht finden sie ja heraus, daß Ötzis Dackel in Wahrheit der legendäre Wolpertinger ist.
(Aus: WAZ, 24.07.1996)

Diesen Zeitungsartikel erhielt ich von Frau Ruth Kostmann, die ihn liebenswürdigerweise für mich aufbewahrte.

Zu guter Letzt

Zu den Versuchen einiger Führungspersonen, in der Ötzi-Forschung einen besseren, würdigeren Namen für die Eismumie vom Hauslabjoch zu finden als die vom Volksmund liebevoll gemeinte Bezeichnung „Ötzi", kann der Autor nur wünschen: Wenn sich schon diese Bemühungen nicht verhindern lassen, möge die neue Namensgebung ebenso kurz und zutreffend in ihrer Aussage sein und dennoch in gleicher Prägnanz die Örtlichkeit der Fundstelle nennen und sie so liebevoll kurz, für jeden verständlich, zum Ausdruck bringen. Er bezweifelt einen Erfolg der Bemühungen.

Der Autor hält es für weniger wichtig, ob man einen würdigeren Namen findet, als daß man der *Wahrheitsfindung der Ötzi-Biographie* näher kommt, wie er es in diesem Buche nach bestem Wissen und Gewissen versucht hat.

Die wissenschaftliche Bezeichnung, die da lautet: „Jungneolithische Mumie aus dem Gletscher vom Hauslabjoch, Gemeinde Schnals, Autonomie Provinz Bozen Südtirol, Italien", gibt auch nicht die ganz genaue Lage des Fundortes wieder. Das Hauslabjoch liegt von der Fundstelle immerhin 330 m entfernt, das Tisenjoch jedoch nur 80 m weit weg. Dies ist ein uralter vorgeschichtlicher Ausweichübergang über den Alpenhauptkamm. Da das Wort „Tisen" aus vorrömischer Zeit bzw. einer prähistorischen Namensschicht stammen soll, wäre es passender als das bisherige Wort „Hauslabjoch". Hierdurch würde die volkstümliche Kurzbezeichnung „Ötzi" nicht beeinflußt. Der Wiener Reporter Karl Wendl gilt als Erfinder des Namens Ötzi. Er leitete diese Kurzform von der Bezeichnung „Ötztaler Yeti" ab.

Anmerkungen

Eigentlich wollte ich mit meiner Familie den Sommerurlaub 1997 an der Mittelmeerküste Spaniens verbringen. Durch tägliches Regenwetter dort wurden wir veranlaßt, Spanien in nördlicher Richtung zu verlassen, obwohl wir geplant hatten, weiter nach Süden zu fahren. Als wir nun Richtung Norden fuhren, trieb es uns an die französische Atlantikküste, in die Bretagne, wo wir von sonnigem Urlaubswetter empfangen wurden.

Ohne daß ich dies beabsichtigt hätte, wurde ich hier mit der Megalith-Kultur konfrontiert. Eigentlich wollte ich mich von meinen Schreibarbeiten für dieses Buch erholen, sah mich aber veranlaßt, ja, ich sah mich regelrecht gedrängt, mich mit dieser gewaltigen steinzeitlichen Epoche zu beschäftigen und sie letztlich, wie geschehen, in diesem Buch zu erwähnen.

Hätte ich beabsichtigt, steinzeitliche Monumente der Megalith-Kultur in Frankreich für mein Buch zu benutzen, hätte ich im Gebiet zwischen den Pyrenäen bis an die Rhone, das an meiner Wegstrecke lag, mehr Objekte aus der Megalith-Kultur gefunden, als es in ganz England gibt. Ich erwähne dies, da ich mich wie von einer unsichtbaren Macht an die Atlantikküste gedrängt fühlte, wo ich vorher noch nie gewesen war.

Übrigens, viele Gelehrte und Wissenschaftler erklären oft ihre großen Entdeckungen mit Erlebnissen aus Träumen und Visionen.

So erhielt zum Beispiel der große Naturwissenschaftler Niels Bohr im Jahre 1922 den Nobelpreis für Physik, weil er das Atommodell, welches er in Form unseres Sonnensystems im Traum erlebte, erklären konnte.

Deshalb sehe auch ich in meinen Traumerlebnissen in Sachen Ötzi eine normale, natürliche und fast alltägliche Selbstverständlichkeit. Möge mein Beitrag zur Aufklärung der Ötzi-Biographie ein gutes Stück beitragen, damit in unserem ausklingenden Jahrhundert bzw. Jahrtausend, die Grundlage für eine weitestgehende Klärung geschaffen werden kann. Ob dies noch in unserem Jahrhundert geschieht, wissen wir nicht.

Welche ungeahnten Möglichkeiten dazu das kommende Jahrhundert bringen wird, wissen wir ebenfalls nicht.

Dazu ein Wort von S. Freud, das er zum vorigen Jahrhundertwechsel aussprach:

„Das Einzige was wir über das neue Jahrhundert wissen, ist, daß wir in ihm sterben werden."

Anmerkung zu S. 20:
Zum vorgeburtlichen Wahrnehmungsvermögen zitiere ich aus Bache, Christopher M., *Das Buch von der Wiedergeburt* (Seite 306 f.):

„Hier ist nicht der Ort, näher auf die komplizierte Problematik im Zusammenhang mit Selbstwahrnehmung und Identität des sich entwickelnden Fötus einzugehen. Wir wollen nur festhalten, daß sowohl Dr. Nethertons Fälle, als auch viele Fälle aus der Praxis von Dr. Stanislaw Grof frappierende Anhaltspunkte (aus gegenwärtigen sowie aus vergangenen Leben) dafür liefern, daß der Fötus über ein waches Wahrnehmungsvermögen verfügt, wenn dieses auch im wesentlichen 'über die Mutter' läuft. Er scheint von ihren Gedanken, Gefühlen und Eindrücken Kenntnis zu haben, die er - ohne zu unterscheiden - als seine eigenen akzeptiert. Die Grenze zwischen ihr und mir ist im Uterus offenbar höchst vage. Ob eine solche Art der Wahrnehmung es rechtfertigt, beim Fötus von Selbstbewußtheit oder von dem Vorhandensein einer getrennten Identität zu sprechen, muß an anderer Stelle erörtert werden. Wie auch immer die Philosophen diese Fragen beantworten, die klinischen Fakten sprechen jedenfalls dafür, daß diese Erfahrungen, so kurz und unvollständig sie auch sein mögen, als ein Bestandteil in die Struktur der ablaufenden Erfahrungen der Seele eingebaut werden."

Nachtrag

Bei allen geschilderten Traumfragmenten im Zusammenhang mit Ötzi zeigte sich mir Ende März 1996, also bevor ich dieses Buch schrieb, daß es sich um wiedererlebte Wirklichkeit aus der steinzeitlichen Vergangenheit von Ötzi handelt.

Nur beim ersten Bildfragment aus meinem zweiten Traum vom September 1990 zeigte sich mir ein Ballon, der von rechts kommend auf einem weißen Plateau im Hochgebirge, im Bild links, landet. Danach landeten mehrere kleine Ballons, ebenfalls von rechts kommend.

Diese Landungen konnte ich *nur* als sinnbildliche „Landung meiner Träume" erklären.

Erst im Februar 1998, nachdem ich das Manuskript abgeschlossen hatte, fand ich eine ganz einfache logische, wirklichkeitsbezogene Erklärung für die im Traum erlebte Landung des großen Ballons.

Ende Januar 1998 sah ich im Deutschen Fernsehen den Start des Stratosphärenballons, mit dem Bertrand Piccard die erste Weltumrundung schaffen wollte. Als im Fernsehen auch Bilder übertragen wurden, wie der Ballon bei strahlend blauem Himmel über die schneebedeckten Gipfel und Gebirgszüge der Alpen schwebte, wurde ich an meine im Traum wahrgenommene Ballonlandung erinnert. Stutzig und nachdenklich geworden, verfolgte ich in den nachfolgenden Tagen diesen Rekordversuch etwas genauer.

Da der Überflug des chinesischen Territoriums von China verweigert wurde, brach Piccard das Vorhaben ab und landete den Ballon am 06.02.1998 in Birma. Er hat trotz Flugabbruch einen Weltrekord aufgestellt. Sein Ballon war von allen Luftfahrzeugen die längste Zeit in der Luft.

Da mich die Bilder des Alpenüberfluges immer noch beschäftigten, begab ich mich in die Buchhandlung, um nach spezieller Fachliteratur nachzusehen. Ich fand dort das Buch mit dem Titel: „Ballonfahren" von Cornelia Dittmar und Wolfgang Nairz, Steiger-Verlag, Weltbild-Verlag Augsburg. In diesem Buch fand ich einen Hinweis auf die Notlandung eines Stratosphärenballons im Jahre 1931 auf einem „italienischen Gletscher"! Ich fand keine Angaben über den Namen des Gletschers, aber Angaben über den Ballonfahrer.

Es war der Schweizer Physiker *Auguste* Piccard, der von 1884-1962 lebte und nach Auskunft des Deutschen Freiballon-Sportverbandes Essen der Urgroßvater von Bertrand Piccard war. Mit Herrn Kipfer, der ihm bei dem Flug assistierte, erreichte er im Jahre 1931 mit seinem Stratosphärenballon eine Höhe von 15.781 Metern.

Sie befanden sich in einer Aluminiumkugel, die den Korb darstellte. Damit sie die Innentemperatur beeinflussen konnten, hatten sie die eine Hälfte der Kugel weiß, die andere schwarz angestrichen. Mit einem Drehmechanismus wollten sie von innen her die Kugel mit der weißen Seite zur Sonne drehen, da die beschienene schwarze Seite die Innentemperatur sehr stark ansteigen ließ. Als der Drehmechanismus trotz Reparaturversuche nicht funktionierte und die Innentemperatur bis auf plus 40° C anstieg, wurde der Flug abgebrochen, und Auguste Piccard landete am 27. Mai unsanft auf dem „italienischen Gletscher". Da ich den genauen Ort und den Namen dieses Gletschers wissen wollte, der aber, wie gesagt, nicht aus dem Buch hervorging, nahm ich den großen ADAC Ski Atlas „Alpen 1998" zur Hand. Ich begann mit meiner Suche bei Tirol, und zwar verständlicherweise mit dem Ötztal. Unter diesem Leitwort fand ich zu meiner Verblüffung einen genauen Hinweis auf dieses Ereignis. Piccards sensationelle Notlandung fand auf dem *Gurgler Gletscher* statt, südlich von Obergurgl und ein paar Kilometer östlich von der Ötzi-Fundstelle gelegen. Obergurgl mit einer Höhe von 1930 Metern stellt das höchstgelegene Kirchdorf Europas dar.

So hat sich mir auf so einfache Art gezeigt, daß die von mir im September 1990 im Traum erlebte Ballonlandung als ein Hinweis auf ein wirklich stattgefundenes Ereignis aus dem Jahre 1931 anzusehen ist, welches sich in unmittelbarer Nähe der Ötzi-Fundstelle ereignet hat und, so betrachtet, als ein ganz spezieller Hinweis auf das südliche Gebiet des Ötztales anzusehen ist, in dem ich meine Traumfragmente örtlich einzuordnen habe. Es schließt sich der Erkenntniskreis bzgl. meiner Traumfragmente. Nun endlich schließt sich auch die Lücke in der Kartenskizze 5 in meinem Buch mit den von mir eingezeichneten beiden Dreiecken, wo ich bei dem oberen eingezeichneten Dreieck für Punkt b keine Erklärung fand. Dieser Punkt b und das östlich anschließende kleinere Dreieck gibt einen Hinweis auf das Landungsgebiet des Stratosphärenballons auf dem *Gurgler Ferner*!

Ist das alles nur Zufall, eine lange glückliche Reihung von zufällig zusammenpassenden Ereignissen? Wohl kaum! Ist es auch Zufall, daß die Funddeponien an der Ötzi-Fundstelle eine fast gleiche spitzwinklige Dreiecksposition bilden, wie die von mir in Skizze 5 im Rahmen eines „Spiels", wie ich anfangs glaubte, eingezeichneten beiden Dreiecke? Ich kann an so viel Zufall nicht glauben. Die Wahrscheinlichkeitsrechnung verbietet es.

Ich konnte auch nicht mit dem Start eines Hightec-Stratosphärenballons rechnen, der von Bertrand Piccard geführt würde, dessen Flug über dem Alpengebiet bei sonnig klarem Wetter vom Deutschen Fernsehen übertragen wurde, wodurch ich, aufmerksam und neugierig gemacht, letztlich Nachforschungen anstellte und anhand des Namens „Piccard" auf die Notlandung von 1931 stieß. Diese Feststellung stellt nun das letzte Glied in meinem Traumpuzzle dar. Sicherlich wird es Leute geben, die von der Notlandung Auguste Piccards auf dem Gurgler Gletscher immer schon wußten, vor allem dort in Tirol und im Ötztal. In Deutschland ist mir bisher niemand begegnet, der davon berichten konnte. Gerne hätte ich etwas früher davon Kenntnis erlangt und das Thema in meinem Buch von Anfang an verwertet. Sicher wird auch hier in Deutschland diese Notlandung von 1931 an Universitäten und bei Fachleuten und Luftfahrtinteressierten, z.B. in Aero-Ballon-Clubs, bekannt sein.

Übrigens, wie ich in dem Buch „Ballonfahren" las, soll es in Tirol sehr viele Aero-Ballon-Clubs geben, zu meinem Erstaunen mehr als anderswo. Vielleicht bedeutete die Landung der vielen kleinen Ballons, die ich in meinem Traum erlebte, nicht nur die sinnbildliche Darstellung meiner nachfolgenden Traumerlebnisse, sondern es könnte hier auch die symbolische Darstellung der vielen Tiroler Clubs mit ihren vielen bunten Ballons gemeint sein.

2. Nachtrag

Am 29.03.1998 zeigte der TV Sender SAT 1 den Spiegel TV-Film „Der Mann, der aus der Kälte kam". Dies geschah anläßlich der Eröffnung des Archäologiemuseums tags zuvor in Bozen, wo die Eismumie Ötzi bei -6 Grad Celsius und einer Luftfeuchtigkeit von 96-98 % in einem speziell neu entwickelten Spezial-Kühltresor hüllenlos untergebracht wurde und durch ein Glasfenster von 40x40 cm öffentlich betrachtet werden kann.

Ob es Ötzi so recht gewesen wäre? Umgerechnet rund 18 Mio. DM Museumsbaukosten war Italien bzw. Südtirol Ötzis Unterbringung wert. 300.000 Besucher erwartet man jährlich.

Prof. Dr. K. Spindler sprach in diesem Zusammenhang von einem Zwischenstück zwischen Commerz und Pietät. Er befürchtet eine schwere Schädigung an der organischen Substanz Ötzis, weil man auf den bisherigen Schutz durch Eis und Hüllen völlig verzichtet hat. Eine so ermöglichte, aber ungewollte Austrocknung der Mumie würde diese für weitere Forschungen unbrauchbar machen.

Die Wissenschaftler stellten bei der Mumie eine starke Schrumpfung der Gehirnmasse fest. Außerdem zeigte sich ihnen eine unterschiedliche Dichte des Gehirns, wobei man als Ursache eine frühere Gehirnblutung annimmt.

Da so eine Gehirnblutung von Gewalteinwirkung herrühren kann, halte ich es für möglich, daß sie von Mißhandlungen in Ötzis Jugend stammen kann, wie sie in dem Buch „Ich war Ötzi" geschildert werden.

Dies würde eine wissenschaftliche Bestätigung dieser Schilderungen bedeuten, wie schon vorher bei anderen Angaben in diesem Buch in sehr vielen, äußerst wichtigen Punkten geschehen.

Ich halte einen Besuch des Südtiroler Archäologiemuseums für sehr empfehlenswert. Hiervon habe ich mich eine Woche nach dessen Eröffnung selbst überzeugt.

Literaturverzeichnis

ADAC Ski Atlas Alpen 1998

Bache, Christopher M.: Das Buch von der Wiedergeburt. Das Gesetz der ewigen Wiederkehr - alles über Reinkarnation aus der Sicht der modernen Wissenschaft, Scherz, München 1995[2]

Combs, Allan; Holland, Mark: Die Magie des Zufalls, Synchronizität - eine neue Wissenschaft; Rowohlt, Reinbek 1992

Däniken, Erich von: „Erscheinungen"; Phänomene, die die Welt erregen; Heyne, München 1974[5]

Däniken, Erich von: „Beweise"; Heyne, München 1980[2]

Dittmar, Cornelia; Nairz, Wolfgang: Ballonfahren, Steiger-Verlag/Weltbild-Verlag, Augsburg 1997

Fellenberg, Walo von: Ein Mann, zwei Häuser, zwei Seen. Carl Gustav Jung und seine Häuser in Küssnacht und Bollingen - Ein kleiner Rundgang; in: VIA, Das Magazin der Bahn, SBB, 4/1993. - S. 14-17

Focus Nr. 52/12.12.96. - S. 147

Hasselmann, Varda; Schmolke, Frank: Welten der Seele, Trancebotschaften eines Mediums; Goldmann, München 1993

Hickisch, Burkhard; Spieckermann, Renate: Ich war Ötzi, Die Botschaft aus dem Eis; Herbig, München 1994

Ihr Urlaubsberater 1996, Algund. Südtirol. Italien - Meraner Land; hrsgg. Vom Tourismusbüro, Algund 1996

Jung, Carl Gustav: Synchronizität als ein Prinzip akausaler Zusammenhänge (1952). Gesammelte Werke, Bd. 8; Walter Verlag, Olten/Freiburg i.Br. 1979

Jung, Carl Gustav: Freud und die Psychoanalyse. Gesammelte Werke, Bd. 4; Walter Verlag, Olten/Freiburg i.Br. 1971

Jung, Carl Gustav: Zwei Schriften über Analytische Psychologie. Gesammelte Werke, Bd. 7; Walter Verlag, Olten/Feiburg i.Br. 1981

Jung, Carl Gustav: Die Archetypen und das kollektive Unbewußte. Gesammelte Werke, Bd. 9/I; Walter Verlag, Olten/Freiburg i.Br. 1983

Kurthen, Martin: Synchronizität und Ereignis über das Selbe im Denken C.G. Jungs und M. Heideggers; Verlag Die Blaue Eule, Essen 1986

Kriesch, Elli G.: Der Gletschermann und seine Welt; Carlsen, Hamburg 1992

Leitner, Walter: Der „Hohle Stein" - eine steinzeitliche Jägerstation im hinteren Ötztal, Tirol (Archäologische Sondagen, 1992/93), in: 'The Man in the Ice, Volume 2' - Der Mann im Eis, hrsgg. v. K. Spindler; Springer-Verlag, Wien/ New York. - S. 209-213

Leitner, Walter: Eine steinzeitliche Jägerstation im hinteren Ötztal, in: Archäologie Österreichs, hrsgg. vom Institut für Ur- und Frühgeschichte der Universität Wien, 4/2 1993 (Erster Fundbericht). - S. 39-40

Leitner, Walter: Eine mesolithische Freilandstation im Rofental, in: Archäologie Österreichs, hrsgg. vom Institut für Ur- und Frühgeschichte der Universität Wien, 6/2 1995, 2. Halbjahr. -S. 19

Niel, Fernand: Auf den Spuren der Großen Steine, Stonehenge, Carnac und die Megalithen; List, München 1977

Pigott, Stuart: Vorgeschichte Europas, vom Nomadentum zur Hochkultur; Kindler, München 1972

Reden, Sibylle von: Die Megalith-Kulturen. Zeugnisse einer verschollenen Urkultur. Großsteinmale in: England - Frankreich - Irland - Korsika - Malta - Nordeuropa - Sardinien - Spanien, DuMont, Köln 1978

Sheldrake, Rupert: Das schöpferische Universum - die Theorie des morphogenetischen Feldes; Goldmann, München 1987^2

Spindler, Konrad: Der Mann im Eis. Neue sensationelle Erkenntnisse über die Mumie aus den Ötztaler Alpen; Universität Innsbruck, Goldmann, München 1995^3

Stevenson, Jan: Reinkarnation, Der Mensch im Wandel von Tod und Wiedergeburt. Kinder erinnern sich an frühere Erdenleben; Aquamarin, Grafin 1989

Scholl, Tillmann: Der Ötzi, Botschafter aus dem Eis; Spiegel TV, Hamburg

Zukov, Gary: Die tanzenden Wu Li Meister - Der östliche Pfad zum Verständnis der modernen Physik: vom Quantensprung zum schwarzen Loch; Rowohlt, Reinbek 1991

Erklärung der im Text vorkommenden Fachbegriffe

Alignement: (alinjemã) (Schweiz) Bauflucht
Alpenhauptkamm: Als Wasserscheide nach Süd und Nord bildende höchste Gebirgskette, etwa im Zentrum der Alpen gelegen.
Altheimer Kultur: Jungsteinzeitliche Kultur in Bayern, ca. 3800-3350 v. Chr.
Anti-Materie: Materie aus Atomen, die ausschließlich aus Anti-Teilchen besteht und in Gegenwart normaler Materie nicht existenzfähig ist.
Archetyp: Urform, Muster
ausapern: Das Sichtbarwerden von Gegenständen und Gelände während der Eis- und Schneeschmelze und durch Gletscherbewegung.
Chamer Kultur: Jungsteinzeitliche Kultur in Bayern, ca. 3200-2500 v. Chr.
Cromlech: (Altwalisisch) Steinkreis, Kultplatz
C14-Methode, C14-Radiokarbon-Methode: Verfahren zur Altersbestimmung von leblosen, organischen Stoffen anhand der Messung der natürlichen Abnahme der Radioaktivität des Kohlenstoffs.
Dendrochronologie: An Hand der unterschiedlichen Jahresringbreiten wird das Alter von Hölzern aus historischer und prähistorischer Zeit bestimmt.
Dorsalseite: Rückseite eines Körpers
Erzausbiß: So heißt die Stelle, wo eine im Gestein und Fels verlaufende Metallader sich an der Erdoberfläche zeigt.
Exoterik: (äußerliches Informiertwerden) ist das Wissen, das auch Uneingeweihten zugänglich und verständlich ist, im Gegensatz zur Esoterik
Feenstein: Zauberstein
Fruchtbarer Halbmond: Das Orientgebiet zwischen dem westlichen Iran und der Osttürkei bis vor der Sinai-Halbinsel, das als Ursprungsland für Akkerbau und Viehzucht angesehen wird.
Glaziologen: Wissenschaftler, die sich mit der Erforschung von Gletschern und Eiszeiten beschäftigen.
Glockenbecher-Kultur: Jungsteinzeitliche Kultur mit pan-europäischem Verbreitungsgebiet ca. 2800-2200 v. Chr. Sie erhielten den Namen durch die umgekehrt glockenförmigen Becher mit Horizontalstreifen als Zierde.

Hauslabjoch: Übergang am Alpenhauptkamm. Verbindet, wie noch andere Joche, das Ötztal/Venter Tal mit dem Schnalstal bzw. dem Vinschgau.
Die **Heilige Zahl Zwölf:** Diese Zahl hat kultische und mythische Bedeutung seit frühester Zeit.
Horgener Kultur: Jungsteinzeitliche Kultur, im Gebiet um den Bodensee und in der westlichen Schweiz um ca. 3400-2900 v. Chr. Verbreitet.
Isera La Toretta-Kultur: Einfache Form der Keramik, hoher Anteil von Holzgefäßen. Da diese sich vorwiegend unter Felsdächern befanden, handelt es sich sehr wahrscheinlich um eine mobile kleine Gruppe, wie man es z.B. bei Händlern erwartet.
Mondsee-Kultur: Jungsteinzeitliche Kultur in Oberösterreich, ca. 3700-2900 v. Chr.
Obsidian: Hier handelt es sich um ein glasiges, vulkanisches, meist schwarzes Ergußgestein, das in der Steinzeit zu Werkzeugen verarbeitet wurde. Da es noch härter als Feuerstein (Flint) ist, ähnlich wie Glas, konnte man hiermit vorzüglich arbeiten (Jungsteinzeit Schneidewerkzeuge).
Prospektor: So nennt man eine Person, die Metallagerstätten sucht.
Pseudoxie: Irrlehre
Remedello-Kultur: In der Poebene bei Bergamo und Brescia verbreitete jungsteinzeitliche Kultur, ca. 3300-2300 v. Chr.
Schrämhammer: Preßlufthammer mit Stahlmeißel
Silex: Flint, Feuerstein; wurde in der Steinzeit zu Werkzeugen verarbeitet, wie z.B. Schneidewerkzeugen, Steilpfeilspitzen.
Transhumance: Wanderweidewirtschaft, auch über Alpenjoche hinweg, überwiegend mit Schafen und Ziegen.
Tisenjoch: Übergang am Alpenhauptkamm, der zwischen dem Hauslabjoch und dem Niederjoch das Ötztal und den Vinschgau verbindet.
Toxisch: giftig
Überwendlingsstich: Eine gewisse Art, zwei Materialstücke aus Leder oder Stoff zu vernähen. Hierbei wird der Faden so geführt, daß der Rand eingeschürt und gezähnt erscheint.
Tumulus: Hügelgrab
Vasi-a-bocca-quadrata-Kultur: Jungsteinzeitliche Kultur, ca. 4300-3500 v. Chr. Die Gefäße waren unten rund und an der Mündung quadratisch.
Ventralseite: Vorderseite des Körpers

Bildnachweis

Alle Bilder stammen vom Autor selbst, mit Ausnahme der folgenden:

Seite 144 und 145: Beide Bilder Priuli.
Mit freundlicher Genehmigung von Direktore Dott. Ausilio Priuli, Museo d'Arte e Vita Preistorica.
Laboratorio di Archeologia sperimentale, Via Piere S. Siro, 4 - Capo di Ponte BS. (I)

Seite 179: Foto vom „Hohlen Stein" - Foto: Leitner.
Mit freundlicher Genehmigung zur Veröffentlichung von Professor Univ.-Doz. Dr. Walter Leitner, Universität Innsbruck, Leiter der Abteilung für Ur- und Frühgeschichte des Alpenraumes, Innrain 52, Innsbruck

Seite 126: Foto von der Megalith-Kultanlage Aosta Saint-Martin-de-Corléans: Fo: 70 Appolonia.
Mit freundlicher Genehmigung zur Veröffentlichung von Dott. Lorenzo Appolonia, Leiter der Abteilung Assessorato dell'Istruzione e della Cultura Servizi laboratorio, ricerche e beni archeologici
Regione Autonoma Valle d'Aosta, P.zza Narbonne, 3, Aosta (I).

Register

Ortsregister

Afrika	124
Ägypten	140, 143
Algund	112, 113, 115, 118, 119, 134, 137-139, 141, 142, 146, 149, 159, 182, 219
Allgäu	115, 182, 219
Altbayern	127
Altheim	123, 127
Aurath	127
Aosta Saint-Martin-de-Corléans	124, 126, 196, 278
Armor	184
Augsburg	150
Bagnolo	136, 144
Bayern	53, 115
Bludenz	53, 116
Bochum-Langendreer	114
Bodensee	53, 277
Bonn	19, 108, 131
Bozen	105, 110, 114, 115, 128, 162, 267, 272

Brennerpaß	114, 115, 148
Brennerstraße	114
Brescia	113, 127, 130, 134, 277
Bretagne	123, 124, 149, 184, 185, 186, 195
Bühelkirche	117, 119, 148
Camonica	135, 139, 142, 146, 170, 278
Capo di Ponte	170, 278
Carnac	118, 184-188, 191
Catalonien	124, 126
Cham	123, 127, 129
Costa Brava	54, 123
Dardanellen	111
Davos	116
Dissignac	184, 192
Dobl	127, 129
Drachenfels	19
Eisacktal	200
Eppan	128
England	143
Etschtal	114, 146
Felthurns	200
Fernpaß	251

Finkenberg	54
Frankreich	124, 129, 140, 165, 247, 268
Gardasee	114, 182
Genf	5, 57, 59
Glockenbecher-Kultur	120, 122-125, 174
Gurgler Gletscher (Ferner)	271, 272
Gratsch	124
Graubünden	162
Himalaja	16
Hohler Stein	177, 179, 181, 275, 278
Horgener-Kultur	127, 277
Hötting	127
Iberische Halbinsel	130
Innsbruck	45, 48, 50, 53, 114, 159, 175, 177, 222, 278
Inntal	114, 180, 182
Isera La Toretta-Kultur	162, 277
Italien	45, 54, 77, 205
Jütland	120
Kaltern	128
Kanaan	130

Karthaus	155
Kerlescan	186
Kermario	124, 184
Kleinasien	143
Kufstein	114, 127, 129
Laas	155
Landeck	116
Landquart	116
Latsch	112, 119, 120, 132, 136, 139, 146-151, 155
Locmaricaquer	186, 189, 191-194
London	189
Luksor (Luxor)	140
Mainlinie	116
Marienberg	150
Martin-Busch-Hütte	77, 78, 132, 133, 150, 178, 180, 201, 219, 243, 244, 258
Massif-Central	165
Meran	76, 113, 114, 124, 159, 162
Mesopotamien	143
Mettmann	105
Mittelmeergebiet	124, 131
Montafon	53
Monte Lessini	128, 181

Morbihan	186
Museum de Préhistoire I. Miln et Z Le Rouzic, Carnac	186
Mykene	143
Niederjoch	76, 77, 112, 132, 246
Niederjochferner	221
Niederjochgletscher	97
Niedertal	150, 166, 167, 174, 176, 177, 179, 180, 182, 206, 215
Obergurgl	16, 53, 176, 271
Ofenpaß	116
Österreich	109, 110, 114, 127, 137, 246
Ötz	115, 243, 248
Paris	123, 164, 247
Persal	54
Place de la Concorde	140
Portugal	120, 124
Pyrenäen	16, 54, 124, 165, 185
Remedello	113, 127-130, 146, 162, 277
Rentsch	128
Reschenpaß	116, 150
Riedering-Spreng	53

Rofener Tal	76, 112, 132, 174, 176, 179, 181, 182
Rosas (Roses)	54, 123, 126
Rosenheim	53
Rothenburg o.T.	243
Samoar-Hütte	237
Schloß Juval	78, 151, 154-156
Schwarzwald	116
Schweiz	120, 124, 127, 129, 162, 277
Sibirien	207
Sill	114
Similaun	44, 54, 132, 214, 215, 237, 244, 245, 248
Similaun-Hütte	44, 46, 77, 78, 80-82, 104, 132, 237, 244, 248, 250, 251
Sitten - Petit-Chasseur	120, 124
Sölden	45-48, 248, 251
Spanien	124, 215, 243, 268, 275
St. Gotthardpaß	114
St. Leonhard	114
Südsee	124
Talheim	174
Tisenjoch	112, 267, 277

Tirol (Südtirol)	46, 54, 76, 104, 105, 109, 110, 114, 115, 146, 266, 267, 272
Töll	134
Toskana	134
Trient	162
Troja	110, 111, 167
Tyrol	76, 111, 114
Ugarit	143
Unserfrau	46
Ur	143, 146
Val Camonica	135, 139, 146, 170, 278
Vatikan	140
Vent	48, 73-76, 78, 79, 104, 115, 133, 139, 150, 155, 178, 179, 181, 182, 237, 248, 251
Venter Tal	110, 112, 115, 132, 146, 154, 155, 166, 167, 174, 176, 177, 215, 219, 277
Vernagt	268
Verona	113, 128, 130
Wallis	120, 124, 196
Walsertal	53
Wirtshaus am Sande	114

Zillertal	53, 54
Zürichsee	60

Personenregister

Abokamma	215, 218, 219
Apollon	111
Appolonia, Lorenzo	126, 278
Athene, (Pallas)	111
Bache, Christopher M.	67, 68, 274
Bethel	140
Binsteiner, Alex	128
Bohr, Niels	268
Capasso, Luigi	205, 206
Casponi, Carlo	45, 46
Combs, Allan	274
Däniken, Erich von	211-214, 274
Dawkins, Richard	209
Dürr, Hans-Peter	212

Egg, Markus	174, 175
Fellenberg, Walo von	60, 274
Fornwagner, Dr. Romana	177
Freud, Sigmund	5, 10, 22, 38, 39, 56, 59, 60, 65-67, 269, 274
Geierwalli	76
Gilgamesch	140
Gott	28, 29, 70, 140, 142, 149, 197, 208, 212, 215, 216, 249
Grof	20, 269
Hackethal, Julius	53
Hasselmann, Varda	67, 274
Hawkes, Christopher	197, 214
Hawking, Stephen	209
Heidegger	69
Henn, Rainer	48-50, 123
Hickisch, Burghard	27, 50, 68, 155, 167, 207, 208, 214, 217, 219, 274
Hofer, Andreas	114
Holland, Mark	274
Homer	110, 148, 167
Homumiro	28, 214-218

Jakob	140
Jahwe	140
Jung, Carl Gustav	5, 22, 60, 61, 65, 67, 69, 274
Kammerlander, Hans	46
Klotz, Bianca	76, 239
Kohler, Anton	47, 48
König, Hans-Rudolf	223
Kostmann, Ruth	104, 266
Kriesch, Elli G.	43, 134, 135, 162, 164, 200, 222, 275
Krüger	54
Kurthen, Martin	69, 274
Lederer, Jörg	150
Leitner, Walter	50, 77, 104, 105, 177, 180-182, 278
Maria	215
Maultasch, Margarethe	114
Meinhard II	114
Messner, Reinhold	46, 47, 78, 151, 154, 156, 248, 251
Mirdima	216, 217, 219
Moses	111, 140
Napoleon	114

Neandertaler	106, 140
Nebeth	215, 216
Netherton	20, 269
Neuhaus, Christine	205
Niel, Fernand	164, 275
Nothdurfter, Hans	119
Oberbretter	269
Pallas Athene	111
Pedrotti, Annaluisa	142, 162
Piccard, Auguste	271, 272
Piccard, Bertrand	270, 271
Piggott, Stuart	275
Pirpamer, Alois	48
Pirpamer, Christine	77, 104
Pirpamer, Markus	45, 77, 104, 105
Poseidon	111
Priuli, Ausilio	270, 278
Reden, Sibylle von	139, 142, 146, 186, 195, 197, 275
Schliemann, Heinrich	110, 111
Schmolke, Frank	67, 274
Scholl, Tillmann	275

Schultze-Westrum, Hans-Helmut	220
Sheldrake, Rupert	275
Simon, Erika und Helmut	15, 29, 44, 45, 79, 80, 83, 201
Singer, Wolf	209
Spechtenhauser	268, 269
Spieckermann, Renate	27, 50, 68, 147, 155, 167, 195, 205-208, 214, 217, 219, 267, 274
Spindler, Konrad	43, 45, 49, 50, 56, 79, 98, 109, 112, 120, 123, 128, 130, 135, 136, 142, 159, 175, 201, 202, 204, 207, 211, 221, 222, 273, 274
Stehle, Sabine	78
Stevenson, Jan	275
Tiobeth	216, 217
Usscher (Bischof)	197
von Däniken, Erich	211-214, 274
von Fellenberg	60, 274
von Reden, Sibylle	139, 142, 146, 186, 195, 197, 275
Wendl, Karl	267
Zeus	111
Zukov, Gary	275

Sachregister

Alignement	185, 276
Aluminiumkugel	271
Aminosäure	213
Anlayse	183
Anti-Materie	276
Archetypen	69, 276
Arsengehalt	167
Atheist	209
Ausaperung	43-45
Auslösungsfaktor	210
Ballon	31, 32, 270-272
Bärenfellmütze	106
Bauernakt	35
Behausung	5, 60, 61, 166, 199, 200, 214, 218
Beil	36, 46-48, 55, 75, 108, 113, 119, 120, 123, 130, 131, 134-136, 139, 141, 142, 167, 195, 196, 203, 204, 207, 219, 220
Beinkleider	37, 38, 55
Beinröhren	37, 55, 108
Benediktinerkloster	150

Bergrettungsobmann	48
Beurkundung	4
Bezugsdorf	112, 113, 147, 151, 154, 177
Bild-Zeitung	109, 241, 242
Bilddokumentation	6, 88, 89, 90, 165, 252
Birkenrindengefäß	161, 162, 204, 205
Blütenpollen	176
Bogen	19, 55, 204, 206, 219
Bogenstab	199, 200
Brandrodung	176
Buchhandlung	54, 55
Cape	199
Carabinieri	45, 46
Chakra	66
Cromlech	184, 276
Deckenplatte	88, 89, 98, 164, 120, 121
Denkmal	78, 79, 86, 87, 248
Deponie	199, 204
Desaster	113, 205, 206
Dolch	47, 49, 128, 129, 134, 139, 141-143, 148, 149, 195, 200, 219
Dolchspitze	113
Dolmen	123, 126, 164, 184-186
Dreieck	149, 154-156, 161, 199, 278

Dreieckspostion	199
Einkorn	163
Eisdruck	97, 221, 249
Eismumie	5, 15, 29, 39-41, 46, 47, 79, 80, 103, 267
Eispickel	48
Eisschub	97, 221
Eiswasser	201-203, 205
Eiszeit	203
Enzyme	213
Esoterik	209, 276
Eubios-Klinik	53
Evolutionstheorie	106
Exoterik	276
Feenstein	186, 276
Fellkleidung	183
Fellröhren	35-37, 106, 108
Fels	34, 35, 37, 201, 202, 276
Felsen	90, 246
Felsplatte	205
Felsrinne	98, 199-202, 222
Feuersteinbergwerk	113, 128, 129
Feuersteindolch	127, 128, 139
Feuersteingeräte	113, 127, 129
Feuersteinklinge	113, 120, 180

Filmfragment	27, 38
Fingernagel	205
Firnfeld	44, 87, 97, 246
Fötus	269
Freitod	147, 198, 200, 204, 205, 216, 217
Fremdenverkehrsamt	237
Gänsehaut	249, 250
Gehirnstamm	209
Gendarmerie	45, 47, 48
Gendarmerieposten	45, 48
Gene	210
Geninformation	210
Gentechnische Untersuchungsergebnisse	183
GEO	43, 108, 162
Geröllfelder	87, 245, 250
Gesellschaftszimmer	21
Gewebeproben	167
Girlanden	36, 87
Gletschereis	91, 220, 221, 249, 250
Gletscherhochstand	94, 97, 98, 119, 221
Gletscherschub	94, 95, 97, 163, 165
Glutbehälter	204
Grasmatten	50
Grasumhang	46, 55, 107, 123, 164
Grenze	109, 112, 269

Gürtel	36, 37, 42, 134, 149, 219
Haar	22, 34, 42, 106, 109, 167
Hammerschlag-Seis-MIG-Gerät	220
Harris'lines	205, 206
Herzschlag	22
High-Tech-Beil	123
Hochmoor	176
Hochsitz	26, 27
Hochweidegründe	175
Höhle	5, 9, 10, 34-36, 38-43, 56, 73-75, 87-91, 214, 215, 217, 218, 220, 245, 248-250
Höhleneingang	34, 38, 40-42, 75, 89, 90, 207, 220
Hubschrauber	48, 49
Inbrunst	110
Indiz	48, 250
Intercity	59
Joche	174
Kanal	201
Karte	54
Knieholmschäftung	47, 48, 55, 135, 136
Köcher	199, 204

Korb	32
Kultstein	140, 159
Kunststraße	115
Kupfer	116, 120, 124, 130, 131, 134, 167, 183, 215, 217
Kupferbeil	123, 127, 130
Kupfererz	124, 215
Kupfervorkommen	124, 131
Lächerlichkeit	10
Luftaufnahmen	54, 75, 77, 87, 245
Malstein	140
Masseba	140
Massengrab	174
Massi di Cemmo	145, 146
Megalithbau	89, 97, 98, 121, 123, 124, 127, 162, 163, 165, 166, 184, 186, 221
Megalith-Kultur	123, 124, 139, 186, 196, 198, 266, 268
Megalithstrom	124
Mehnhirstatue	142, 148, 162
Menhir	112, 116, 124, 132-134, 136, 139-142, 146, 148-151, 159, 162, 166, 185, 186, 195

Messerschmitt Kabinenroller	114
Metall	29, 136, 215, 216, 167
Metallvorkommen	163, 176
Militär	21
Missionarsstellung	35, 39
Moleküle	212
Molekülkette	212
Moos	109
Mulde	19, 87, 121, 201-203
Murenabgänge	112, 124, 167
Mütze	36, 148
Nachgrabung	50, 83, 201
Narkotika	34
Notarielle Beurkundung	4
Obelisk	140
Obsidian	130, 277
Oberlippenbart	36
Orientierungsfahrt	53, 54, 73
Osteoporose	107
Penizillin	212
Pfeile	200, 203, 204
Pfeilspitze	113, 127, 129, 130, 200

Plateau	31, 32
Proteinmoleküle	212, 213
Pseudoxie	210, 277
Psychoanalyse	22, 60, 274
Pulverschnee	9, 31, 35, 87, 98
Punkerszene	34
Randleistenbeil	123, 130, 131, 183
Recherchen	29, 61, 98
Reinkarnation	5, 22, 27, 63, 67, 68, 70, 150, 154, 273-275
Reisläuferzüge	60
Rekonstruktion	106, 107
Rolandsbogen	19, 20
Rupestri	122, 145
Saal	21
Saharastaub	43
Schaft	36, 135, 136
Schneefeld	201, 246
Seele	21, 68-70, 189, 209-211, 273
Sexualität	10, 66
Sexualtheorie	10, 67
Siedlung	166, 182
Sonne	9, 26, 28, 36, 37, 88, 141, 149, 184, 185, 199

Spiegel TV-Film	5, 49, 51, 54, 75, 77, 81, 87, 128, 177, 245
Statuenmenhire	112, 116, 142, 148
Stratosphärenballon	270, 271
Steinzeitbau	97-99, 123, 150, 163, 165, 184, 199, 204, 207, 214, 217, 218, 220, 245, 248-250
Stielpfeilspitzen	113, 127, 129
Symbolik	22, 141
Tagebuchbericht	77
Tätowierungen	207
Tibetika-Sammlung	154, 156
Tiefebene	120
Totengott	141
Totenkult	116, 141
Totenskelett	22, 141
Trennwand	21
Tumulus	184, 277
Turm	60
Turnschuhe	76, 78
Überseele	65, 67-69, 210, 211
Umhang	36, 37, 123
Ungarische Tiefebene	120
Untersuchungsergebnisse	104, 105, 156, 206

Urknall	212
Verdikt	177
VIA	59-61
Wagen	19, 25-29, 76, 119, 140-142, 146, 147, 206, 243
Wärmeperiode	43, 201
WAZ	104, 105, 206
Weidewirtschaft	174-176
Wintersonnenwende	184
Wirbelsäule	66, 207
Zufall	5, 49, 57, 61, 69, 80, 154, 199, 208, 212, 213, 266, 272

Dank

Danken möchte ich allen, die von Anfang an meine Traumschilderungen nicht für Unsinn hielten und mir mit ihrer Zugänglichkeit Mut machten.

Mein ganz besonderer Dank gilt Frau Ruth Kostmann, die mir nicht nur von Anfang an in bezug auf dieses Thema stets ein offenes Ohr gewährte, sondern mir immer mit gutem Rat zur Seite stand, wie z. B. bei der Durchsicht des Manuskriptes.

Ebenfalls danke ich Frau Christine Neuhaus, die das gesamte handschriftliche Manuskript mit großem Interesse und Ausdauer auf Diskette schrieb und mich außerdem laufend gut beriet. Aus innerer Überzeugung hat sie sich mit der Thematik derart stark beschäftigt, daß sie den gesamten Buchinhalt fast genauso gut kennt wie ich.

Ich richte meinen Dank auch an Frau Dr. med. Alexandra Kostmann für ihren Blick für das Wesentliche bei Kapitel V.

Für die Zusendung von Berichten über Forschungsergebnisse und die Überlassung eines Dias bedanke ich mich bei Herrn Professor Dr. Walter Leiter vom Institut für Ur- und Frühgeschichte der Universität Innsbruck.

Ferner bedanke ich mich bei Frau Andrea Stangl für ihre Anregungen und Tips.

Für fachspezifischen Rat danke ich Herrn Hans Kolb, Diplom Höhere Fachschule für das Graphische Gewerbe, München, Berater für die digitale Druckvorstufe und Marketing.

Mein Dank gilt meiner Frau Hannie für ihre Geduld und Rücksichtnahme, ebenso denjenigen aus meinem engsten Freundes- und Bekanntenkreis, die sich eigentlich weniger für das Thema interessierten, mir aber trotzdem stets ein offenes Ohr schenkten, wie ganz besonders Herrn Alexander Kostmann.

Ich bedanke mich weiterhin bei Herrn Dr. Ausilio Priuli, Museo D'Arte e Vita Preistorica, Capo di Ponte, für die Überlassung von Felzeichnungen zur Veröffentlichung.

Des weiteren bedanke ich mich bei Herrn Dr. Lorenzo Appolonia, Leiter der Abteilung Servicio laboratorio, richerche e beni archàologici, Regione Autonoma Valle d'Aosta, für die freundliche Überlassung und Zusendung eines Dias zwecks Veröffentlichung.

Nichtsdestoweniger gilt mein Dank Herrn Diplom-Geologe Dr. Hans-Helmut Schultze-Westrum, Witten, für die Erwähnung und die Funktionserläuterung des Hammerschlag-Seis-MIG-Gerätes.

Schließlich bedanke ich mich bei meinem Verleger Michael Schardt, insbesondere bei den Lektorinnen, Frau Vera Penning, und Frau Iris Wedekind, für ihre Begeisterungsfähigkeit, ihre natürliche Offenheit und die optimistische Weitsichtigkeit. Sie haben den Wert des Buches sogleich erkannt. Mich hat ganz besonders die genaue Lektorierung und die heute leider nicht mehr ganz selbstverständliche gute Zusammenarbeit beeindruckt.

Witten, im August 1998   H.-G. L.